海外中国研究丛书

——

到中国之外发现中国

Public Passions

The Trial of Shi Jianqiao and the Rise of Popular Sympathy
in Republican China

施剑翘复仇案

民国时期公众同情的兴起与影响

〔美〕林郁沁 著 陈湘静 译

江苏人民出版社

图书在版编目(CIP)数据

施剑翘复仇案:民国时期公众同情的兴起与影响/
(美)林郁沁著;陈湘静译. -- 南京:江苏人民出版社,
2021.10(2024.1重印)

(海外中国研究丛书/刘东主编)

书名原文:Public Passions:The Trial of Shi Jianqiao
and the Rise of Popular Sympathy in Republican China

ISBN 978 - 7 - 214 - 24827 - 5

Ⅰ.①施… Ⅱ.①林… ②陈… Ⅲ.①中国历史-历
史事件-研究-1935 Ⅳ.①K258.05

中国版本图书馆 CIP 数据核字(2020)第 210860 号

Public Passions:The Trial of Shi Jianqiao and the Rise of Popular Sympathy in
Republican China by Eugenia Lean

ⓒ2007 The Regents of the University of California

Published by arrangement with University of California Press

Simplified Chinese edition copyright ⓒ 2021 by Jiangsu People's Publishing House

All rights reserved

江苏省版权局著作权合同登记号:图字 10 - 2021 - 386 号

书　　　　名	施剑翘复仇案:民国时期公众同情的兴起与影响
著　　　　者	[美]林郁沁
译　　　　者	陈湘静
责 任 编 辑	胡海弘
装 帧 设 计	周伟伟
责 任 监 制	王　娟
出 版 发 行	江苏人民出版社
地　　　　址	南京市湖南路 1 号 A 楼,邮编:210009
照　　　　排	江苏凤凰制版有限公司
印　　　　刷	苏州市越洋印刷有限公司
开　　　　本	652 毫米×960 毫米　1/16
印　　　　张	17.5　插页 4
字　　　　数	224 千字
版　　　　次	2021 年 10 月第 2 版
印　　　　次	2024 年 1 月第 3 次印刷
标 准 书 号	ISBN 978 - 7 - 214 - 24827 - 5
定　　　　价	68.00 元

(江苏人民出版社图书凡印装错误可向承印厂调换)

序"海外中国研究丛书"

中国曾经遗忘过世界，但世界却并未因此而遗忘中国。令人嗟讶的是，20世纪60年代以后，就在中国越来越闭锁的同时，世界各国的中国研究却得到了越来越富于成果的发展。而到了中国门户重开的今天，这种发展就把国内学界逼到了如此的窘境：我们不仅必须放眼海外去认识世界，还必须放眼海外来重新认识中国；不仅必须向国内读者迻译海外的西学，还必须向他们系统地介绍海外的中学。

这个系列不可避免地会加深我们150年以来一直怀有的危机感和失落感，因为单是它的学术水准也足以提醒我们，中国文明在现时代所面对的绝不再是某个粗蛮不文的、很快就将被自己同化的、马背上的战胜者，而是一个高度发展了的、必将对自己的根本价值取向大大触动的文明。可正因为这样，借别人的眼光去获得自知之明，又正是摆在我们面前的紧迫历史使命，因为只要不跳出自家的文化圈子去透过强烈的反差反观自身，中华文明就找不到进入其现代形态的入口。

当然，既是本着这样的目的，我们就不能只从各家学说中筛选那些我们可以或者乐于接受的东西，否则我们的"筛子"本身就可能使读者失去选择、挑剔和批判的广阔天地。我们的译介毕竟还只是初步的尝试，而我们所努力去做的，毕竟也只是和读者一起去反复思索这些奉献给大家的东西。

刘　东

致　谢

　　Public Passions 的中文翻译本得以问世，我得感谢许多先进同侪及朋友的鼓励及协助。首先，我要感谢高彦颐。由于她的推荐，刘东将本书纳入他著名的翻译系列"海外中国研究丛书"。感谢陈湘静承担本书艰辛苦涩的翻译工作。我在哥伦比亚大学博士班的学生徐启轩为本书的导言作了详实的翻译。哥伦比亚大学另外一位博士生李迟则为译文作了详尽仔细的校对。最后，我的朋友林凌瀚及包卫红在协助解决大大小小翻译相关的问题上，毫不吝啬地提供他们宝贵的时间及意见。在此，我向他们一一致谢。

林郁沁

2011 年 1 月 14 日

纽　约

目　录

导　言　*1*

　　公众同情:超越哈贝马斯　*5*

　　公众、消费文化与性别　*11*

　　情的历史及它在上世纪 30 年代的命运　*15*

　　暴力、正义和情的道德权威　*18*

　　历史和史学研究中的情感:一个全球性的视野　*20*

第一章　刺客与复仇:

　　　　大众传媒时代的道德英雄主义和女性的自我想象　*23*

　　大众媒体的时代　*26*

　　刺　客　*29*

　　贪婪的军阀　*31*

　　忠诚的军人和冤屈的父亲　*36*

　　复仇:正义和英雄主义　*39*

　　感情、预谋和故事的讲述方式　*48*

　　结　论　*52*

第二章　媒体炒作:公共正义与城市大众的同情　56

小说连载,复仇女子和现代道德的主体性　58

戏剧与公共正义　70

结　论　82

第三章　精英们的矛盾态度——对大众和女性化情感的畏惧　86

礼、情和变化中的社会秩序　87

私人复仇和国家力量　94

女性之"情"与男性"理性"的对抗　97

女性出版物和对英勇的女性美德的同情　108

结论:精英的焦虑、新女性和媒体时代　111

第四章　审判——法庭奇观和法治中的道德情操　116

20 世纪的法律:情、礼和改革　119

法庭、审判和新公众　123

辩护:作为官方策略的情　127

被告:迎合大众同情　138

原告:以法律为策略　143

法庭:正当的法律程序　147

结论:刘景桂之法律案件　150

第五章　国家特赦——国民党统治下被认可的暴力　155

1932—1933 年的郑继成案　159

特　赦　161

传统英雄、孝义复仇、"新生活"的国粹　165

协会的力量:司法独立和党义　174

流言、军阀和同谋　182

结论:徐道邻案　191

第六章　30 年代之后——从战时爱国主义到反革命的情感　198

女性的"情"和爱国主义在抗日战争中　199

施剑翘晚年的命运　211

结　论　217

结　论　223

参考文献　229

译后记　260

导　言

　　1935 年秋,一个名为施剑翘的女子发现她不共戴天的仇敌、前军阀孙传芳,成了天津南马路清修院居士林的理事长。[①] 为了摸清孙传芳的行踪,施剑翘数次造访居士林集会会场,最后决定在 1935 年 11 月 13 日早上采取行动。当天早上,孙传芳被安排主持诵经仪式,但因下雨的缘故,这位下野军阀迟迟未到会场,让施剑翘以为计划要被迫取消。当孙传芳最终出现的时候,她不得不租车赶回她英租界的家中取其勃朗宁手枪。[②] 根据她事后的供词,为了避免节外生枝,她要确认孙传芳在场后才敢把枪带出英租界。回到佛堂,施剑翘的机会终于来了。她从正跪着的孙传芳的背后向其射了三颗子弹。当佛堂陷入一片混乱和恐慌时,施剑翘保持着镇静并胜利地宣布:"大家不要害怕,我是为父报仇,绝不伤害

[①] 施剑翘生于 1906 年,卒于 1979 年。孙传芳生于 1885 年,卒于 1935 年。关于两人的生平的更多内容,可见第一章。

[②] 天津在上世纪 30 年代是条约口岸,并被分割为好几个租界,供外国人居住。租界内的外国人享有治外法权,免于中国的司法管辖。租界内还住有一些富裕的华人,但他们仍得遵守中国法律。

别人,我也不跑。"接着她便归案自首。① 报纸报道行刺成功后的施剑翘"异常从容"。② 一篇报道更称她"态度从容,俨然无事"。③

施剑翘非比寻常的复仇行动立刻成为媒体热切关注的焦点。11月13日晚上,事发后仅数小时内,当地报纸《新天津报》便印发了号外大肆报道该事件。14日,行刺的第二天,被时评家林语堂推举为民国时期众报纸中唯一品质可靠的天津《大公报》以《血溅佛堂!》的醒目标题报道了这一事件。文章写道:"乃三时一刻,阖堂正在虔诚诵经之际,孙身后座诵之女徒,突袖出手枪,向孙脑后狙击。该弹由前额射出,脑髓溅流,孙当场倒地。又射一弹,由右太阳穴射入,左额穿出。第三枪射腰部,前胸透出。孙立时身死。"④

媒体的炒作并没有随着行刺成事而告终。在接下来的时间里,市民读者们饱览了报章杂志有关刺客的身世及案件与军阀政治千丝万缕的关系的种种报道。媒体的锐眼更没有放过随后旷日持久的法庭审判的各个阶段。经过两次上诉,南京最高法院对案件做出了最终判决,其从轻发落的处理手法引起了争议。而两个月后,最高法院的终极判决更是被国民政府的特赦令推翻。施案的戏剧性发展使这位复仇孝女的故事成了长达一年的头版新闻。

除报章外,其他媒体对施案传奇色彩的塑造也是功不可没。活跃的期刊杂志投入了大量篇幅让热衷改革的都市专业人士和社会评论家对孝义复仇及其引起的民众支持的利弊进行辩论。以施案为蓝本的小说、广播剧、戏剧作品更像雨后春笋似的在各大城市出现。上海市民观赏剧

---

① 刺案发生的经过见于翌日的各大报章。其中有《大公报》(天津),1935年11月14日第4版;《益世报》(天津),1935年11月14日第5版;《晨报》(北平),1935年11月14日第6版;《北平时报》(北平),1935年11月14日第4版;《新天津报》(天津),1935年11月14日第5版;《申报》(上海),1935年11月14日第4版;《新闻报》(上海),1935年11月14日第5版。

②④《大公报》(天津),1935年11月14日第4版。

③《益世报》(天津),1935年11月14日第5版。

场表演,天津和北平的民众则每日追看着描述仇杀案的连载小说。① 最终,连法庭审判本身也成了一场奇观。民众争相涌入地区及河北省法院,为求一睹这名女刺客的真面目。当时一名论者曾如此一本正经地慨叹:公众几乎完全没有留意行政院院长汪精卫被刺杀未遂的事件,而施剑翘这一看起来微不足道的复仇事件却成了街谈巷议。②

难以简单说清为何媒体和民众如此专注于一桩看似微不足道的家族仇杀事件。1927 年,国民党表面上结束了困扰中国多年的军阀混战,定都南京,开启了史称"南京十年"的国民政府统治。然而,尽管世界各国均承认国民政府作为中国统治政权的合法性,但国民党集权中央、建立强大的国家机器、巩固国家主权的努力却一直收效甚微。这十年来,日本在东北和华北持续扩张的势力从外部威胁着中国的主权。在城市和内陆组织起来的共产党,以及在西部、西南部以及尤其致命的华北拥兵自重的军阀则是自成一体,从内部挑战着国民党政权的统治。重建社会、建立现代统治制度的大业举步维艰;国民党一方面试图实现现代化,另一方面又要对有待革新的社会和制度予以威权控制,更是进退两难。

尽管当时的评论家对案件引发的媒体炒作曾作出种种评价,但未能解释何以施剑翘复仇案会在民众间触发大量公众同情和引起广泛的舆论争议。一名记者在回顾其职业生涯时,指出这场轰动一时的案件曾提供他事业上的重大突破(林墨农 1980)。一名传记作家则对施案能在当时国内外引起异常轰动啧啧称奇(郑逸梅 1992,第 73—76 页)。安徽的地方志史学家对原籍安徽的施剑翘一生的非凡事迹引以为傲(吴寿祺

---

① 施案发生时,北京称为北平。1928 年,国民党设国民政府于南京,并改北京为北平。
② 见柳 1935,第 70 页。汪精卫被行刺一事发生在 1935 年 10 月下旬在南京召开的国民政府第四届六中全会上,国民党第五次全国代表大会会前。刺客孙凤鸣声称刺杀汪精卫是由于不满后者的亲日政策,但有谣言指蒋介石才是案件的幕后黑手,因为他一直以来就想在不触怒日本的情况下除掉汪精卫。

1990;陈锦 1991),而搜集中国历史奇案的编纂者更是对施案大书特书。① 然而这些记载并没有具体说明为何这件案子会引起如此广泛的争议,也没有审视案子是否包含着更深层的社会政治意义。着意借助施剑翘的名气抬高该省声望的安徽地方志只是把复仇者不加批判地描述为一名巾帼英雄。通俗史家和传记作家则是把施案引作为民国乱世的凭证,仅把它视作是当时政治秘闻的注脚。

有别于对施剑翘美誉有加以及把这宗谋杀案当作荒诞轶事的叙述,本书将透过这桩奇特的案子指出施氏奇特而暴力的孝义行为促生了一种崭新的公共道德情感——同情。相应地,笔者将探讨施案如何推动了舆论关于"情"在中国现代性中的角色的论争,这一"情"既包括施氏诉诸孝义的道德情感,也包含史无前例的市民公众的集体情绪。围绕着英勇的孝行是否应当成为现代国民的素质,以及复仇女的正义动机是否应当赢得法院的司法宽恕和行政当局的特赦,展开了激烈的争论。

另外,施剑翘英勇的孝义行为引发的公众同情引起了某种特定的社会焦虑。对于某些人来说,案件中的集体情感构成了一种强大而崭新的公众情感。基于情感具有道德纯洁性这样一种根深蒂固的观点,他们认为这一公共情感能够抗衡传媒的浮躁炒作、国民党政权的四分五裂以及司法制度的种种不公。然而,其他论者则把集体激情视为落伍和危险的洪水猛兽。他们以为施剑翘获得的广泛支持是一群难以驾驭的女性化的公众的自发的情感表达;此公众挑战着现代性的父权形式,譬如"法治"和左翼知识分子对历史唯物主义和关于社会发展的论述。

这里先要交代一下施案在本研究中所涉及的史学和理论问题。首先,通过审视施案中所表现的公众同情,本书将重新处理中国现代史学界关于"公共领域"的论争。笔者尝试用一种不同的方法去理解在大众消费文化萌芽和政治威权主义持续强化的氛围下城市公众在现代中国

---

① 大量的野史记载这宗案子,包括史鹏 1986;马新华、后志刚 1993;曹华 1994;史鹏 1987。

的兴起。其次,这一研究将深化对"情"这一复杂概念的探讨。作为亘古以来儒家世界一个重要但模糊暧昧的道德概念,"情"一直是研究明清文化、哲学和文学时所不能忽视的复杂概念。但从施案可以看出,"情"在现代中国试图建构后儒家时代的社会和政治秩序的进程和论争中仍占据着重要地位。最后,透过审视这一轰动性的行刺案件,本书将深化我们对民国时期暴力文化的认识,并阐述施剑翘刺孙这类案件如何调和了道德暴力在现代正义中扮演何种角色的论争。

公众同情:超越哈贝马斯

本文的要旨之一是描述上世纪 30 年代公众同情的兴起。"同情"这一复合词有着漫长的历史,但在这其中的大部分时期它并不包含笔者所指的意思。首次提到"同情"的是先秦思想家韩非子(前 280—前 233)。韩非子在《扬权》一章指出,明君得"参名异事,通一同情"。① 法家认为法治比儒家的德治更为优越;作为法家的领导人物,韩非子认为统治者在被众多不可信赖和自私自利的臣属和谄媚小人所包围时,必须私下伪装起来并采取"无为"的姿态以便掩饰自己的意图。在韩非子眼中,"同情"——即认知事物的本质和精髓——的能力,与一套完整的法律一样,是至为关键的统治方法。在帝制中国的历史进程中,同情亦曾被赋以更多的意义,包括"同心、一心""同谋""想法或原因相似"等。②

在现代汉语里,同情通常被理解为"同情心"或"对于别人的遭遇抱有同情"。然而,笔者用"公众同情"或"集体情感"而不用一般对该词的解释,为的是指明在 20 世纪早期同情已获得了明确无误的"集体"内涵。事实上,到了上世纪 30 年代,"同情"已经明确指涉着作为大众传媒之接受

---

① 韩非子:《扬权》1936,卷二,第 8 页。
② 文中注释见《汉语大词典》中"同情"词条。该词条记载了"同情"一词从韩非子的"扬权"到毛泽东的"中国人民站起来"不同时期的用法。

者的城市大众的集体同情。在关于施案的论述中，"同情"时常与当时日趋流行的其他相关用语如"国民感情""群众感情"或"舆情"混为一谈。

在近代中国史上，公众同情并不是唯一被推举为具有政治和道德批判作用的公众力量。晚清维新派领袖梁启超对源自西方政治话语并由日本传播到中国的新词"舆论"推崇备至。梁启超等人把"舆论"理解为清廷迈向革新和现代化的凭证（季家珍［Judge］1997）。与晚清时期对新兴群体的理解异曲同工，"同情"在上世纪30年代也被视作制裁官员恶行的审判庭。然而，"舆论"和"同情"虽有其相似性，两者却有着根本的差异。"舆论"一词体现了理性和进步，并源自当时新兴的维新派刊物。晚清知识分子推崇这一概念并寄望民意可以成为疗救清廷的药方。与之对比，民国时期的"同情"却显然植根于群众情绪并通过媒体的轰动效应而形成。此外，相对于清末知识分子对"舆论"趋之若鹜，上世纪30年代的左翼评论家和职业人士却对着渐露头角的"庶民"公众（mass public）抱有极度的疑虑，认为大众情感是女性化的、感情用事的，并且被深陷于荒谬迷信之中。[①]

本书不但希望增进学界对现代中国历史上对公众的认识，还旨在反思研究现代中国研究领域中对批判性的市民公众群体的研究。关于公共领域和市民社会的经典理论一般认为感情和大众文化无助建构一个"真正"的具有高度参与性的公众。这一看法深深影响着学界关于现代中国历史上"公众"的论争。北美史学家对这个题目的关怀源于1989年于尔根·哈贝马斯（Jurgen Habermas）《公共领域的结构转型》英译本的出版。哈贝马斯在书中指出资本主义的崛起使一个理想的资产阶级公共领域得以在18世纪的西欧诞生。扎根于英国咖啡馆和法国沙龙的公

---

① "民意"一词尽管在20和30年代仍在使用，但失去了晚清时被赋予的政治意涵。费约翰（John Fitzgerald）称民意在20年代的政治话语中遭"降格"（1996，第206—215页），并认为这是孙中山领导的国民党从致力建立自由主义立宪政体转向实行一党训政的结果。20世纪前25年，自由主义宪政秩序渐被咎病为难以驾驭的东西。

共领域成了人们参与理性讨论、提倡和维护其商业利益、对抗封建等级和国家压迫的场所。在这里，人们能够畅所欲言地批评社会的不公。从公众领域产生的法律和制度代表了讨论参与者们所共同分享的正义理念和人道原则。

中国学研究领域对哈贝马斯著作的翻译以及对市民社会和公共领域的关怀实际与上世纪 80 年代末、90 年代初的历史事件息息相关。大部分讨论狭隘地集中在中国历史经验中曾否出现哈贝马斯所论述的资产阶级公共领域的问题上，要么主张之，要么反驳之。① 尽管一些历史学家开始质疑把欧洲现代历史经验当作发展的标杆这一做法，却很少人能够超越"中国是否存在着可与西方公共领域相比的事物"这一问题来思考。

然而，更晚近的学者们已从现代中国曾否拥有真正的"公共领域"这一争论激烈的问题转向更为踏实地梳理在晚清和 20 世纪之交"公众"的历史而具体的构成方式。这些学者致力于理解新兴的或重新建构的城市组织形式（如大众媒体、市民团体、劳工组织和追求独立的法律专业团体）如何与不断集权化的国家权力一道，影响着国家和社会之间的关系（见顾德曼［Bryna Goodman］1995；钱曾瑗［Michael Tsin］1999；徐小群［Xu Xiaoqun］2001）。同时这些研究提出公众不应只根据空间来定义，更应该把它理解为一种过程和实践。上世纪 90 年代初期的讨论大多恪守着哈贝马斯的定义，从空间方面理解"公众"，并主要关注这种空间的社会参数。② 相比之下，更晚近的学者则强调都市"公众"变动不居的本质。他们注意到"公众"由不断转换的各种领域所组成，在其间参与性的

---

① 关于这场讨论的内容，可见 1993 年出版的《近代中国》（*Modern China*）（第十九期第二号）。其中罗威廉（William Rowe）和兰钦（Mary Rankin）两位学者主张中国曾存有公共领域；而黄宗智（Philip Huang）和魏斐德（Frederic Wakeman）则认为公共领域未曾在中国出现。
② 例如黄宗智的"第三域"是一空间概念（1993）。"第三域"曾被批评为一个不精准且过于模糊的分析角度，见王国斌（Wong）1993。

政治成为可能,亦认为"公众"能促进高度政治参与的可能。① 一些学者认为现代中国的公众并不一定是指实在的、恒定的空间,而更多时候是被"呼唤"和询唤出来的。杨凯里(Jan Kiely 2004)汲取了迈克尔·华纳(Michael Warner)的理念,认为公众"是通过呼唤而存在的"。②

　　越来越多学者认识到,理解公众不能仅仅从制度和社会的层面,还必须从它的规范能力(normative capacities)去分析。在讨论法国大革命前的"舆论"(l'opinion publique)这一概念时,基思·贝克(Keith Baker)有力地证明了公众除了以社会学一般理解的形态存在外,更多时候应理解为一种"想象性的权威"(imagined authorities)。③ 中国学研究者亦渐渐认识到,作为规范力量的公众往往比作为社会实体存在的公众更为强大。正如上文所述,晚清维新派人物和宪法改革者梁启超推举抽象的"舆论"作为理性和进步的化身,以迫使清政府推行更为开放性的、辩论性的宪政和政治改革。到了上世纪 20 和 30 年代,左翼的报告文学(一种描述时事、人物和社会现象的非小说文类)促进了中国"城市人群"(ur-ban crowd)概念的形成。这一群体被想象为在校园、街道和工厂等各种城市空间里参与学生和市民游行,并与帝国主义暴力作抗争的人。无论是晚清的"舆论"还是上世纪早期报告文学中描述的"城市大众",它们都没有准确的、个体鲜明的社会学的所指。④

　　然而,尽管不少学者提出不同看法,哈贝马斯有关"公众"的种种设想却仍然不同程度地影响着中国研究。其中,认为"真正的"公众必须是理性并具有"解放作用"这样一种看法仍然起着支配作用。哈贝马斯对

---

① 例如顾德曼(1995)和钱曾瑗(1999)指出政权与不同的社会群体之间的关系互动包含多样性,一时势不两立,一时又为着共同的目标互相合作。

② 杨凯里显然是受了阿尔都塞(Louis Althusser)的影响,认为"呼唤"有助于构成或"询唤"(阿尔都塞语)社会身份。见阿尔都塞 1971,第 170—176 页。

③ 本尼迪克特·安德森(Benedict Anderson)关于民族群体和民族主义的研究(1991)提出政治群体是被"想象"出来的概念。

④ 关于清末"舆论"是一个抽象概念的阐述,见季家珍 1996;有关报告文学中的"都市人群",见罗福林(Laughlin)2002,第二、三章。

18世纪英、法、德三国的资产阶级公共领域和市民社会有着特殊的重视，认为它塑造了一个供理性的资产阶级男性个人追求经济和政治利益、抗衡绝对君主威权统治的独特空间。此外，在其著作的后半部分（这一部分获得的重视大大少于前半部分），哈贝马斯称大众文化和公共领域是互不相容的。书中描述了资产阶级公共领域在19和20世纪退化成一群被动的"大众"，无法再促进对政治的解放性、批判性的参与。在这样的论述中，哈贝马斯与法兰克福学派传统一脉相承，其代表人物马克斯·霍克海默和西奥多·阿多诺在其针对欧洲法西斯主义兴起而著的《启蒙辩证法》（1944）一书中大肆鞭挞"文化工业"对大众的荼毒，认为大众所生产和消费的文化成了一种压制和掌控社会的工具。

　　研究中国的学者在探索"公众"问题时受到了法兰克福学派传统的持续影响，他们把注意力放在了寻找一个真正理性的、独立的且具解放作用的公众的证据中，并且总是把研究的重点集中在晚清时期或上世纪20年代。他们认为晚清的维新派报刊媒体为当时新兴的、理性的、高度参与性的公共辩论提供了可观的空间。而重视上世纪20年代的原因则是由于当时中央大权的旁落使得城市民间组织形式得到了较大的发展。[①] 与之对比，南京十年则被视为极不利于中国"公众"发展的时期。学者认为国民政府对媒体施以审查干预和国家恐怖的暴力威权手段，妨碍了自主公民力量的推进（见魏斐德[Wakeman]1995，1997等）。至于30年代充满炒作和高度商业化的传媒和娱乐圈，也被认为是不可能诞生一个具有批判功能的读者公众的。[②] 民国时期的法律制度也并不乐观。从一般法律史的视角看，南京十年期间推行的法制改革是裹足不前的（比如黄宗智[Huang]2001；白凯[Bernhardt]1994）。这一时期，党国体

---

① 关于晚清，见季家珍1996；傅佛果、沙培德（Fogel and Zarrow）1997；柯瑞佳、沙培德（Karl and Zarrow）2002。至于20年代，可参见全大伟（Strand）1989有关北京都市政治的研究；钱曾瑗1999关于国民党在广东动员工人的讨论；徐小群2001有关专业团体在上海的发展的描述。

② 活跃于30年代的林语堂（1968）也许是最先提出民国时期的媒体只有低俗的商业炒作和煽情的矫揉造作的论者之一。

制不断侵蚀,导致了司法独立性的不断萎缩(徐小群 2001)。

　　笔者并非主张上述有关 30 年代司法独立萎缩和国民党政权侵蚀社会的观点是错误的。本书要指出的是,媒体的煽情炒作、国家权力的扩张和市民领域的某种程度萎缩并不一定为所有具批判作用的公众敲响了丧钟。充斥着商业炒作和威权政治操作的 30 年代正提供了一个有趣的视角,让笔者思索大众媒体的煽情炒作如何有效地动员或询唤了一个对不断集权化的政权表达强烈批评的现代公众。为此,下文的讨论将在上述讨论"公众"之流动性及它在现代国家和社会关系中多变的角色的研究的基础上展开。笔者将去掉早期研究著作希望从空间或社会学的固定框架中寻找"公众"的迷思,转而关注一个时而对抗国家、时而由国家掌控的"公众"被动员的过程。

　　在这样做的时候,必须认清国民党政权的国家权力的性质。一心要结束治外法权和恢复完整国家主权的国民党政权固然致力于中央的集权化,增强其监视、控制和规训中国社会的能力(魏斐德 1995)。然而,国家对市民社会的渗入是有限度的。以城市为中心的各帝国主义列强及内陆的军阀和共产党等敌对政治势力割据一方是原因之一。国民党政权本身的资源匮乏和不能行之有效的政策也加深了政治权力的四分五裂。杜赞奇(Prasenjit Duara 1988)恰切地指出国民政府对社会的渗透是"内卷化"(involutionary)的,即国民党政权愈是尝试加强对社会的规训,其治理及控制社会的有效性则愈是下降。在国民党威权统治的支离破碎的背景下,蓬勃兴起的城市消费文化给情绪化的公众的形成提供了空间。

　　笔者讨论的是一个以情感为基础的、具有暧昧的"解放"作用的公众,故本项研究的大前提是理智和情感并不总是相互排斥的。本书质疑以往研究中把理性交往行为视为发展具批判作用的现代"公众"必不可少的要素的做法,也反对当前大多文学和理论中把理智和情感、理智和道德作二元划分的做法。高度商业化的传媒和高涨的大众情绪是否也包含某些哈贝马斯所说的公共空间的"理性交往"元素？媒体的炒作又如何推动公众对正义的内涵的探讨、对公众人物丑行的谴责，及对现代社会及其公民的正当道德行为的厘定？

从这些视角重新审视施剑翘案，这桩植根情感且引起轰动的案子显然形成了在本质上可称之为"参与性"和"批判性"的公众行为。例如案子的审判过程令公众更清楚地认识到法庭的运作，使他们得以主张法庭未能作出的但他们认为更合乎道德公义要求的判决，并暴露了当时司法制度的不足。施剑翘的行为推动了关于女性在社会中的公共角色的讨论，而围绕着幕后的军阀政治的传言则成为某种平台，让公众得以评判政客们乃至中央政府的道德品质，而发生于佛教居士林的政治暗杀则暴露了宗教团体与军事首领的秘密媾和。在象征意义上，孙传芳的不得善终更为前一时期的军阀割据遗留下的混乱增添了一种秩序感。公众同情所具有的不容忽视的政治力量最为明显地体现在国民党政权对施剑翘的特赦上。南京国民政府在声明特赦的理由时明确表示这是基于各种市民团体的请愿，这些团体要求赦免施剑翘，认为她的行为合乎道德。最后，充沛的民众激情和煽情的媒体炒作展现了案子所涉社会话题的重要性和争议性。不同于哈贝马斯所担忧的消极被动，被媒体炒作所推动的城市大众积极地消费着信息并争相发表言论，表现出了热烈参与的激情。事实上，案子所引起的舆情本身也在当时也成了评论的焦点之一。

公众、消费文化与性别

为了避免夸大公众同情所具有的批判作用，我们必须记住，这种新的公众是诞生于消费文化中的，所以它充满着既勇于批评时弊又易于被操纵的矛盾特性。为了更清楚地阐明这种暧昧的本质，这里要略为介绍一下晚近探讨现代西欧城市公众、现代性和大众消费文化之间关系的研究成果。为了重新理解市民公众和现代性,不少学者早已把"公共领域"
"市民社会"这些已被附以特定内涵的概念束之高阁,转而思考一度备受
非议的"大众文化"中所形成的"公众"以至"人群"等概念。① 比如,研究
19 世纪巴黎的瓦妮莎·史沃兹(Vanessa Schwartz)说明了大众媒体和
文化实践的新形式不但能将日常生活变为奇观,更能使个别的观看者集
结成一个消费和享受这种视觉奇观的新都市群体(史沃兹 1998)。史沃
兹所指的人群是奇观或"奇观化的现实"的消费者,这些奇观见诸蜡像
馆、巴黎停尸房和每日报纸。由此,"观看"成为集体身份的基础。

　　史沃兹研究的重心在于观看者及观看行为。她对"观看"的关注很
大程度上受到瓦尔特·本雅明(Walter Benjamin)的影响。本雅明有关
都市大众文化的著作是出于他对法西斯主义的崛起与资本主义的关注,
它所伴随的是对一个技术先进的资本主义现代性的民主参与。② 受查尔
斯·波德莱尔(Charles Baudelaire)对"游荡者"(flâneur)形象的诗意描
述的启发,本雅明(1983)认为,要对现代资本主义社会的诱惑保持批判
性的距离,只有象征意义上的"游荡者"才能做到。作为一种反英雄的人
物,"游荡者"在城市内悠闲地散步、敏锐地观察,既是人群的一部分,又
带有批判性地站在城市人群之外。就像本雅明的"游荡者"一样,史沃兹
的"看客人群"是奇观的一部分,同时又通过观看的行为来支配着后者
(史沃兹 1998,第 10 页)。

---

① 较早期的欧洲史学者大多对大众传媒不怀好感,把它视为操控大众、压制自主市民社会的意
　识形态工具。其中研究欧洲法西斯政治的名著,莫斯(George Mosse)的《大众的国民化》
　(Nationalization of the Masses 1975)把传媒炒作的仪式和节日视为资产阶级精英与法西
　斯政权合谋掌控大众和巩固权力的手段。除了法兰克福学派,意大利马克思主义思想家安
　东尼·葛兰西有关国家如何与统治阶级合谋利用意识形态赢得被征服者的"同意"(consent)
　的著作亦影响着史学界。晚近的欧洲史学者已开始对传媒和消费文化是否支持威权统治和
　政治霸权的课题提出新观点,见史沃兹 1999 及夏亚(Gregory Shaya)2004。
② 正如苏珊·巴克-莫斯(Susan Buck-Morss 1989)所言,本雅明尚未完成却已引人入胜的《巴
　黎,19 世纪的首都》(Passagen-Werk;英译为 Arcades Project)(本雅明 1999)提出现代城市
　是一个"幻景"(phantasmagoria),是一个对所有人许诺了现代生活方式,却实际上无视持续
　的阶级对抗而为法西斯政权铺平道路的幻觉。

　　笔者对上世纪 30 年代中国社会的研究保留了"游荡者"的概念所包含的内涵,即人群和公众可能既是城市幻景一部分,同时又抵抗着资本主义奇观的诱惑性力量。与众多援引本雅明的论著不同的是,本文的重点不是放在观看行为。[①] 笔者在讨论施剑翘案时使用"轰动"(sensation)而非"奇观"(spectacle)一词,表明了这本书的重点不是观看行为,而是感情在建构现代公众和人群上所具有的道德权威。"轰动"更有效地强调案子的情感特质和它激发城市受众情绪的能力。现代大众媒体的广泛传播使这桩复仇案集结了一大群城市消费者,他们在很深的情感层面上与这位品德高尚的刺客生息与共、同悲同喜。围绕着施剑翘的媒体炒作将"公众同情"询唤了出来,让市民不仅是简单地聚集起来"观看"或者说理性地认知事件,而是共同从纯感官层面上"感受"着它。"观看"行为对于界定这一公众群体固然重要,但"感受"和"同情"的行为同样也十分重要。

　　然而,30 年代中国的"同情"与史沃兹笔下的观看者群体却同样是消费文化和大众文化的产物。因此,史沃兹对本雅明"游荡者"概念的运用仍然有助于我们探讨"同情"所具有的有趣的矛盾特性:它既是奇观的一部分(因而受到资本主义和国家力量的操纵),然而在某些情况下又能够与它保持批判性的距离。如前文所述,同情可以被动员为一股强大力量,足以影响法律程序,威胁文化精英的道德权威,调节中央与地方军阀之间的互动关系,并影响国家为其政权寻求合法性的策略。然而同时,施剑翘案子中的同情却总是容易被更高层次的势力所操纵。如第五章详细讲述的,当时有传闻,行刺案从头到尾都有着冯玉祥及其他大政治人物的密谋,从策划谋杀到操纵舆情,目的是要服务于他们的政治利益。同样,国民党政权以特赦施剑翘为手段,挪用公众同情并把同情指向国

[①] 欧洲史学家们最近已开始质疑对观看行为建构现代社会的过分重视。比如在最近的一篇文章中,夏亚提出"badaud"亦即"伸长脖子看热闹的人"的重要性。这些人"参与着一个在痛苦及愤怒的奇观中锻造而成的社群,进而缔造一个新的都市人群"(2004,第 76 页)。笔者在学理上的观点与夏亚相似,但本研究的中心不是放在"看热闹"的行为,而是放在同情上。

民党的统治。同情易受操纵的特性在更强大的国家机器之下尤为明显。如果我们进入上世纪 40 年代（见第六章），我们就可以看到在抗日战争的危急情况下，国民政府得以更成功地集结起集体情感并使之服务于爱国的目的。

最后，性别在本文论述的公众和现代性理念中占了极为关键的位置。公众属于何种性别是研究现代中国的历史学者们几乎没有思考过的问题。① 对性别的忽视也是法兰克福学派遗留下的影响之一；该学派的理论家一般会忽略性别的议题，而把理想化的公共领域及理性交往的行为方式界定为男性的。② 哈贝马斯强调个人（l'homme）和男性资产阶级的身份的上升在创造资产阶级公共领域中的关键作用。资产阶级女性则默默地固守于家庭领域内，她和社会唯一的关联仅仅在于她和家庭帮助建构了个人的主体身份，提醒公共领域的成员要时刻透过理性的参与来捍卫人道主义的普世法则。③

与法兰克福派的观点相反，本书将指出施剑翘的性别在引发同情上起了关键的作用。随着女性的身体成为有关现代性的论争的场域，20 世纪初期，所谓的"新女性"引发了强烈的社会焦虑。④ 对很多论者来说，施剑翘正是这样一名新女性，她的身体及其女性化的情感由此有效地成了 30 年代中国现代性问题之争论的场所。正如古代中国社会的烈女一直

---

① 顾德曼最近有关 1922 年席上珍自杀案引起的社会争议的研究是一个例外。席上珍是一名"新女性"，并在其雇主的办公室里自杀。顾德曼（2005）主张以"性化"的角度看待公众。她指出在 20 年代，"新女性"本身是奇异醒目的事物，传媒对她们作煽情的特写是满足了公众中追看这类新闻的读者的色欲想象。

② 从性别角度批评法兰克福学派有关大众文化的理论，可见胡伊森（Huyssen）1986。

③ 见哈贝马斯 1989。从女性主义的角度批评哈贝马斯者大有人在，其中有代表性的文章可见米汉（Meehan）1995，此外，兰德斯（Landes 1988）的史学研究是对哈贝马斯忽略思考性别问题的回应。与哈贝马斯的研究相反，兰德斯将性别分析提升为其有关 17 和 18 世纪法国文艺沙龙和公共领域的论述的核心。

④ 胡适在新文化运动时便提起"新女性"，是其中一位最先使用该词的知识分子。该词指涉着一种理想化的女性典范；"新女性"开明的激情因表现代表着新中国要成为世界一员的理想，而被誉为美德。第三章里将更详细地讨论新女性概念。

代表着帝制下社会全体的道德和情感标准一样,不少人认定孝女施剑翘代表着一个新兴善战民族的美德和性别属性。施剑翘的孝行有效地建立了一个新的中华民族的伦理美德,而其被媒体广泛传播的激情又动员和象征了一个新崛起的公众的集体同情的权威(第二章)。同时,施剑翘也引来严厉批评。如第三章所述,左倾的评论家和司法改革者们为"庶民"公众的兴起深感不安,认为大众给他们提倡的理性的、"男性化"的现代性话语带来了威胁。不论男性和女性都热切关注施案的进展,但这些评论者们把这种集体情感贬抑为莽撞和女性化的表现。

情的历史及它在上世纪 30 年代的命运

　　本书提出情是 30 年代中国的新公众得以形成的一个关键,但这并不意味着建立在感情上的公众比建立在理性上的公众更为真实,我也并非暗示西方的公众是"理性"的而中国的公众是"感情化"的。毋宁说,本研究的首要目的是要历史化地描述一个以情感为中心的都市群体是如何从 30 年代的这场媒体事件中获得巨大的道德力量的。为什么"情"在 30 年代中国的公众的形成中能发挥作用? 情感、家庭美德及性爱等私人领域在国族、城市公众、现代公义理念、性别化的主体的建构中又扮演着什么样的角色? 要回答这些问题,以及要更好地理解为何性别化的情感在 30 年代中国公众的形成中如此重要,我们就首先必须了解漫长的历史中情曾被赋予的道德力量。

　　"情"的概念有着漫长而复杂的历史。它含有多样且互为矛盾的意思,从客观的事情、性情到主观的感情甚至情欲。一般而言,"情"在帝制时代既可以是理想社会中人际关系的基础,又可化为扰乱社会和睦的自私冲动。① 在帝制时期的儒家道德正统中,家庭成员之间的人情因被认

---

① 有关古典文献中"情"的多种意思,见余国藩(Anthony Yu)1997。有关"情"在明清时期谱系的论述,见黄卫总(Martin Huang)2001 第二章。

为是代表着整个政治及世界秩序的人际关系，并因此成为道德真理的基石。① 诚心感知的孝道和贞洁等美德构成了人情的诸种形式，并创造了一个道德伦理的网络，由此形成了儒家的世界秩序。

尽管笔者在这里把孝道和守妇道等被诚心感知的德行视为儒家道统的伦理情感，把美德和情感两个概念融合在一起，但事实上道德和情感在儒家道德话语的历史中有着极其复杂的关系，而情在家庭伦理关系中具体扮演什么角色也引起不少焦虑。本书第三章将更为详细地论述这些焦虑以及道德与情感的关系。现在只需指出的是，根据儒家道统，礼是培养包括孝在内的诸种美德的首要途径，而情感则是一种暧昧不明的力量。如果能恰当地加以约束和规训，情可传达德行所包涵的深刻诚意。否则，情就会变异为欲念而导致混乱。因此，伦理情感往往系统地受到国家的规范。例如帝制时代国家崇尚贞洁，通过四处为节妇立牌坊、撰写传记、封赏家属乡亲的方式来纪念和弘扬妇女的贞节美德（比如见柯丽德［Carlitz］1991，1994）。而朝廷通过对忠臣孝子的定期嘉奖有效地表明，男性为孝而引起的悲恸和哀悼之情也被认定为可敬的情感形式（柯启玄［Kutcher］1999）。最后，在某些情况下，伦理情感比法律更具有道德优越性。妇女的守贞不仅受到法律的系统保护和认可，朝廷法律在处理血亲复仇案时更是把诚挚的孝行视为豁免杀人罪的依据。②

有关情的争论到了现代并没有终止。正如不少学者所言，20 世纪前25 年经历了儒家道统的没落和对社会秩序的想象的重大变化。现代知

---

① "人情"一词难以翻译成英语，在字面上它是对人们感受到的人际关系的总称。为了方便起见，笔者将这一复合词译为"人类感情"（human sentiment）、"人类感受"（human feelings）或者"情感联系"（affective relations）。当论及帝制时代儒家正统所认可的"人情"时，文中亦会称其为"正统感情"（orthodox sentiment）或"美德"（virtue）。受礼所制约的感情必然是构成儒家正统美德的成分。

② 有关帝制时期法律和贞洁的讨论，见戴真兰（Theiss）2004 和苏成捷（Sommer）2000。关于帝制时期法律处理血亲复仇案时推崇孝的详细分析，见第四章。

识分子急需重新定义个人与社会之间的关系。在 20 世纪的第一个十年,主导新文化和五四运动的反传统知识分子质疑"传统"的人情关系在现代社会秩序中的作用。[①] 孝和贞被认定为中国现代化失败的根本原因。新形式的情例如现代感情、浪漫爱情以及性解放的热情则被五四知识分子们推崇为中国新兴现代性及世界公民主体身份的基石。新女性随之成为这些新形式的激情的有效载体。

有关新文化和五四运动对情的论述,学术界已经对此作了大量的研究。然而,五四知识分子的规划并不代表一般民众对情和现代主体性的态度,也没能避免后辈知识分子的质疑。尽管对传统"人情"的疑虑存在于精英的文学、伦理和政治话语中,泛滥的感情却在 20 世纪早期中国的市民消费文化中大行其道。一方面,反传统的五四知识分子对儒家伦理做出了尖锐的挞伐,但另一方面,20 世纪早期的通俗市民小说却毫不羞赧地为了迎合日益庞大的商业市场而对孝等德行加以情绪化的大肆渲染(李海燕[Haiyan Lee]2001)。到了 30 年代,当中国的传媒在本质上变得更为"大众化"时,情感化的伦理的炒作也随之而变得更为流行和能赚钱。同时,20 世纪第二个 15 年的批评家和理论家们对于五四时期激进的反传统倾向也变得愈加怀疑。1934 年,国民党政权领袖蒋介石发动了由国家主导的新生活运动,企图以经过改造的儒教伦理作为国民精神的基础和民众行为的规范,从而振兴社会和民族。当时的知识分子渐渐远离五四知识分子理想中的新女性激情,转为提倡与新生活运动要求更为符合的、崇高且充满美德的"情"。

简而言之,我们要理解施案所引起的论争,就必须考虑 30 年代对情不同态度的交汇所形成的独特历史场景。反传统主义对儒家"人

[①] 新文化运动大约起于 1916 年,主要由北京大学的知识分子所领导。五四运动起于 1919 年 5 月 4 日的一宗纠纷,泛因中国在第一次世界大战后举行的巴黎和会上受辱而引发的一连串在各大城市举行的示威游行。许多参与新文化运动的知识分子和学生成了反帝国主义示威的领袖,因此新文化运动也通常被看作是这一系列政治运动的重要社会文化背景。

情"的批判与儒家道德的复兴同时并存，并伴随着对五四时浪漫爱情的定义的越来越深的焦虑。文化精英对于"情"的态度始终举棋不定，但通俗的煽情渲染已经弥漫着整个市民消费文化。施案的发生令这些紧张的关系变得更为尖锐。如我们将会看到的，在城市媒体文化工业中消费着通俗情感的广大消费者们，对情感丰沛的女刺客抱有广泛的同情（第二章）。而期待以儒家伦理矫正五四时期泛滥情感的知识分子则猛烈地批评施剑翘和公众对她的同情（第三章）。最后，对于正在推行新生活运动、试图重新发明儒家道德以巩固其本土民族主义的国民党政权来说，这位充满争议的刺客应当获得国家的许可（第五章）。

暴力、正义和情的道德权威

施剑翘的案子不仅仅让我们探索公众的形成和情在中国新社会秩序中该扮演什么角色的争论。由于笔者处理的是谋杀案件，故下文的讨论还会涉及"情"与暴力之关系，暗杀行为在整个社会文化中的角色，以至暴力如何建构了伦理、正义和政治权力三者之间的边界等一系列问题。在梳理这些课题时，笔者将把施案与民国时期几宗复仇和情杀案一并讨论。其中有 1932—1933 年间发生的郑继成为叔父报仇而刺杀军阀张宗昌的血亲复仇案（第五章）；1935—1937 年发生的女子刘景桂谋杀情敌的激情犯罪案（第三、四章）；以及一宗非暴力的复仇事件，即 1945 年徐道邻为父报仇而控告冯玉祥的案子（第五章）。

透过这些复仇和杀人事件探讨"情"的政治，这使得下文的讨论有别于前人研究中对 20 世纪早期暴力的处理方式。此前的研究倾向于把暴力简单视为人们为了达到巩固城市、地区以至全国的政治控制等目的而采取的手段。把暴力当作一种施加恐怖的策略和一种野蛮力量的看法在对南京十年的历史研究中屡见不鲜。这种看法源自民国研究的一个老课题,即渗透社会各层面的暴力以及国家对暴力行为的许可是否证明国民党在施行威权甚或是法西斯统治?[1] 可惜,大部分相关著作假定了暴力必然为社会带来不稳定,而不考虑暴力行为以及对暴力行为的许可也发挥了建构社会秩序的作用,并且是政治生态的一个虽不光彩但不可或缺的组成部分。迄今为止,尚未出现有深度的研究来考察暴力在历史的特定脉络中的含义,也没有好好梳理对暴力进行运用、许可及合法化的各种不同动机。情何以被用作对恐怖行为进行合法化的策略? 某些形式的暴力如何成为情的理想表达方式? 这些更是学界未曾注意的问题。

要补充这些遗漏,我们必须把研究的重心从对暴力和恐怖的制度性和政治性描述转移到对暴力被赋予的各种含义的分析上。这项研究并不把暗杀的发生简单归结为社会混乱或法治败坏的症状,相反,它将追问为何某些暗杀行动会被视为实现正义的正当途径;以及为何血亲复仇长久以来被认为是对"礼"的有力的表达,特别是当它被赋予"情"的含义时,更是有着深远的意义。[2] 这有助于我们理解为何这些暗杀行为会成为不同政治势力角逐的对象而变得高度政治化。一个单身的女刺客、一群情绪激昂的公众、法庭、中央政权和地方政客,所有这些力量都在争夺着对暴力行为的意义的解释权。有些人认为这些暴力行为传达出来的

---

[1] 张霞(Maria Hsia Chang)和易劳逸(Lloyd Eastman)曾为国民党是否法西斯政权的问题交锋 (见《中国季刊》[*China Quarterly*]1979 年 9 月号和 12 月号)。易劳逸和傅士卓(Joseph Few-smith)及其他学者对同一问题的进一步讨论见于 1984 年《民国》(*Republican China*)各号。傅士卓(1985)把国民党政权与两次世界大战之间的欧洲政权作比较。魏斐德(1997)指出国民党实施的虽不至于是法西斯统治,但肯定是威权统治。魏斐德在其近期的专论中继续探讨了国民党政权的威权本质。他描述了上海警察部队的运作(1995),又完成了国民政府军统局头目戴笠的传记(2003)。探讨南京十年时期国民党统治威权本质的论著一般把欧洲的历史经验——尽管是不光彩的欧洲法西斯经验——视为衡量中国南京十年的准则。对国民党政权持批判态度的学者把暴力的横行视为等同于欧洲法西斯和威权统治,进而认定国民政府一败涂地(见易劳逸 1974;魏斐德 1997 等)。相反,对国民党持同情态度的学者则认为南京十年与欧洲的法西斯政权不能相比(如张霞 1997)。
[2] 有关血亲复仇被视为礼的历史,见程艾蓝(Cheng)2004。

激情已证明了动机的道德性，因此暴力复仇是合法的，它甚至是比法律更为纯粹的正义形式。另一些人则认为犯罪者的情感真诚与否无关宏旨，极端的暴力行为是社会不稳定和国家混乱的标志。在现代社会，谁有权利或力量为公义下定义、阐述情与暴力的关系成为至关重要的问题。

通过对暴力的梳理，本书还将追问暴力所包含的激情如何开创了20世纪中国的集体主体性和政治参与。虽然本研究的重心集中在上世纪30年代富有伦理激情的复仇行为如何动员了公众的同情及这个过程中的政治性，但本书还探讨了这一议题对于40年代及以后的社会所具有的重要意义。通过追踪施剑翘在抗日战争期间参与的救济工作，第六章审视了施剑翘的富有暴力激情的个人形象如何保持了丰富的象征意义，以及它在抗战中发挥的鼓舞民众爱国激情的极大作用。国民政府成功地利用民族复仇的诉求动员了抵抗日本侵略的集体情感，但在1949年后与内部敌人的斗争中暴力激情的动员力量却更为明显。到了60年代，施剑翘发现她的孝情在共产党建立的新秩序中变得极成问题，于是奋起而为自己辩护，把她的道德情感动机改造为不再是封建和儒家道德的，而是革命性的动机（第六章）。也许血亲复仇不再具有革命性的意义，但阶级复仇和其他形式的充满激情的、仪式性的暴力却仍然灾难性地发挥着其强大的动员群众的力量。在结语部分，本文将通过探讨对伦理暴力的公众同情如何为1949年后中国政治中极为关键的"革命群众情感"的兴起奠定了基础，阐述这一研究所可能具有的意义。

历史和史学研究中的情感：一个全球性的视野

除了文学研究领域中一些显著的例外（林培瑞[Perry Link]1981；李海燕2001；王德威[Wang]1997），学术界很少从情绪和情感的角度研究20世纪早期的中国历史。这种情况可归因于一般历史研究界对情感的长期漠视。作为一个现代学科,黑格尔认为历史应当推动民族国家迈向进步和理性的论断一直影响着史学研究。长久以来,史学家认定其研究必须建立在对过去事件的理性而客观的探索上。史学界受黑格尔思想影响的另一表现是对情感和非理性的强烈怀疑。直到20世纪末期,随着后结构主义对社会科学认识论的批判和性别研究提出的理论挑战,史学家才开始承认情感的重要性。例如,米歇尔·福柯(Michel Foucault)的著作是其中最具影响力的、以理论的高度对主体性、身体和情感进行探讨的研究。通过将其"历史化",或者按福柯的说法,通过考察现代主体性的"谱系",福柯理清了现代自我、权力、社会实践之间的关系,包括既是认知主体又是被认知客体的现代主体在现代社会科学中被建构的过程。① 琼·斯科特(Joan Scott 1988)和朱迪思·巴特勒(Judith Butler 1990)等性别研究学者受福柯等后结构理论家的启发,质疑了对"性别"(gender)和"性"(sex)的形而上的本质的预设。他们揭露了"性别"和"性"的身份被塑造的历史过程,以及性别和性如何反过来影响了更大的社会和政治结构。

　　汲取了这些理论资源,史学家也开始研究主体性、性别、身体和情感的历史。主攻现代欧洲的史家们开始认真地把感情当作历史研究的对象。这些学者质疑了情感和启蒙运动二元对立这一长期以来的框架,展示了情感在旧贵族社会转变成现代社会的过程中所起的关键作用。现代社会摒弃了以阶级和血缘划分社会层次的做法,而将情感经验奉为资产阶级个体身份的道德基础。这种内在的人的社会性进而成为崭新市民社会的基石(邓比[David Denby]1994)。18世纪言情小说的兴起和对家庭生活的重视也与性的历史(性别差异)、中产阶级身份的崛起以及公私领域之划分的形成(见阿姆斯特朗[Armstrong]1995;古德曼[Goodman]1992等)息息相关。情感曾在法国大革命中起了关键的作

____
① 见福柯的后期著作,如《规训与惩罚》(1977)和《性史》(1978)。

用,但随着由理性调节的、被契约和法律所约束的关系被学者奉为新的、男性的公共领域的基石,情感日益退居到私人领域之中(见哈贝马斯1989;兰德斯1988)。

情感对现代性的意义并非现代西方所独有。如果我们考察其他有关情感和非西方现代性的论著,便可以发现非西方社会中共同存在的一种全球模式,即,策略性地运用早前的、"传统"的道德感情,用以创造现代社会。可见现代性并非从西方"输向"世界各地那么简单。理解各国的消费文化和大众媒体动员群众和塑造现代社会的相似之处,能让我们更好地认清资本主义对全球的影响。研究中国以外的非西方社会的历史学和人类学家们指出了情感和道德在建构现代性和市民身份过程中的重大作用,譬如巴西(科菲尔德[Caufield]2000)。另一些学者则审视了在现代埃及中,诗性的情感和对端庄举止的规范如何塑造了游牧民族贝都因女人的抵抗策略(艾布-庐古德[Abu-Lughod]2000)。还有一些学者考察了私人领域与现代殖民统治中至为重要的种族等级之间互相联系、互相缠结的关系(斯特勒[Stoler]2002)。这项研究期望延续这一对话,探讨"情"在创造市民公众、想象后儒家社会以及划分现代中国的道德、司法和政治权力之边界中的角色。

第一章　刺客与复仇：大众传媒时代的道德英雄主义和女性的自我想象

> 父仇未敢片时忘，更痛萱堂两鬓霜。
>
> 纵怕重伤慈母泪，时机不许再延长。
>
> 不堪回首十年前，物自依然景自迁。
>
> 常到林中非拜佛，剑翘求死不求仙。

　　刺杀成功后，施剑翘随即把这首诗散发给现场的目击者。在这首由刺客自己所作的七言律诗中，熟悉中国抒情诗传统的读者很容易读出一种深深蕴含着的诚挚情感。[①] 诗一直以来都被认为是一种既能表达个人内心思想感情又能唤起他人情绪共鸣的文体。[②] 而七言律诗是中国抒情诗传统的一个非常重要的组成部分。在第一行诗中即可见施剑翘父仇必报的夙志和献身精神。而提及母亲花白的鬓发，又传达了她对母亲的另一份孝心。诗中提到她在十年之中由于大仇未报而倍感困扰，充分体现出复仇一事的紧迫性，并强调了施剑翘对报仇之举强烈的渴望。另外，"十年"援引自一句俗语——"君子报仇，十年不晚"，这一俗语提醒读

---

① 一个目击者将施剑翘的诗描述为充满了"无尽的感情"；见《新闻报》（天津），1935 年 11 月 15 日第 13 版。

② 七言律诗是中国诗歌的一种标准形式。它在 17 世纪发展起来。七言律诗由八行组成，每行七个字，在韵脚、声调和对偶上有着严格的规定。

者注意"报仇"行为本身所具有的美德，并暗示一个人必须等待时机以便寻找合适的机会复仇。而下一句"物自依然景自迁"同样值得注意，这说明作者复仇的愿望并没有随着时间的流逝而减弱。最后一句戏剧性地将佛堂，一个通常用于宁静顿悟的地点，转变成了轰轰烈烈的因果报应最终得以应验的场所。这首诗充分展示出孝心乃是促使施剑翘采取极端的复仇行为的动机。

这首诗是施剑翘带到现场的一大堆油印材料的一部分。除了这首诗以外，施剑翘还散发了长一页纸的犯罪动机声明和比这个更长的自白书《告国人书》。① 简洁的犯罪动机声明列出了以下四个要点：

图一　施剑翘在杀人现场散发的油印的小册子，上面按有她的手印，事发翌日便由各大报纸翻印。

各位先生注意：

1. 今天施剑翘（原名谷兰）打死孙传芳是为先父施从滨报仇。

2. 详细情形请看我的告国人书。

3. 大仇已报我即向法院自首。

4. 血溅佛堂，惊骇各位，谨以至诚向居士林及各位先生表示歉意。

她在纸上署名"报仇女，施剑翘"并按上手印为据。比这稍长一些的自白书则详细描述了导致这一最终结局的一系列悲剧性事件，其中包括十年前孙传芳如何残忍地将施的父亲——堪称军人模范的施从滨——在安徽蚌埠火车站斩首，而十年后，这位出生于

---

① 这则材料在中国的各大日报上刊登。动机声明，可见《大公报》（天津），1935 年 11 月 15 日第 4 版，或《北平时报》，1935 年 11 月 15 日第 1 版。自白书，可见《时报》（上海），1935 年 12 月 26 日第 5 版。

安徽桐城年已 30 岁的施剑翘最终得以为其父报仇雪恨。

这些意味丰富的材料表明了这个女刺客是如何精心布置这次复仇行动的。在一个大众媒体盛行的时代,她的复仇得以从一开始就成为公众消费的对象。这一刺杀行动不是暗中秘密进行的匿名暗杀,而是在人来人往的居士林诵经堂上进行的一次有计划的谋杀。在几十个信众作为目击者的情况下,施剑翘杀了她不共戴天的仇敌并散发材料,从而确保了不单犯罪现场的目击者,还会有一大批读者将了解到这位复仇女的对刺杀事件的解释。事实上,几乎是在同一时间,这些材料被全文转载以供中国城市阅读公众消费。

在整个事件的进展过程中,施剑翘的行为充分显示了她对社会公共关系的了解和掌握。在杀人以后,她不断向报纸求助;在向警方自首时,她发表了公开声明,并向当局提交了一份预备遗嘱,交待了她死后该如何安排她的母亲和孩子。① 两天后,施剑翘在警察局召开了一次新闻发布会,详细描述了复仇的前因后果。她在发布会的一开始就说道:"今日报载各节与事实略有出入。"接着提供了她所声称的事件的真相。② 在漫长的审判过程中,她先后召开过数次类似的新闻发布会。③ 通常在法庭即将宣布判决之前,或者在案子的一些重要关节点上,施剑翘会在监狱中接受记者采访并发表充满感情的讲话。她还时不时地发表一些在狱中写的感情真挚的诗作④,有些诗描述了她如何在狱中学习古典诗词,或

---

① 施剑翘向警察局提交了一份遗嘱的复本。遗嘱原文可见《大公报》(天津),1935 年 11 月 15 日第 4 版;或《北平时报》,1935 年 11 月 15 日第 1 版。

②《大公报》(天津),1935 年 11 月 15 日第 4 版。

③ 公安局的开庭审讯同样被全文转载在各大媒体上。见《大公报》(天津),1935 年 11 月 15 日第 4 版。当她杀完人后被公安局拘留时,施剑翘明确提出要求与记者见面,见《时报》(上海),1935 年 11 月 21 日第 5 版。这不是罪犯通常会做出的举动。

④ 这些诗刊载于《大公报》(天津),1935 年 11 月 15 日第 4 版;1935 年 12 月 26 日第 4 版;1936 年 1 月 12 日第 4 版。施剑翘在监狱中接受的采访见《大公报》(天津),1936 年 2 月 12 日第 4 版和 1936 年 7 月 6 日第 4 版。这些日期并不是任意的。比如,在宣布对她的一审判决的前一天,施剑翘将她的一首诗公之于众。她在狱中接受的两个采访分别也与她二审和三审判决的宣布日期相吻合。在第四章,我将更为详细地探讨媒体与审判之间的关系。

者描述她在狱中诸如教狱友认字这样一些令人钦佩的行为；另一些诗则表达了她对母亲和家人的担忧和思念。[①] 这些诗和狱中访谈在情感上极度渲染了她追求正义的行为，这让人想起中国传统戏剧里散文对白与诗歌唱词互相穿插的形式，其中诗歌的吟唱被用于表现情节展开过程中激动人心的高潮。这一策略有效地获取了同情，好几个评论家称赞施剑翘的诗有力地表达了她纯洁的感情。这也展示出这个女刺客对媒体报道所施加的深刻影响。

在一个现代通讯技术发达的时代，施剑翘设法利用和调度了一系列文化资源和技术资源，来编织一个有力的道德复仇的神话。她的每一个行为似乎都是为了供公众消费。施剑翘诋毁她的敌人孙传芳，盛赞她死去的父亲施从滨，还将她自己刻画成勇于献身的孝女，而这一形象又迎合了人们对巾帼英雄的性别化的想象。她所作出的每一个公开声明都浸透着强烈的感情，有着大量扣人心弦的细节。这样做所造成的结果是，许多中国城市读者开始相信在复仇行为背后的孝心是真挚的，从而公众对她的复仇行为予以的同情也广泛地传播开来。

大众媒体的时代

早在施剑翘的案子之前，已经有一些奇特的案件吸引了公众的想象力并通过戏剧演出和民间讲故事的方式唤起过集体的同情。然而，随着19世纪末20世纪初大众传播技术的出现，类似施剑翘案这样的媒体炒作越来越常见，并且具有了史无前例的影响力。像这样轰动性的案子与以往的任何案子都有所不同，它们的影响力不再仅仅局限于面对面接触的狭小社群，其在影响范围和传播速度上远远超越了过去的状况。区域性事件能够迅速地转变为广泛流传的传奇并在全国范围内激起城市及

---

① 如《梦中会弟》和《思归》，见《时报》(上海)，1935 年 12 月 19 日第 3 版。

近郊社群公众的同情。最迟至 1930 年代,媒体已经大大拓展了它们的眼界,并呈现出一些前所未有的新特性,诸如追求轰动效应和鼓动感伤主义,以迎合大众。

20 世纪早期大众媒体的急速增长直接导致了媒体炒作前所未有的影响力。根据林培瑞的研究,上海的传媒工业从世纪之初到 30 年代早期增长了六倍之多。同时在这期间,城市人口的识字率增长了至少两倍(林培瑞 1981,第 10 页)。至 30 年代,一些大报的发行量已高达 15 万份之多。① 这些流通广泛的报纸登载着施剑翘案的消息。报道这一事件的各大日报不仅仅限于上海—南京、北平—天津等邻近地区,还包括广东、四川、满洲等地甚至俄国。②读者们也不仅限于城市地区,中心城市周边的地方社群同样能够接触到刊载着这一故事的报纸。

单单发行量本身并不足以说明媒体的实际影响力,因为人们往往是通过传阅报纸和阅读张贴在公共宣传栏上的报刊来追踪新闻事件的。林墨农(1980),一个曾关注过施剑翘案的新闻影响力的民国记者,就讲述了当他在天津做学生的时候,因为订阅不起报纸而只好在城市重要路口的布告栏上阅读每日新闻的经历。林详细地谈到,天津和北平的日报往往在下午刊印出来,这时候人们总是很快就围上去,站着读报。当然,这个群体仍然是相对有限的,正如林注意到的,那些有着适当的文化水平和休闲时间的人群在天津的总人口中仍然只占绝对少数。然而,尽管阅读日报的习惯仅仅限于少数群体,剩下那部分城市居民中的大多数却仍然能够接触到各类新闻。比如随着收音机的引入,很多不识字的听众也获得了收听新闻的机会。根据李欧梵(Leo Lee)和黎安友(Andrew Nathan)的报道,截至 1937 年,估计上海已经有了 10 万台收音机(李、黎

---

① 更详细的描述,可见 1935 年《上海市年鉴》,里面显示,《申报》在 1934 年的发行量达到了 150000 份(其中有 40%在上海市内流通,60%在上海市以外各地区),同样还有《新闻报》,《时报》则达到 94000 份(在上海市内外发行量分别为 47%和 53%)。

② 俄国报纸头条新闻照片,见史 1987,第 439 页。

1985，第 374—375 页）。但听众的真正数量，正如报刊读者数量一样，要远远多于这一数字。卡尔顿·本森(Carleton Benson)观察发现，尽管拥有一台收音机也许是奢侈的，但许多人能够在他们工作的工厂或者在邻近的街道商店里收听到广播新闻。

在这一时期，新闻媒体也急遽多样化了。19 世纪晚期，八版的《申报》(上海的一份日报)是上海的企业家和政治精英仅有的几个信息来源之一。然而到了民国时期，各大城市地区都拥有了不止一个的大型日报，它们当中有好些篇幅远远超过八版。这些报纸涵盖了评论、意见、针对轰动事件的新闻报道，并提供信息摘要为专门的读者群提供阅读方便，而事实上这些读者群的覆盖范围也已经远远超过以往。城市读者可以从各种各样的小报中(这些小报往往因其短暂的寿命和强劲爆料而著称，在英语中称为 mosquito press)选择可阅读的消息。当这一类型的报纸在晚清首次出现的时候，小报为文人读者群提供娱乐界和妓女圈子中的新闻。到了 30 年代，尽管仍然保持着短小的篇幅，小报却转向迎合更为广大的读者群，选题不拘一格，包括大报纸出于审查制度或商业考虑而忽略掉的那些内容。① 期刊业也充分地发展起来，为施案引发的活跃讨论提供了一个平台。② 这些期刊中既有极具学术性和高度专业化的、

---

① 一些报纸仍然在报道上流社会的绯闻和消息。比如上海的《晶报》。它们的报道侧重于上流社会的消息，包括对妓女圈的报道和著名要人的轶事等。对于小报的英文导读，可见贺萧 (Hershatter)1997，16—17，特别是脚注 48、50；以及林培瑞 1981。其他报纸则发表一些调查性的报道，投合社会上更广泛的大多数人。李欧梵和黎安友讨论了上海的《力报》，30 年代风靡上海的一份报纸，针对更广泛的读者而有着与众不同的专栏和副刊(李、黎 1985，第 374 页)。另一个例子是《福尔摩斯》，这个小报较少考虑到文人群体的消息，而以调查性的报道为特色，并因此比《晶报》拥有更为广泛的读者群。

② 到 1934 年为止，已经有总共 212 种杂志在上海出版：其中 29 种是一般报纸，5 种是妇女杂志，3 种青年杂志，12 种儿童杂志，3 种出版业杂志，6 种国际杂志，3 种法律杂志，1 种警察杂志，1 种社会学杂志，7 种教育杂志，1 种航空杂志，10 种经济学杂志，5 种传播学杂志，17 种工业杂志，6 种自然科学杂志，6 种工程学和建筑学杂志，8 种通讯学杂志，1 种化学杂志，2 种农业杂志，21 种医学杂志，18 种绘画杂志，1 种戏曲杂志，10 种电影杂志，4 种摄影杂志，2 种音乐杂志，1 种历史杂志，29 种文学杂志(魏斐德 1995，第 238—239 页，脚注 75)。我重点关注的是期刊界对这一事件的报道，这在第三章会讲到。

只为极少数人所阅读的专业期刊,也有供一般城市读者所消费的通俗周刊和杂志,种类不一而足。关于施案的新闻和讨论出现于各种各样的媒体上,从大型日报到街头小报,从通俗周刊到专业期刊。

除了新闻业的繁荣之外,娱乐业也在如火如荼地发展,从而为有关此案信息的传播提供了另一个平台。在 20 世纪早期,中国有越来越多的城市观众消费着小说、电影、广播和戏剧。自晚清改革家梁启超宣扬小说的鼓舞人心的功能后,各种各样的文学杂志在 20 世纪第一个 25 年间涌现出来,通俗小说的市场急剧膨胀。在接下来的几十年间,商业出版公司兴起并使得可供人们消费的图书像洪水一样充斥了整个市场。读者们只需翻开报纸就可以浏览文学副刊,或读到分期连载的章节小说。[①] 对于戏剧票友来说,特别是在上海这样的地方,戏剧业也在数量和质量上长足增长。观众们可以选择观看传统戏曲、地方戏、文明戏和现代话剧中的任何一种。[②] 最后,随着新技术的出现,中国城市的休闲娱乐方式也发生了巨大的改变。收音机使传统的说书艺术得以现代化,电影使城市娱乐生活发生了彻底的革命。[③] 正是在大众传媒蓬勃兴起这一背景下,施剑翘的案子开审了。

刺　客

这个女人究竟是谁? 施剑翘 1906 年生于安徽桐城。[④] 除父亲施从

[①] 关于小说出版的兴起,见林培瑞 1981,第 3 章。林培瑞认为这样的小说可以通过商业报纸的路径被至少五万个读者所阅读,而如果它被改编成电影、戏剧,甚至传统评书,受众的数量则可以达到十万甚至几十万之多。

[②] 关于中国现代戏剧研究,见马克林(Mackerras)1975。对于上海剧院的增长,关于对越剧的改革,可详见孟悦(Meng Yue)2000,第 5 章。

[③] 关于收音机,见本森 1995 和 1996。对于上海电影院的城市背景的著名讨论,可见李欧梵 1999,第 82—119 页。

[④] 施剑翘的生平资料,可见《告国人书》和《时报》(上海),1935 年 11 月 17 日第 8 版。有关她的生平资料的其他来源可见吴 1990 和陈 1991。

滨外,她的亲人还包括她的母亲,一个哥哥,三个弟弟和一个妹妹。她的老家是桐城附近一个叫"沙子岗"的小镇。她的祖父是一个农民和卖豆腐的小贩。她的父亲是家中的长子,他与她的叔叔(四子施从云)在20世纪初成为授勋士兵,从而整个地提高了这个家族的社会地位。施从滨,字汉亭,曾任山东军务帮办,后在张宗昌军中担任军长,直至1925年被孙传芳所杀。[1] 施剑翘之叔施从云,曾为清军戍卫,后来成为在1911年滦州反清起义中牺牲的烈士。[2] 施剑翘嫁给了安徽的同姓老乡、表哥施中诚在保定军校的同班同学施靖公,并于1935年为他生下了两个儿子,施金刃和施羽尧。[3]

　　关于施剑翘所受的教育,说法不一,她极有可能既受过传统古典教育,又受过现代教育,这对那个时代家境较好的妇女来说是相当平常的事。根据上海《时报》事发后几天的报道,施曾经在家受过教育,学会了女子应该掌握的技能,包括古典诗词。[4] 北平《实报》认为,施剑翘曾在家庭私塾里受过古典文学的教育。[5] 一篇回忆性的文章曾以赞扬的口吻说明,施剑翘曾与表哥施中诚在家里接受私人辅导,研习儒家经典并展现出过人的才华(陈锦1991)。其他报道则说她毕业于天津女子师范学校(比如吴1990)。撇开这些互相矛盾的说法不谈,我们可以很清楚的一点是,施剑翘的成长和教育无疑显示出她来自享有特权的阶层,她的这些背景为她提供了文化资源,正是这些文化资源在日后被用来为她自己的复仇行为提供正当性。她的文学技巧体现在了犯罪现场散发的印刷材料上,体现在狱中写的古诗上。通过展现她对古典诗词和文学的熟识,施剑翘成功地、含蓄地将自己比为晚清时代闺阁中"才女"的形象,这一

---

① 施从滨更多的生平资料,见包华德、理查德·霍华德(Boorman and Howard)1967—1971,第3卷,第160—162页;陈1991;史1987,第188页。

② 更多施从云的生平信息,见陈1991,第137—138页。

③ 施剑翘直系亲属的信息,可见《大公报》(天津),1935年11月15日第4版。

④《时报》(上海),1935年11月28日第5版。

⑤《实报》(北平),1935年11月14日第1版。

形象所具有的坚忍不拔的道德品质无疑是她想要自诩的。①

考虑到这些任务执行起来的复杂性（刺杀任务本身，以及试图赢得大众对刺杀行为的同情），有人也许会猜想施剑翘背后有着她亟须的支持者。但她到底在多大程度上接受了来自外界的帮助从而策划和施行了这次仇杀，到目前仍不清楚。当时的观察家曾经仔细地考虑过这个问题。比如一些评论者就想知道她是如何弄到油印机来制作她散发的那些印刷材料的。② 司法机关也调查了她是如何获得用于射杀孙传芳的那把勃朗宁手枪的。③ 还有人猜测，冯玉祥，一个后来加入国民党的下野军阀，不仅帮施剑翘争取了政府的特赦，甚至还帮助她策划了整个事件。④直到事隔 30 年后，这个复仇女才对其中的一些问题作出公开回答。尽管她并未提及冯玉祥在这个事件中的角色，但她承认确实与她的兄弟和妹妹共同谋划了这一事件（史 1987，第 514 页）。她也承认她在受审阶段中曾有意地对一些问题语焉不详，因为她不想把其他人牵扯到任何违法行为中。

贪婪的军阀

暂且不论施剑翘是一个人还是有其他同谋者，她赢得媒体的普遍关注和巨大的公众支持的一个重要原因是：她刺杀的对象是孙传芳。在 30 年代对军阀的不满持续增长的大环境下，她对孙传芳的谋杀行为比孙个人的死有着更为显著的意义。作为一个下野军阀，孙的存在可能成为中国国力衰微的一个标志。而施剑翘试图去发掘的正是这一层含义。

① 在一篇回忆性的文章里，陈锦（1991）描述施是一个"贤淑文静的大家闺秀"，这一描述有力地突显了施身上的正面女性气质。
② 比如，沈 1935；《新闻报》（上海），1935 年 11 月 15 日第 13 版。
③《大公报》（天津），1935 年 11 月 22 日第 4 版。当时，施剑翘声称枪和六颗子弹是用六十块钱从安徽桐城一个退伍军人那儿买来的。30 年后，施承认枪来自她哥哥的一个同学，他在1934 年拜访她时把枪留在了她天津的家中。（史 1987，第 514—515 页）
④ 关于冯玉祥在争取特赦中起到了多大的作用，见本书第五章。在第四章里，我也将讨论施剑翘如何得以组织起一支阵容强大的律师团为她辩护。

1911 年辛亥革命后,一个崭新共和国的前景迅速黯淡下去。孙中山在自己不拥有军事武装的情况下,把政治权力交付给了军阀袁世凯。袁世凯试图建立个人的王朝,却始终没能建立起一个持久有效的政府系统,在他 1916 年死后,中国实际上缺失了中央政府。接下来是十年的军阀混战,在一个新形成的权力真空地带,地方军阀争权夺利、抢占地盘。他们的自相残杀使大半个中国生灵涂炭、民不聊生,直至 1926 年国民党大举北伐并于 1928 年在名义上统一了中国。然而,国民党治下的统一却远没有完成。尽管越来越多的声音将中国正在经历着的衰微归咎于前十年的军阀混战,军阀们却仍在继续分裂着中国。1934—1935 年的"剿共"行动大大削弱了地方军阀的独立性,但一直要到 1936 年中央才得以整合起所有一直处于地方军阀统治下的各个省份,并巩固了对全国大部分地区的政治控制。然而即使在那个时候,中国本土 18 个省份中仍有 7 个实际上是自治的(易劳逸[Eastman]1991)。因此毫不奇怪的是,无论是得势军阀还是下野军阀,人们对于他们都有着持续的社会和政治焦虑,这种焦虑一直贯穿着南京时期的十年。

军阀割据不仅在现实中而且也在象征层面上困扰着政权。爱德华·麦考德(Edward McCord 1996)讨论了 20 世纪早期的反对军阀割据的政治,并认为 1919 年的爱国主义群众运动——五四运动,对于凝聚起打倒军阀的大众情感有着重大的意义。在这一时期,"军阀"一词与新形式的暴力和帝国主义建立了前所未有的消极联系(林蔚[Waldron]1991)。到了南京十年之际,国民党政权试图利用反军阀的社会情绪作为资本,却发现这一策略实行起来充满着政治上的困难。一方面,通过控诉军阀割据导致了中国的内部分裂,合法化了政府强化中央集权的行为。通过将残余的军阀指认为导致中国国力持续衰微的罪魁祸首,南京政权可以为自己未能增强国力而开脱罪责。然而另一方面,构陷军阀也会带来象征层面上的反作用,妖魔化的军阀会成为无能的中央政权无法统一国家的辛辣讽刺。更重要的是,当把国家的分裂归咎于残余的军阀时,蒋介石就得与他作为军阀的过去划清界限,并认定他从一开始就注定要接过孙中山的旗帜继续统治。①

为了摆脱这个有可能使中国在位领袖成为"军阀"的尴尬局面,打倒军阀的这一社会运动的目标转向了实际处于日本军国主义统治下的北方军阀这一特定群体(林蔚 1991,第 1096 页)。在 30 年代后半期,日本意图使中国本土的华北五省独立出去的野心越来越明显。为了达到目的,日本咄咄逼人地向下野军阀和一些地方政治人物寻求帮助。于是,很快就有谣言说通敌亲日的政客和前北洋军阀们正策划着与日本合作意图复辟。正是在民国时期的大背景下,出现了孙传芳传奇式的出场和殒没。

孙传芳(1885—1935 年),字馨远,山东历城人,是 20 年代军阀内战的主要参与者,也是各地军阀联盟的重要调停者。他所受的军事教育始于晚清时代,1904 年他从北洋军校毕业,并由政府派到日本深造。回国后他参加了北洋军,并加入了直系部队,时值 20 世纪第二个十年,几大派系的部队正为争夺控制全国的权力相互倾轧,而直系军阀则是其中重要的一支。孙传芳很快得到了晋升。

在 1924 年,奉系军阀首领张作霖,派张宗昌南下与直系部队争夺对长江流域的控制权。1925 年 10 月,孙传芳成功地突袭了奉军,于 10 月 4 日俘虏了施剑翘之父施从滨并将其枭首(包华德、理查德·霍华德[Boorman and Howard]1967—1971,第 3 章,第 160—162 页)。孙传芳击溃奉军后,安徽、湖北、江西几省的地方军阀纷纷集结响应,到了这一年的 12 月,孙传芳正式宣布自己为"五省联军统帅"(安徽、江西、福建、江苏、浙江)。虽然名义上仍然服从吴佩孚的指挥,但孙传芳实际上已经成了直系部队最强有力的领袖。到了 1926 年,他已建立了"大上海计

① 20 世纪早期关于蒋介石是士兵还是军阀的争论,见林蔚 1991,特别是第 1081—1082、1091—1093 页。

划"，将不同的上海管辖机关整合起来统一控制。孙传芳一直保持着对东南沿海各省的控制，直至1927年蒋介石的军队从广东席卷北上、开始统一中国。孙传芳被驱逐出上海后，返回了华北，与张宗昌和张作霖联手，对国民党作垂死反击。当蒋介石的军事胜利看来已成定数时，孙传芳于1928年从政治生涯退隐出来，皈依了佛教，与前军阀靳云鹏一起建立了天津的佛教居士林，后来在这里他为施剑翘所杀。①

在他死的时候，孙传芳的功过争议重重。一些人认为他是罪有应得，因为他在1925年末至1927年间统治上海时，对上海的罢工运动进行过残暴镇压，在一篇题为《孙传芳该死》的短文里，作者君左指出，鉴于他对上海工人和市民的残暴行径，孙传芳的暴毙是咎由自取。② 然而，他给上海带来的影响并非完全是负面的。驻在上海的外国居民称赞他为这个地区的治安稳定做出了贡献。英文报纸《北华捷报》说："（孙传芳）在管理上海方面是个杰出的统治者……他试图把上海混乱的行政重新组织起来的努力……是令人瞩目的。"③一位中国评论者在《大公报》社论中评论孙传芳的死时也谈到孙对江苏和浙江的统治一直以来很不错，因而他百思不得其解为什么人人都想要谋杀他。④

在华北，有流言说孙传芳的毁誉和死亡与他暮年的作为有关。尽管他退隐到了居士林中，并且声明与一切政治活动脱离关系，然而就在他被杀前数月，还流传着孙传芳即将重新介入北平政治事务的说法。一些流言揭发说孙传芳正与亲日汉奸甚或是日本人密谋合作。传单上说孙

---

① 更多孙传芳的生平资料，见包华德、理查德·霍华德1967—1971，第3章，第160—162页；经1997；何、潘1997，第219页。靳云鹏也是直系军阀的一员，并于1919—1921年间做过段祺瑞的国务总理兼陆军总长，在张作霖接管北京后卸职（包华德、理查德·霍华德1967—1971，第1章，第382—384页）。

② 《北平晚报》（北平），1935年11月25日第4版。孙传芳实际上是20年代上海劳工运动的矛头所指。在上海工人的三次武装起义中，抗议者们高喊："打倒孙传芳！"

③ 《北华捷报》，1935年11月20日第308版。

④ 见《孙馨远如此下场》1935。

传芳和曹汝霖共同领导着华北自治运动。[1] 一篇社论谴责孙传芳在贩卖鸦片，这一行为明确无误地表明了他贪婪邪恶的本质。[2] 这些绘声绘色的叙述，促成了这样一个印象，即孙正参与着叛国通敌的政治活动，后来一出以刺杀事件为原型的广播剧《血溅佛堂》，就将孙定位为一个背叛国家的汉奸。不过孙传芳曾公开发表讲话，指责这种报道的虚假性，并说这是日本人为了制造社会和政治不安定而散布的谣言。[3]

这样的谣言在孙死前流传颇盛是因为孙曾与一些华北掌权者——他们当中大多数人被怀疑是卖国贼——过从甚密。他们当中的一些人参加了孙的葬礼，比如何应钦，国民党军政部长，他曾参与签订了臭名昭著的《何梅协定》。而曹汝霖则是众人皆知的亲日派，他因在 1917 年与日本签订了灾难性的"战争贷款"而成为 1919 年五四运动对抗的目标。王揖唐，是第一个与日本合作的北洋政要之一，并且是 1935 年"冀察政务委员会"的成员，这个委员会是一个在南京政府和华北亲日本军阀之间起缓冲作用的组织。

为了把孙传芳的形象弄得尽可能令人厌恶，施剑翘利用了有关这个下野军阀的负面谣言。同样为了使她的行为赢得大众支持，施剑翘将孙传芳描述为 20 年代地方军事割据的鲜明标志以及 30 年代军阀勾结的潜在隐患。[4] 施剑翘斩钉截铁地把孙传芳描述成一个腐朽的军阀。在她的《告国人书》里，施说孙传芳"鬼蜮其心""豺狼成性"。她玷污他的名

---

[1] 见《孙传芳表示不愿过问政事》1935。

[2]《北平晚报》（北平），1935 年 11 月 25 日，第 4 版。

[3] 见《孙传芳表示不愿过问政治》1935。虽然孙传芳加以否认，但有关孙传芳与日本通敌的说法一直存在着，甚至在 1949 年后的叙述中依然存在。一个作家断言，孙与日本军队密谋策划了 1931 年的九一八事变，这一事变最终导致了日本治下伪满洲国的成立（经 1996，第 219页）。另一项对他的控告是，孙传芳唆使了山东的起义。（施 1982，第 10 页）其他人则干脆把孙传芳称为通日汉奸，叛国贼，甚至是"华北王"。（比如，见周 1986，第 176 页；陈 1991，第140 页。）

[4] 她将孙传芳描述为一个罪该万死的贪婪军阀，这一描述与通俗小说的情节紧密扣连。比如，在张恨水 1929 年的著名连载小说《啼笑因缘》里，丑角之一就是丑恶的军阀刘德柱，他被一个巾帼侠女式的角色秀姑所杀，秀姑这样做是为了给遭受了残暴虐待的柔弱姑娘凤喜报仇。

声,说孙传芳大肆攻击并屠杀寡不敌众的军队以证明他的残暴。她写道:"(孙传芳)冒天下之大不韪,咎内战之端源,粉身碎骨,死有余辜……及自称联帅,与大匪首有何异乎!"为了强调孙的残暴,这个尽守孝道的女儿举出了她父亲被枭首的事实,她认为这违反了现代国际战争不杀俘虏军官的最基本的原则。这样一来,她父亲的被斩首就为媒体所关注了。比如《晶报》编辑苗伟就遵照施剑翘的说法,认为孙传芳枭首施从滨的行为是残暴的,而他把施从滨的首级刺于尖桩上悬挂于安徽蚌埠火车站的行为也是对施父的十足的羞辱。①

为过去十年的社会纷争而谴责孙传芳是有一定的风险的。施剑翘的父亲也曾是过去十年军阀混战中的一分子,何况他指挥的还是名声不好的雇佣军。施剑翘小心翼翼地承认了这一点,但她强调她父亲是在张宗昌及当时北京政权的命令之下才参加战争的。与之相反,她在《告国人书》里指出,在 1926 年,当北方的势力开始建立起合法的国民政府的时候,孙传芳却单方面宣布自己为五省联军总司令,进而一手造成了中国衰微和分裂的局面。她的父亲忠于职守地服务于当时被国际社会承认的中国政府,而她复仇的对象则是变节的军阀集团中的一员。②

忠诚的军人和冤屈的父亲

与极力玷污孙传芳的名声相比,施剑翘投入了很大的精力用炫丽的词语称赞其父施从滨。对于许多人来说,尽管施从滨不如孙传芳有势力,但他仍然是一个北洋军阀。作为山东军务帮办并在第二次直奉战争

---

① 见《晶报》(上海),1935 年 11 月 22 日第 2 版。

② 在天津接受初审时,施剑翘宣称她父亲曾在 20 年代中期为当时中国的合法政权服役,但当人们追问那一任总统是谁时,她回答不出来。见《大公报》(天津),1935 年 12 月 26 日第 4版。考虑到 20 年代中国正在遭受的内乱,国际上对中国"合法"政府的承认实际上是相当随意的。常常是谁占据了作为传统国都的北京就承认谁。这个时期,政权更替十分频繁,北洋军阀之间的联盟变动不居,并且经常形成新的权力集团。

中担任张宗昌第二军军长的施从滨，在战争中被孙传芳俘获并杀死。然而，在施剑翘的叙述中，施从滨既不是战争的牺牲品，也不是一个小军阀，而是一个明白无误的受冤者。通过固然有些刻板、却极有感染力的对父亲正直品格的描述，并在叙述中策略性地点缀些动人的家庭琐事，施剑翘讲述了一个关于蒙冤受屈的父亲的极为感人的故事，并以此为她的刺杀行为辩护。

比如，在她的《告国人书》里，施剑翘始终认定施从滨是一个好父亲。她原文转述父亲教导几个子女的话："汝等存心立志，须能爱民爱物，勿怠惰，勿骄奢，应克己而益群，毋损人而利己，勤劳俭朴，乃人生之美德，汝等其永记之。"这些话援引的是久享盛名的、关于修身做人的儒家标准。通过把这些溢美之辞加诸其父，施剑翘暗示施从滨作为一个给儿女做好表率作用的父亲，自己身上就体现了这些美德并尽到了他的职责。她还将施从滨描述为一个模范的领导，在《告国人书》中，她提到了他在

图二　报道刺杀案的新闻中孙传芳（上）和施从滨（下）的照片，摘自天津《大公报》，1935 年 11 月 14 日。

驻守蔡州时的事迹："常先父镇守曹州时，该地民风强悍，失业者多流为盗寇，先父多方筹划，创设草帽工厂，收容失业者，授以工艺，使能自食其力，活人无算，盗贼之风顿息，至今该厂营业不衰。"最后，她盛赞施从滨的忠实和勇敢，指出 1925 年他不顾年迈决定遵照奉系部队的请求继续服役。她在新闻发布会上讲到："以民众期望之殷，国家倚畀之重，亦不容辞。"①正是决心继续服役这个充满勇气的决定使得这一事件具有更强的悲剧性，相形之下，施从滨遭遇的不公就更加显而易见了。

施剑翘对父亲之死的讲述尤为动人。1925 年 10 月 3 日，在率领着一个旅的铁甲军前往夺取山东固镇的途中，施从滨被孙传芳的部队包围并陷入绝境。施从滨四千士兵被大肆屠杀，施本人也被投入监狱并于翌日在孙传芳的命令下枭首示众。施剑翘用令人心碎的细节叙述了她的家庭如何从施从滨的一个忠诚勇毅的随从那里得知了事情的真相。"被害后仅一差人逃回家中，问以前方情形，惟伏椅而哭，已知消息不佳。"②那个随从因为悲痛欲绝而哽咽难言，施的家人一直到去天津后才知道了施从滨死亡的来龙去脉。

在施剑翘的复仇传奇中，配角阵容包括悲痛的寡妇和施从滨抛在身后的一大家子人。尽管没有什么迹象表明施的家人经受了任何经济上的危机，施剑翘还是坚持声称施从滨的死意味着一个可怜的寡妇和六个孩子——其中有四个尚未成年——得孤苦无依地自己照顾自己。因此孙传芳得为这一家的苦难负起直接责任。施剑翘对她母亲的描述是尤为重要的。在中国传统里，如果她们的父亲或丈夫被无辜枉杀，孝女和贞妇往往被期待着自尽殉节。这样一种极端的姿态意味着对父亲或丈夫最大的忠诚和对不公最激烈的反抗。但在 20 世纪，施剑翘没有自杀，她为自己选择继续活下去而辩护——她要活下去为她的母亲尽孝。她描述她的母亲是如何悲痛欲绝，并认为她应该代表她的母亲把父亲的冤

①②《大公报》（天津），1935 年 11 月 15 日第 4 版。

屈一一昭雪。在她的《告国人书》里,施宣布道:"今日剑翘所以不死,徒以有老母在耳。"①在她的遗嘱里,她同样说道:"亲爱的母亲,女儿多年瞒着娘的事,现在不能瞒了,大仇不报,父亲是死不瞑目的。……为父报仇牺牲是应该的,以后有吾的弟弟妹妹侍奉,他们全是孝顺的。"②施剑翘的复仇将成为孝的最高表达,而她其余的兄弟姐妹将能够以世俗的方式侍奉他们年迈的母亲直至终老。

施在警察局提交遗嘱是一项聪明的决定。作为文献,遗嘱往往在名义上是私人性的,只有家庭成员才能看,然而她的遗嘱却在新闻界广为流传。因此,这份遗嘱表面上是在向普通公众流露她内心最真挚的感受,同时也是在向公众发表言论——这种发表方式使得公众觉得他们就是施剑翘家庭中的亲密成员。通过展示她在自己死后为照料家人而做出的种种嘱托,这个文献见证了她作为长女在家庭中的责任。在遗嘱里,施剑翘向她的兄弟姐妹以及她的丈夫和母亲解释了她的动机。她指示弟弟妹妹照顾母亲并安心供职求学。在对弟弟施则凡的特别叮嘱中,施剑翘解释了她为何决定单独行动,这样做是出于对家人的无私考虑而非为了一己之私。她说她独自行动是为了整个家庭着想。"本来父亲是我们六个人的,应共同进行,惟恐误了你们的前程,因为强国兴家你们负有重任……故事先未告知,应该原谅姐姐的苦衷。"然后,她列出了一系列指令让他在她死后一一执行,包括照顾他们父亲的遗骸,为她写墓志铭,并告知她为她的儿子们留下了三千元的遗产。她最后写道:"最后并谓如与兄不能见面,可遵父教言努力前途,大丈夫应名垂千古,不虚此一生。"

复仇:正义和英雄主义

对于施剑翘来说,要想成功地讲述她的故事,有关复仇过程的描述

①《大公报》(天津),1935 年 11 月 15 日第 4 版。
② 见她的遗嘱,《大公报》(天津),1935 年 11 月 15 日第 4 版;《北平时报》,1935 年 11 月 15 日第 1 版。

至关重要。其中尤为重要的一点是将对孙传芳的谋杀处理成一个充分合法化的正义复仇，而不是一个纯粹的政治刺杀事件。通过动员起一系列极富情感召力的文化主题，施成功地达到了这一目的。她调用了诸如儒家的报仇观念、佛教的因果报应学说等有着悠久历史的思想主题，同时借用关于巾帼英雄和侠义之士的通俗观念，从而建立了她复仇的合法性。更进一步地，正是在整合这些经久不衰的文化信仰时，施剑翘展示出了她不断更新这些古老信仰并将它们与时代情境关联起来的非凡能力。

"报应"的宇宙论在中国有着悠久的历史。包括《礼记》和《论语》在内的儒家哲学原典中，"报"的文化信仰有着深厚的根基，自古以来就对维持社会秩序有着至关重要的意义。在中国的文学传统中，报应一直是将社会和道德关系秩序化的基本方式，并且也是推动情节发展的重要文学手段（高辛勇［Kao］1989）。① 施剑翘从一开始就利用了这些话语资源。她在犯罪现场宣告自己的胜利："我已为父报仇。"这立即使她的行动牢牢地建立在了经典的儒家立场上。在犯罪当场的自首也起到了同样的作用。② 通过直面法律后果而不是转身逃跑，施不仅表现出了她真诚地寻求复仇，并且表明为此她愿意牺牲自己的自由乃至生命。儒家道德一直以来都赞许正当的自我牺牲（比如为父母、丈夫或君主牺牲），并将这视为履行个人道德义务的最高表达。

作为犯罪发生的地点，佛教居士林同样承载着丰富的意味。在居士林神圣的佛堂手刃仇敌，施剑翘通过这一举动明确地建立了一个宗教的道德框架——在这一宗教性的框架里，她本人成了因果报应借以实现的工具；同时她也成功地使孙传芳的死变成了他过往罪行的必然下场（这

---

① 在 20 世纪，正义的复仇和因果报应仍然作为宇宙论和情节发展工具而在现代白话小说中流行着。在鸳鸯蝴蝶派的通俗小说里，儒教家庭伦理剧的特定故事和因果报应经常与当下军阀倾轧的时代背景相勾连。

② 她的自首在审讯中成了法庭辩论的焦点，我将在第四章讨论这一话题。

一罪行既指对施从滨的杀害，也指对大批无辜人群的杀害）。她明白无疑地借用了佛教关于"报应"和"后果前因"（即一个人未来的命运由一个人过去做的事所决定）的观念。因此不奇怪的是，观察家们很快就把这一事件嵌套在佛教的术语里加以解释，好几个人明确使用了"后果前因"这一观念来解释孙传芳的死并为施的行为辩护。在一篇名为《血溅佛堂》的文章里，作者写道，尽管施剑翘的行为在法律上是不合法的，但根据佛教的因果报应一说，这却是被容许的。他得出结论，不管孙传芳诵了多少经，他始终不能逃脱要为他曾经犯下的罪行偿债的命运。[①]　在施剑翘的叙述中，佛教圣地与孝义复仇的儒家行为产生了奇妙的张力冲突。在 30 年代日益紧张的气氛下，佛教的寺庙经常被认为是在为"下野"的军阀提供藏身之所。在这样的背景下，施剑翘的孝义行动可以说是撕开了沆瀣一气的军阀们借以掩护自己的佛教外衣。施剑翘在犯罪现场散发的那首诗里暗示了这一点，"常到林中非拜佛"，而是要索取孙传芳的性命以复仇。她的充满儒家孝义的行动由此戳穿了孙传芳信仰佛教这个谎言。

　　如果说儒家君子报仇的观念以及佛教关于"因果报应"的文化信仰对施剑翘的案子有所帮助的话，那么帮助最大的也许还是那个经久不衰、充满活力的"侠"的传统。施剑翘不满于对孙传芳的罪行无能为力的官方法律体制，因此，一种超越了法律规定、弘扬了正义的英雄气概即"侠"的道德观就格外适用于她。典型的、特立独行的侠客自汉代以来就在中国的政治、文学和历史话语中存在，他的特点是精通剑术并且具有一种惩恶扬善的英雄主义正义感，往往是一个亦正亦邪的英雄角色。[②]他们以正义为使命的刺杀和复仇经常与帝国的法律相违抗。他们喜欢

---

① 用因果报应的学说来解释孙传芳的死，可见《新闻报》（上海），1935 年 11 月 15 日第 13 版；《新闻报》（上海），1935 年 12 月 9 日第 13 版。一些根据这一事件改编而成的小说也采取了因果报应这一佛教的宇宙观，比如广播剧《血溅佛堂》，我将在第二章讨论。
② 汉代史家司马迁曾专门写到战国时期的刺客。侠客也是唐传奇（唐代文学的一个重要门类）中的一个显著特色。

拉帮结伴，四处游荡，脱离传统的家庭单位，在江湖上为正义而斗争，这些习性与儒家的正统教条相忤逆，并显示出他们逍遥法外的地位。[①] 然而他们虽然具有颠覆性的、离群游荡的特性，却更愿意自命侠义从而帮助弱者对抗强权，并在官府的法律体制不起作用的地方声称为正义的真正代表。[②]

侠的传统不仅使施剑翘以法外手段自行寻求复仇的动机合法化，而且使它浸染上了一种英雄色彩。毫不奇怪，她有意识地将自己视为"侠"。她对自己的称呼直接取自与"侠"的品性相通的行动力和英雄主义。虽然父母给她起的名字是施谷兰，她却把自己更名为"剑翘"。"剑"作为表意符号，其主要含义是剑、匕首，"翘"意为拔地而起、出类拔萃，从而使得"侠"的含义格外明显。[③] 在施剑翘现场散发的材料中，同样非常明显地暗示着"侠"的传统。她在一页纸的自白书中引人注目地署名为"复仇女"。而她精心准备的诗，里面第一句就直接取自蒲松龄的古文志怪小说《聊斋志异》在民国时期的图绘本《聊斋图咏》里的一个故事。这个以主人公名字命名的传说《于江》描述了一个侠气冲天的少年英雄砍死恶狼为父报仇的故事。观察家们很快就发现了这一点。[④]

施剑翘之所以如此顺理成章地被侠的传统所吸引，也因为它给女性在道德、政治方面提供了巨大的可能性。传统的女性英雄，因为其抛头

---

① 在武侠小说中，江湖是一个想象性的地理空间，它在家庭这样的体面场合之外存在，并经常与"庭"这样的官方场合对抗。对于侠的文学和文化历史的讨论，见王德威1997，第3章。对晚清末期和20世纪初"侠"的文学史的讨论，见陈平原1995。

② 根据刘若愚（James Liu），当"义"与"侠"合称时（比如在"侠义"里），它的传统意义表示的是一种正义感，并与家庭义务、忠诚等词的主要内涵相冲突（1967，第4—5页）。明末小说《水浒传》，描述了一帮逍遥法外的豪强英雄，他们身上根本性地定义了晚期帝制中国的文化想象中"侠"的许多特征。尽管《水浒传》没有直接地描写侠客，它却从根本上赋予了侠这一英雄角色以反叛性的、与国家对抗的特性。这部小说描写了北宋时期与腐败的政府官员和一般不公平现象斗争的一群法外强徒，展示了与"侠客"紧密联系的一种逍遥法外的生活方式。

③ "剑"经常与其它表意符号合用，来表达一种不受约束的、富有美德的英雄主义，比如，"剑侠"基本上与"侠客"同义，指的是用其娴熟武艺与强者当面对抗、为弱者撑腰的一类人。

④ 见蒲松龄1986a，第376—377页。这句诗是"父仇不敢片时忘"。关于施剑翘之所以用这句诗的讨论，可见《小晨报》（北平），1935年12月6日第3版。

露面的生活方式被认为是反叛性的，但同时又因为体现着女性美德而被认为是正统的。虽然男性侠客的英雄品格有时体现在孝义上，但其他的一些正义原则，如锄强扶弱、私人复仇、兄弟义气等行为往往被优先考虑。与之相比，侠女们却总是为了男性亲属们而拿起武器、闯入江湖。[①]虽然严谨地说，巾帼英雄花木兰并不能算是一个侠客，但她的例子很可以用来说明女性的英雄主义如何转变为道德的典范。在知道她年迈的父亲即将被国家招募去服役时，木兰女扮男装并代替父亲参军，展现出了极大的孝心。[②] 在她参军的岁月里，她从来没有暴露过真实的性别身份，并成为一个战争英雄。在她归来之际，木兰拒绝了提亲并待在家中侍奉父母直至他们终老。这种模范的孝心对于这个故事至关重要，它使她女扮男装、跨越性别的界线并参与到只有男人才被允许加入的活动中的行为合法化了。

在建立于性别区隔上的儒家宇宙秩序中，越界的侠女不仅脱离了正常的社会进入了江湖，而且脱离了闺阁迈向社会，因而她们一直以来都在引发着深层次的社会焦虑，这种焦虑是出于对女性的权力以及它可能对更高层次的宇宙秩序造成破坏的担忧。[③] 在对蒲松龄古文小说《聊斋

[①] 当然，这并不是说孝义仅仅是属于女性的美德。一般来说，它对于男性和女性双方都是一种道德上的理想。然而，在侠的传统里，孝顺的人物在侠女的传说里出现得更多。李木兰（Louise Edwards 1994，第97—103页）进一步辨析，认为在侠客身上体现的根本特征是"义"，在侠女身上体现的则是"孝"。

[②] 这个故事是关于一个女儿如何在家庭之外像英雄一样地行动，以尽她对父亲的孝心的。花木兰的传说最早在民谣里出现，一般认为其起源可追溯到六朝时期（公元220—589年）。木兰换上男装、冒充男人、顶替父亲参军，绝不是一个意外事件。女扮男装成为她富有美德的性别错位的最显著的视觉表征，关于女战士的衣着和头饰在古代和现代中国如何成为其性别的标志的符号学分析，见艾伦（Allen）1996。

[③] 对侠女的英雄主义道德要求，其实是更为深广的性别经济学语境中的一部分，这一政治学支撑的是中国帝制时代的宇宙论。这一性别经济体现在中国古代的贞洁崇拜中，贞洁崇拜是一种由国家支持的、制度化的对女性楷模的崇拜。这些富有德行的女子为了坚守贞操或履行孝道而经受了重重考验，她们为此而得到嘉奖，并被推崇为英雄，成为美德的具体化身，她们被用于巩固对帝国统治的政治忠诚。关于这一话题的最新研究，见柯丽德1991，1994；高彦颐（Dorothy Ko）1994；曼素恩（Mann）1997。

志异》的分析中，蔡九迪（Judith Zeitlin 1993）专门对侠女进行了讨论，她认为传统的女剑侠之所以一直都是道德上的楷模，仅仅是因为她们必须抵消她们的性别角色对整个社会秩序可能带来的威胁。① 她认为，在这些故事里，女性的勇毅是建立在她们如何能最大限度地依照男性所定义的"英雄"和"美德"的标准来行动之上的。蒲松龄的女主角都是在性别的错位中实现她们的英雄气概的，她们的英雄气质体现在她们能够像男人一样具有"高尚的精神"，在于她们能够像男人一样追求正义。而在她分析的这群女性中就包括商三官，一个被施剑翘宣布为一直鼓舞着她的复仇女子。蔡九迪指出，这样做的结果是，侠女们虽然能够畅游江湖并匡扶正义，却并没有能从根本上扰乱儒家宇宙秩序之下的基本性别秩序。

施剑翘将自己视同侠女，这说明帝制时代对妇女"高尚的性别错位"的要求遗留到了 20 世纪并仍然发挥着显著作用。比如，最能说明这点的例子就是施将商三官引用为自己首要的力量来源，商三官是蒲松龄《聊斋志异》里的一个侠女，她的故事被记载在同名故事《商三官》里并因而流传下来。② 在蒲松龄的故事里，商三官既具有忠诚的英雄气质，又具有守身如玉的美德。为了替父报仇，这个 16 岁的年轻女子拒绝了婚姻并离家出走；在她的兄弟通过法律途径寻求公道失败以后，通过六个月的精心策划，她乔装打扮成少年伶人来到凶手家的宴会上。当宴会将近

① 蔡九迪（1993）将男性化的女人与悍妇作对照，认为在蒲松龄的《聊斋志异》里，悍妇是极端女性化的，因此她是十分任性的。确实，近代以前的文学和历史话语经常谴责"红颜祸水"（femme fatale），这类女人常常用自己的淫荡来诱惑男人，并给国家带来灾难，是一般社会和政治动乱的根源。与之相反，巾帼英雄（女性中的英雄）则力图保存父权的价值观，她实质上有着非常不同的男性的本质，也正因如此，巾帼英雄往往被高度推崇（蔡九迪 1993，第 130 页）。在许多案例中，这类女人不仅变得和男人一样，甚至比她们的男性同僚们做得更好。在清代中期的才子佳人小说中，这是非常普遍的。男主角、才子往往是柔弱的、意志薄弱的书生。与之相比，女主角经常是个漂亮的武士，无论在智慧上还是在体力上都超过了男性。
② 见蒲松龄 1986a，第 373—375 页。施在公安局召开的新闻发布会的演讲中将商三官引为楷模。见《大公报》（天津），1935 年 11 月 15 日第 4 版。

尾声之时，她在所有宾客离开后留了下来，终于将恶霸斩首，自己却也出人意料地悬梁自尽，以示这并非一次出于一己之私的鲁莽杀人，而是一次为父报仇的自我献身行动。特别有意思的是，商三官通过一种神迹般的方式保持了她的贞操，当她悬梁自尽断气后，尸体出人意料地反抗起别人对她的性侵犯，在她死后仍然守卫着她的贞操。

尽管施剑翘没有自杀，没有显示超自然的灵异能力，甚至也没有像商三官一样女扮男装，施剑翘的道德品质仍然令人印象深刻。正像她古代的姐妹们一样，现代的复仇女在身体的名节上苦心经营，试图树立起完美无瑕的声誉。刺杀事件过后，关于她过去名誉的细节介绍立刻出现在了各大媒体上。比如，读者在报刊上得知，施剑翘早前曾与一个家庭订婚，但这个家族里的一个长辈因为强奸儿媳而被判了刑。这个案件被称作"舌头案"，因为这个儿媳用她自卫时咬下的一截

图三　蒲松龄《聊斋志异图咏》中孝女商三官的故事，1914 年。

舌头作为庭堂上的证据。这个案件是一桩丑闻，然而，这一点也没有损坏施剑翘的名节、玷污她所出身的家庭，因为施剑翘马上主动取消了这桩婚约。媒体称赞她对这桩婚约的果断处理，并将她保护名节的极端行为视作她的侠女气质的明确无疑的证据。一个记者赞赏地写道，"舌头案"在九个城市中撹起了骚动，如果履行婚约的话，势必会给施剑翘的家庭带来耻辱，然而，施果断而迅速地取消婚约，从而挽救了家族的名誉。①

---

① 《时报》（北平），1935 年 11 月 11 日第 1 版。这桩"舌头案"也许大大提高了施剑翘在复仇案件中的宣传技巧。

在"舌头案"中建立起来的"贞洁"的名声在施剑翘对其婚姻的描述中再一次得到彰显，这桩婚姻充分显示了她对父亲的忠孝，从而证实了她的复仇动机不容置疑的纯洁性。在中国古代，人们对妇女的贞操有着非常严格的要求，只有那些保持贞洁的女孩或者拒绝再嫁的寡妇才能成为妇女的典范。而她们当中的一些人绝不容许自己的身体遭受哪怕是最轻微的冒犯，并且往往会为此自杀。贞洁隐喻着她们对父亲或丈夫的全身心的奉献，往大的方面说，这也是对父权制最典范的代表——皇帝的献身。然而，在20世纪的这个案子里，虽然展示无上忠诚的目标是和以前一样的，但是用于证明贞洁的手段却发生了一些改变。施剑翘不是通过拒绝婚姻来建立自己的贞洁名声的，相反，婚姻成全了她的贞洁。根据这个复仇女的描述，她与安徽同乡施靖公的婚姻是没有爱情的，结婚是为了她宏伟的复仇事业。她说，她并不是因为爱她的丈夫而跟他结婚，她结婚的条件是未来的丈夫将帮助她完成复仇的任务。①

将她的婚姻视为一种工具，这使她对父亲的献身显得纯洁而真实可信，也显示出她为报杀父之仇所付出的努力是不惜任何代价的。她的描述是如此成功，以至于当有消息透露说她丈夫要跟身在囹圄的她离婚时，评论家们都认为他是虚伪小人。《玲珑》的一个作者说，她丈夫从一开始就知道她一心复仇，绝不仅仅是想当一个"贤妻良母"。这位作者恳切地说："施靖公怎么能说施剑翘力图复仇是不守妇道，反而把它当成离婚的理由呢？很明显，施靖公是浅薄无情的。"②归根结底，最重要的是她对父亲的忠诚，而不是对她丈夫的忠诚。施靖公不去赞赏她的孝心只会使他的离婚要求看起来无情无义。

有意思的是，施剑翘极力避免援引政治女刺客的先例。比如她很小

---

① 见《大公报》（天津），1935年11月15日第4版。媒体说她的婚姻仅仅是为了实现复仇这一终极目标的手段，媒体对这方面的报道，可见《新天津报》（天津），1935年11月15日第5版。

② 《施剑翘岂将为弃妇欤?》1936，第3325页。

心地将自己与晚清的其他女刺客区分开来。其中一个相似的先例就是秋瑾,这位杰出的女性以女扮男装和将自己塑造成侠女的形象出名,她在清朝末年曾留学日本,在那里她加入反清的无政府主义者和激进的女性主义者团体。晚清时期活跃于激进革命圈子里的还有一些西方的女刺客,如索菲亚·普罗斯卡娅(Sophia Perovskaia)和罗兰夫人(Mme. Roland)。然而,施剑翘没有提及国内外任何一个无政府主义或女性主义的女英雄。尽管在晚清时期女性英雄主义明白无疑是政治性的,但施剑翘却试图让她在民国年间的英雄主义行为显得高度私人化和非政治化。以这样的方式,她似乎更成功地抓住传统烈女的本质。

尽管施剑翘试图调用古代的传统,她却不想因此变得不合时宜。于是她在她的行动中加入了很强烈的现代元素。李欧梵(1999)认为 20 世纪早期上海都市文化中的现代性根植于电话、勃朗宁手枪、雪铁龙汽车,甚至月历牌上女子所穿的旗袍这样的有形物质中。在施剑翘的故事中,这样的物品策略性地一再出现,从而显示出这一事件所包含的"现代性"。比如,从施剑翘选用的武器和她乘坐的交通工具上,我们就很容易看出她是一个"现代"的侠客。正如她向媒体交待的,她搭乘出租车从寺庙返回家中取她的武器,并且这个武器并非传统的剑或匕首,而是一把勃朗宁手枪。① 施的打扮更是既端庄又现代,充满着大都市的时代气息。在刺杀后广为流传的她的一张照片中,她的

图四 刺杀孙传芳前施剑翘的照片,日期不明。

---

① 《大公报》(天津),1935 年 11 月 26 日第 4 版。

发型是齐耳短发,身上穿着的是深蓝色的旗袍。齐耳短发在 20 世纪前 25 年是参加激进运动的女学生的典型发式,然而到了 30 年代,它却变成了一种既恪守传统又不失现代的得体发型。施穿的蓝灰色的旗袍同样恰如其分地符合她希望塑造的形象。她穿的并不是性感魅惑的月历牌女郎喜爱的那种花色艳丽、凸显身材的款式,施剑翘的外套无论是颜色还是剪裁上都十分端庄温良,显示出了一种理想的美德,这种美德既符合"新生活运动"的意识形态,又符合女侠的行为准则。① 总之,施剑翘把自己塑造成了一个既端庄又不失现代的女性形象。

感情、预谋和故事的讲述方式

除了注意让故事的内容接近人们熟悉的情节,施剑翘同样精心策划了叙述的风格。为了最大限度地激起观众们在情感上的回应,这个复仇女在讲述故事时采取了两个看起来互相矛盾的策略。在施剑翘用大量细节详尽地描述她怎样策划她的复仇的时候,她用一种极为情感化的方式传达了她的情绪性的故事。这种讲述方式完全不同于现代法兰西法庭中和社会上的冲动犯罪型女犯人的自我陈述方式,在这些法庭上,理想的行为准则是男性化的理智,因而这些女人会强调她们女性的特质,即易被非理性和软弱意志所操控的气质,如何促使她们犯下了冲动性犯罪(crime of passion),而当她们这样说时,她们往往能获得法律上的豁免。爱德华·毕瑞森(Edward Berenson 1992)在对世纪之交发生在巴黎的、名噪一时的卡约夫人(Mme. Caillaux)案的研究中,对卡约夫人如何进行自我辩护进行了分析。在这起案件中,卡约夫人成功地说服了陪审团和公众,让他们相信女人的冲动往往会很容易控制她们的理智。卡约夫人和她的律师仔细地避免泄露任何能表明她曾精心算计的证据,其目的是建立起这样一种印

---

① 《时报》(上海),1935 年 11 月 28 日第 5 版。讽刺的是,她的形象也符合左翼文学和电影所推崇的无性化的无产阶级"新女性"形象。

象——是嫉妒、愤怒这些典型女性气质使她暂时失去理智而犯下了这桩罪行。而这些努力的最终结果是她被赦免了罪行及其法律责任。

　　然而，在施剑翘的案子里，感情和预谋并不完全是互相排斥的。施案与法兰西案的重要区别根源于两种完全不同的对情感的理解方式。尽管情感不管在世纪之交的巴黎还是在 20 世纪早期的中国城市都与个人的主体性乃至更大范围的宇宙秩序密切相关，但分配给情感的具体意义不尽相同，个人、社会及个人与社会之间关系也都以完全不同的方式被构想。在巴黎案的审判中，通过充当"理性"的反面，"冲动"有效阐明了"理性"这一现代西方主体性的内核，在这个意义上，卡约夫人的动机才被指明是"冲动性"的。由于卡约夫人的女性愤怒是反常的，是辅助定义理性的法律主体这一男性规范的一个对照物，因此它才可以被看作法律赦免的基础。与之相反，在中国的案子里，尽管施剑翘的孝心通过极端的暴力行为被淋漓尽致地表达，但争议的焦点并不在于她的行为本身是否缺乏理性，相反，大量的注意力集中在这个问题上，即施剑翘的孝心将如何在伦理意义上影响性别观念、现代主体性的塑造，以及 20 世纪早期中国的社会—政治结构的形成。感情的迫切和理智的预谋两者共同强调了她真挚的美德和情感。

　　就讲述故事的方式而言，施剑翘首先做到的是让自己的叙述充满感情。并且，她做到几乎每次出现在公众面前时，都表现得激动不已。比如，事发后在公安局举行的第一次新闻发布会中，施剑翘就表现得感情激动、不能自已。[1]《益世报》第二天头条为《施剑翘含泪哭诉》。[2] 在一审和二审的开庭陈词中，她在法庭中同样不能自已地哭泣。每一次含泪陈词都在翌日的媒体上得到了全面的报道。[3] 在初审阶段公诉人执行盘问时，施剑翘打断公诉人的质询，要求知道为什么法庭没有将她在犯罪

---

[1] 对此次新闻发布会的新闻报道提到，她精神崩溃、痛哭失声。见《大公报》（天津），1935 年 11 月 15 日第 4 版。

[2]《益世报》（天津），1935 年 11 月 15 日第 5 版。

[3] 见《大公报》（天津），1935 年 11 月 26 日第 4 版；《大公报》（天津），1936 年 1 月 29 日第 4 版；《实报》（北平），1935 年 11 月 26 日第 4 版。关于施剑翘在法庭上的表现的更详细的分析可见第四章。

现场散发的自白书公之于众。① 事实上,不仅她充沛的感情爆发吸引了媒体的眼球,而且她令人心碎的自白也起到了同样的效果。当一个月后这份自白书最终得以对媒体公布时,上海《时报》把这份证词描述为"施剑翘的《告国人书》;一字一泪千言书"。

尽管在不断强调自己的感情,施剑翘却同样明确地提出这场复仇是经过事先预谋和理性策划的。她强调精确的策划是为了展示她持久的孝心和纯洁的动机。正如她仔细计划向公众讲述事件原委一样,她也努力向公众展示了她为复仇所做的一丝不苟的准备工作。施的公众发言有意强调了她为在现场散发的传单所做的准备工作。而在她刺杀后的第一次新闻发布会中,施剑翘又一次告诉记者:"意盖以为孙出入必有保镖者,当时生死未卜,万一被人当场击毙,则有此种小卡片,吾虽死,亦可使人知吾心。"②正是这些手册以及随后在新闻发布会和法庭上的陈述,详细地描述了她为复仇所做的准备工作。

长达十年的复仇计划和最后整整一年的对孙传芳的跟踪,施剑翘为这次刺杀所作的努力是惊人的。施剑翘原本打算让她的哥哥施中良执行刺杀的任务,但很快意识到因为施中良不是一个军人,因而很难获得部署复仇的恰当时机。她随后又求助于表哥施中诚,尽管施从滨过去待他像儿子一样,但他也没有采取行动。正如上文所提到的,施剑翘在1928年嫁给了施靖公,条件是他将帮助这家人实现复仇的愿望。但他很快就被派遣到了遥远的陕西并搁置了这个计划。直到1935年,距离她父亲死去整整十年后,此时这个家中的所有男性都不再愿意采取行动。③

---

① 《实报》(北平),1935年11月26日第4版。也有人猜测施剑翘准备这些文件是有着明确的意图,她要将她的自首行为公之于众,这样就可以争取对她有利的判决。见《侠女复仇》,《实报》(北平),1936年3月11日第4版。

② 《大公报》(天津),1935年11月15日,第5版。

③ 这些细节在她的遗嘱中公布。她的遗嘱的复件可见《大公报》(天津),1935年11月15日第4版;或《实报》(北平),1935年11月15日第1版。施剑翘在新闻发布会上也说过,她的男性亲属都未能有所行动,见《大公报》(天津),1935年11月15日第4版。

施说,家里除了她之外再没有人可以依靠了,她说道:"余乃觉求人不如求己。"①这些关于她的男性亲属没能执行复仇使命的叙述细节是至关重要的。因为只有当其他所有的可能性都穷尽之后,这个女儿才能为自己进入公共场合执行自杀性的复仇行动提供足够的合法性。

整个谋杀孙传芳过程中的波折使得故事的叙述充满了悬念。正如施剑翘所说的,她的复仇行动始于 1935 年 1 月。她带着儿子报名入读了孙传芳女儿孙家敏所在的天津培才小学。② 她每天送儿子去学校,最后终于弄清楚孙传芳住在天津法租界内。受到这个振奋人心的消息的鼓舞,施剑翘更坚定了杀孙传芳的决心,并开始在家乡安徽着手找枪。七月她返回天津时,却发现孙家敏已经转学到了英租界的耀华中学。她随即让她哥哥的女儿入读耀华中学,以此为幌子进行更为深入的调查。这次,她发现了孙传芳的车牌号并将它作为目标。在那之后不久的一天晚上,她在天津大光明电影院外面发现了他的车。

直到 1935 年 9 月 17 日,施剑翘才获得了对她的复仇计划至为关键的一条信息。正如那些关心此案的人了解到的,施剑翘在为她已故的父亲举行纪念法会的时候,从一个主持诵经的和尚那里听说了孙传芳定期参与主持天津居士林的诵经活动。在得到了这个消息以后,她探访了居士林并且发现孙传芳事实上是这个居士林的主持者。随后,她结交了居士林的一个女居士,并给自己取了法名"董慧",表达了要加入居士林的兴趣。此后,以观摩集会以便决定是否加入为借口,她先后探访了居士林好几次,在 1935 年 11 月 13 日这个决定命运的日子,她又一次去了那里。那天下午她杀了孙传芳,在她的第一份供词中她这样描述:"今日下午二时前往,见诵经人甚少,孙传芳亦未前往。讵料我正与他人言谈之

---

① 《大公报》(天津),1935 年 11 月 15 日第 4 版。
② 这些信息大部分是她在第一次新闻发布会中提供的,后来在初审中也再次详述到。媒体的报道可见《大公报》(天津),1935 年 11 月 15 日第 4 版。关于法庭中的对答的全文报道,见《时报》(上海),1935 年 11 月 15 日第 5 版。

际，孙传芳汽车已到，下车后进院。我见报复机会已到，当时因未带手枪，旋即外出雇来汽车赶赴家中，将手枪取出返回。诵经未久，我即照定孙某开枪，将其打死，尚余子弹三粒，遥见警察前来，我即归案自首。"[1]

结　论

复仇女的叙述就到这里为止了。在详尽部署了这场演出中的每一个细节以后，这位女英雄展现出了不可思议的在媒体聚光灯下自如地驾驭表演细节、展现自我的能力。她还非常有策略地、用看上去十分真挚的情感改写了复仇事件背后的故事，这对她赢得公众的支持至关重要。不过，可以肯定的是，在这个事件中，施剑翘并不是唯一一个利用媒体来争取民意的人。孙传芳的家属和支持者们也在这么做。[2] 孙传芳的一些支持者们为施剑翘自诩正义的姿态和她对孙传芳的控诉所激怒，做出了公开的反击，他们为孙传芳进行辩护并竭力诋毁施剑翘。在谋杀事件结束后的几天内，与孙传芳一起在1931年建立居士林的前军阀同僚靳云鹏就出面证明孙传芳晚年确有虔诚的佛教信仰，并且对政治毫无兴趣。[3] 北洋军阀张学良也从南京发来唁电表示支持孙传芳的家属。[4] 由天津的山东同乡会所组织的纪念孙传芳的仪式有很多人参加，这也从另一个方面表明了孙传芳一方获得了有权势的山东政治人物的大力支持。[5] 卢香亭，军队中的一个旧同僚，也许是最直言不讳的一个。谋杀发生后几天，卢香亭在天津英租界举行了新闻发布会，声称他要澄清谣言，纠正公众对此事的印象。他告诉记者们，在"苏鲁战争"的某次战役中，他从一个亲睹了施从滨死亡的部将那里听到，施的死只不过是那个混乱的年代里

---

[1]《益世报》(天津)，1935年11月14日第5版。
[2] 家属对此事的回应的报道，见何、潘1997，第219页。
[3][4]《大公报》(天津)，1935年11月15日第4版。
[5]《新天津报》(天津)，1935年11月29、30日，第6版。包括治丧委员会成员在内的孙传芳众多的支持者的讨论，见何、潘1997，第220页。

在战场上发生的一例普通伤亡而已。他进一步指出,作为一个军属家庭,在战场上失去父亲是一件再正常不过的事了,因此很难说施剑翘有什么"仇",更谈不上什么"报"了。他在结束讲话时提醒公众,施从滨实际上是和孙传芳一样的人,他也在战争中杀了许多无辜的平民。[1]

　　然而,孙传芳家属及其盟友做出的努力并没有像施剑翘那样获得巨大的成功。如果我们考虑到南京时期的具体情况——当时女性在公共舞台上的出场通常是一个棘手的议题,施剑翘的成功就更引人注目了。20世纪第二个25年中,要求对激进的女性公众人物加强道德管束的呼声变得愈加强烈,早已淹没了早先女性解放的呼声。[2] 因而毫不奇怪,一些评论家很快发现了施剑翘驾驭媒体的能力。一个同情施剑翘的作家将她的一句诗与民国时期最伟大的京剧表演家之一谭鑫培的京剧表演相比较(凌霄汉阁主1935a)。而不那么同情施剑翘的一个作家则认为施剑翘是一个愤世嫉俗的操纵者,并且特别擅于调用人们的传统道德习惯来操控公众的同情。[3]

　　不管怎样,这位复仇女最终为我们展示了一场技艺高超的表演。事实证明,她有能力巧妙地将以下两个方面加以平衡,一方面她充分地利用了媒体的能量和影响力,另一方面又把这一点掩饰得丝毫不露痕迹。她表现出了令人惊异的泰然自若,她能够抓住情感这一极具说服力的力量,并且极其高明地精心部署了她的行动,编织了一个有关真诚的道德英雄主义的强有力的、令人动容的神话。这一道德英雄主义认同的是一种清

---

[1]《大公报》(天津),1935年11月18日第4版;《益世报》(天津),1935年11月18日第5版。

[2] 在民国时期的电影、小说和政治议论中,现代女性越来越成为道德堕落、品行卑劣的代名词。妓女在有关健康的议题中成为罪恶的象征,并成为道德堕落的代名词,关于这方面的话语的讨论,见贺萧1997。与新女性相关的保守主义观点和政策讨论,见李木兰2000。1920—1930年代期间关于电影女明星的公共话语的转型,见张勉治(Chang)1999。张英进(Zhang Yingjing 1996)认为新女性在小说和电影中成了一种符号,它代表着现代都市及一切与之相关的问题和可能性。

[3]《施剑翘谚于社会观点》1935,第3页。我将在第三章讨论精英评论家对施剑翘的看法和她在大众中的流行程度。在这里,我关心的只是人们对施剑翘操纵大众媒体的能力的议论。

晰、统一的道德观,并且正是在这样一个道德世界中,她复仇的行为被认为是纯洁而富有美德的。一个作家因此评论道:"一个人只需看看普通媒体的报道,就知道同情心是多么普遍,这些媒体的报道充满着诸如'毫不畏惧的镇定自若'、'热情的英雄主义'这样的溢美之词。"(凌霄汉阁主 1935a)

施剑翘扮演侠女角色的决心最终得到了回报。① 无论是冷静的还是炒作的新闻媒体,在谈到这个女刺客的人格角色时,都盛赞她具有像男人一样的真挚、英勇的美德。一个观察家评论道,尽管她事实上只是个柔弱的女人,但她所具有的忠诚、智慧、勇敢、正义的美德却正如一个值得尊敬的男人。② 另一个人评论道,由于施剑翘坚定不移地实现她的夙愿,并且做人热情、坚定、直率和勇敢,因而她在精神上更像一个男子汉。③ 施剑翘的男子般的美德同样使得她得以与以往的侠女媲美。一篇文章将蒲松龄《侠女》中的女主人公(1986b,第 210—216 页)和历史人物吕四娘引为施剑翘的先驱,这位吕四娘是清朝的侠女,据说雍正皇帝就是她刺杀的。④ 还有人说,施剑翘英雄般的美德是"离奇"的,她的令人惊叹的行动使得她成为一个杰出的女人。跟古代的侠女一样,施剑翘极致完美的孝心、节制的性欲、高尚的情操使她得以跨越界线获得男性的品德,并且几乎做到了从谋杀罪中全身而退。

---

① 一个评论家说道施剑翘是杰出的,因为她"不仅孝顺,而且是一个贞洁、有勇士气概的女子"(沈 1935,第 4 页)。

② 笑 1936。在将施剑翘作为纤弱女性的本身和她男性气概的英雄主义并列在一起的时候,柔弱的施剑翘和作为凶恶军阀的孙传芳也形成了鲜明对比。这种对比在媒体对此案的报道中成为家常便饭,并且经常在武侠小说中出现。比如,一篇报道称这件案子为"绝对令人震惊的消息",接下来就把弱女子施剑翘与杀军阀的暴力事件相对比。见《新天津报》(天津),1935 年 11 月 13 日。更多的例子可见《申报》(上海),1935 年 11 月 17 日第 1 版;《晨报》(北平),1936 年 3 月 28 日第 5 版。

③ 衣芰 1935 提到了她跟她哥哥比起来显得要有男子气概,她哥哥的软弱性格常常被媒体引用,以证明他为什么没能执行刺杀任务。

④ 比如,见《沪上日报》1935 年 11 月 14 日的文章《中国女刺手之奇迹》;周 1986 曾经提到过,第 171 页。吕四娘据说是吕留良的孙女,吕留良是一个激烈的反清学者,由于他的著作在他死后成了推翻清王朝的依据,他的尸体被雍正皇帝从坟墓掘出并被鞭尸。人们普遍认为,他的孙女吕四娘逃过了吕氏宗族被囚禁和流放的命运,并且为报仇她杀了雍正皇帝。

最后，尽管不可否认施剑翘的确展现了她在公关技巧上的惊人智慧，然而如果我们仅仅得出结论说她只是一个圆滑的骗子，那么我们就低估了她行动动机背后的权力和道德合法性。一个完全有可能的情况是，即使施剑翘确实是一个大众媒体的精明操纵者，她也至少真诚地相信她在道德上具有杀死孙传芳的绝对权利。人们很容易想象到她有多么沮丧无力——长年累月的军阀割据阻断了用法律进行惩罚的途径；更加令人屈辱痛心的是，在施的父亲被杀之后，孙传芳还在继续享受着名声显赫的五省联帅和上海总司令的权力生涯，尽管这种好景并没持续多久。当孙最后从政治舞台上跌下来时，他遁入了佛门中。这在施剑翘看来，是在继续逃避着正义的有效执行。这个复仇女可能觉得她必须依靠她自己的力量去执行正义。由于孝心、侠义英雄主义、因果报应是当时中国城市的社会想象的普遍主题，她便有了充分的资源去想象复仇的另一种可能性。这些主题也许构成了施剑翘自身价值观的根基，并给她提供了执行刺杀任务所需要的信念。

第二章 媒体炒作:公共正义与城市大众的同情

> 杀人小姐施剑翘自为乃父施从滨复仇,刺杀孙传芳后,一时轰动全国,大快人心,各地戏院,均争相竞排侠女复仇记,号召力之大盛极一时。
>
> ——《福尔摩斯》,1936 年 11 月 6 日

在这样一个轰动性新闻成为常态的时代,施剑翘的案子却设法凸显了出来。20 世纪 30 年代出现了好几起政治人物被暗杀的事件,引人注目的女刺客们高频率地出现。国民党政权依靠一支非正规的部队从事对敌对势力的政治谋杀,而针对军阀的仇杀也并不是头一次出现。一个极为相似的家族报仇的案子在三年前就已经发生过,在这个案子里,郑继成为叔报仇而杀了退休军阀张宗昌。[①] 不少女性参与到了暴力的公众行为中。就在施剑翘杀孙传芳的几个月前,中国的城市公众目睹了一场极为轰动的女性激情犯罪,一个名叫刘景桂的女人杀了她的情敌。[②] 然而,无论是对张宗昌的谋杀还是几乎在同一时间发生的刘景桂的犯罪,

---

① 关于这一案子更为详细的讨论,见第五章。
② 我在第三章和第四章更为详细地讨论了这起案子。

都没有像施剑翘案那样引起这么大的反响。[1] 一位《玲珑》杂志的投稿人,在这一上海女性杂志上清楚地记录了施剑翘案引起的反响:"近年来女子以轰然一击而震惊全国的,大有人在,而最近施剑翘女士枪杀下野军阀孙传芳的事,乃尤为奇特!"[2]

尽管施剑翘在与媒体打交道时极为机敏,但她依然不能预见到媒体会把她的传奇故事如此地挪用、添枝加叶,变成一场轰动性事件。记者们喧嚣着报道这个正在展开的案子,各大剧院为搬演这一故事激烈竞争。杀人案和随之而来的审判孕育了报纸上的连载小说,纪实小说和广播里的评弹。事件主角的照片迅速地出现在了一批画报和副刊上。[3] 作家们在回忆中谈到了这一案子的影响力。郑逸梅在他的回忆录里惊奇地描述这一事件是如何在日报中被详尽报道,被改编成戏剧,甚至被搬上银幕(郑 1992,第 73—76 页)。尽管并无证据表明这样一部电影曾经被摄制出来,但流言传说有过这么一个拍电影的计划。1936 年的一篇文章说,施剑翘被邀请到华乐剧院观摩电影《青城十九侠》之后,立刻传出了上海的联华影业公司打算把她的故事拍成《侠女复仇记》影片的说法。不过郑的文章说,这种猜测最终没有得到事实的印证。[4]这仅仅是轰动本身产生的消息。

我们该如何理解这种轰动的意义? 这一章开头的引文表明,对施剑翘案子的广泛新闻报道和娱乐化改编在制造集体同情方面起着重要的作用。《晶报》投稿者评论说,全国上下得知这一消息后,立刻对这位女儿抱以同情。《福尔摩斯》的一个匿名撰稿人在剧院改编故事和人们的

---

① 一些女性的自杀案件的轰动程度似乎可以跟施剑翘案引起的轰动相提并论,包括著名影星阮玲玉在 1935 年的自杀。一个发生在 1928 年的案子也同样引人注目,在这个案子里,一个名叫马振华的女人试图为情自杀,在最近对马案的讨论中,顾德曼认为这件案子引起的媒体轰动产生了公众对爱情的政治含义的判断。

②《施剑翘是否孝女》1935,第 3967 页。

③ 比如,见《良友》11 期,总第 111 期(1935 年 11 月),第 8 页;《申报画刊》,1935 年 11 月 25 日第 2 版。

④《福尔摩斯》(上海),1936 年 11 月 6 日第 1 版。

情感成为"强大力量"两者之间建立起了联系。这一章将探讨以这个案子为中心的媒体事件，以图理解对施案的新闻报道和小说改编如何为那个时期身处日益压抑的政治环境中的公众创造了讨论一些原本无法公开讨论的话题的机会。正是在小说和戏剧的领域中，对复仇女的集体同情增长起来，这种同情反过来合法化了那些在改编中不断被探索和赞扬的话题和典范。当某些典范承担起隐蔽的或者有时候不那么隐蔽的社会和政治批评的时候，公众同情本身就变得政治化了。

小说连载，复仇女子和现代道德的主体性

对施剑翘事件的小说改编几乎马上就出现了。本书的这一节将对它们当中一些加以审视，并将重点关注其中一个长篇小说系列，即刊载于北平《实报》的《侠女复仇》。在这些改编作品中，施剑翘的"女侠"角色变成了一个强有力的形象载体（iconic vehicle），通过它，城市媒体的观众津津乐道着女性、现代主体性甚至国民身份等新理念。我汲取"言情"文学（sentimental literature）在现代世界中的角色的批判性讨论，认为这些作品改编与真实的新闻一起把施案变成了一种道德情感的有力叙述。就此而言，这一案件阐明了一个具备着理想的道德及情感的现代主体。

学者们审视言情小说在塑造 20 世纪初的中国城市主体中所起的作用已经有一段时间了。作为英文世界里最早关注这个题目的研究之一，林培瑞（1981）把 1911—1918 年间在《礼拜六》等报纸上发表爱情故事的作家所写的作品归类为"中产阶级小说"（middlebrow fiction）。五四新文化运动的参与者们轻蔑地给这个群体贴上"鸳鸯蝴蝶派"的标签，因为他们大量地使用鸳鸯和蝴蝶等古典意象来隐喻情侣。到了 20 世纪 20 年代，这一标签扩展开来，无情地用来指涉一切通俗的旧式小说，除了言情小说，还有世情小说、武侠小说、黑幕小说、侦探小说等等。在林培瑞

的著作之前，绝大部分现代中国文学史都被这个新文化运动的偏见所影响。因此，林的研究在对长期被人们忽视的这个城市文化类型的整理上是具有先锋性的。然而，他的研究仅仅止步于此，而没有以批判的态度对这些小说中的情感主义进行审视。对于林来说，文学的"情"的本质除了使"鸳蝴小说"成为挣扎在现代化和改革带来的起伏跌宕之不确定性中的中国城市小资产阶级逃离现实的一种方式之外没有任何实质性的意义。

更晚近的一些文学研究者不再把"情"当作描述性的词汇，而是开始把它作为批判性的术语来思考情对社会历史可能起到的建构性作用。一些人开始使用"情节剧"（melodrama）一词描述晚清和民国初期建立在情之上的文化产品。严格来说，情节剧一词是用来描述法国大革命后首次出现的关于情感的通俗小说。彼得·布鲁克斯（Peter Brooks 1976）认为情节剧模式与19世纪初期至1840年期间的法国文学相关，这一时期教会和国家的权威正在衰落，神圣感不再存在，布鲁克斯认为，随着传统的伦理和诫律被质疑，情节剧故事通过个人的道德和感情的棱镜为一个"新的伦理王国"立法。① 这种文学具有独特的特征：道德上的二元对立，夸张的姿态，极度的感情化，戏剧化的道德困境，善恶两种力量之间必有一方胜利的冲突。通过这些特征，文学在一个后神学的世界中反复排演着这个新的伦理王国。

尽管"情节剧"一词并不是中国本土的词汇，但它对于我们讨论20世纪之交的白话小说无疑是有用的，这一时期可以说正是一个"后神学"的时代，正统的儒教在维持社会和国家力量方面的能力越来越受到怀疑。晚清的翻译家们正在从英、法译介包括小仲马《茶花女》在内的经典情节小说。那个时代的作家，比如吴趼人，在创作像《恨海》（1905）这样

---

① 布鲁克斯（1976，第16页）认为，"情节剧代表了一种重新神圣化的冲动，被神圣化的他者只能以个人（personal）的方式被感知"。

的中国小说时，从译介小说中汲取灵感来描述帝国主义给中国带来的社会和政治灾瘼。这类小说还发起了对人物个体的情感和心灵世界的探索，从而勾画出一个非传统的"伦理王国"（韩南 1995）。

言情小说的主导地位持续到了民国时期，尽管学者们对于"情节剧"一词是否能有效描述这些后来出现的小说意见不一。小说《茶花女》被改编成电影，与此同时其他一些电影也以极端的感情主义为特点，这使得毕克伟（Paul Pickowicz 1991）等学者使用"情节剧"一词来描述 20 世纪初的某些中国电影。① 不过，另外一些中国研究学者避免使用这一术语。在对鸳蝴派小说的讨论中，李海燕（2001）援引大卫·邓比（1994）对 18 世纪法国言情小说的研究，介绍了"感伤主义"（sentimentalism）这一术语。邓比认为，情节剧需要一个由恶人或恶德的代表（比如变卦和欺骗）所施加的、对道德的清晰威胁，它表达了在一个新的世俗秩序中对于"去神圣化"的恐惧或反思。② 感伤主义比情节剧乐观得多，它确认了超越的可能性并把这种可能性放置在生活经验的道德权威中。邓比说："在一个感伤主义的文本里，个人（人物、行动、感受）作为一个符号而发挥功能，它是一套抽象的、普遍的体系的编码……这个哭泣的母亲，这个不幸的孩子，这个奄奄一息的父亲，所指涉的不是他们自身而是整个人性（humanity）。"（第 89 页）邓比认为，在描写个人情感品格的故事里阐释新的集体美德，这正是社群、中产阶级身份、舆论乃至革命等一系列启蒙思想的核心。③ 对于李海燕（2001）来说，20 世纪早期的鸳鸯蝴蝶小说

---

① 对于毕克伟对"情节剧"一词的使用和他评价这些电影时所采用的内在标准——即五四文学现代性，汉森（Hansen 2000）提出了批评，她提出了一个理论上更具说服力的术语，"白话现代主义"（vernacular modernism），她用这个词来描述这些 20 世纪初期上海的无声电影。

② 比如，在吴趼人的《恨海》中，外国的帝国主义与一套僵化的、过时的儒家道德一起共同成为那一明确无疑的威胁。李海燕认为，小说的目标并不是用破除偶像的态度拒斥一切儒家道德，而是试图重建一个与时俱进的道德体系来应对中国所面临的挑战（2002，第 83 页）。

③ 邓比将法国感伤主义小说描述为："一个神圣化的进程发生的场所……它重新建立了集体性的宗教体验中所具有的富有启示的交流。"（邓比 1994，第 88 页）

也发挥了类似的功能。民国的鸳蝴派小说家们由于不再具有吴趼人等晚清作家那样的危机感,因此他们更关心一个新的、城市的、民国身份的形成。虽然法国的感伤主义推崇的是启蒙运动中感情化、神圣化的美德,但鸳鸯蝴蝶派的小说提倡的是感情化的儒家美德,譬如充满激情的"孝",这些美德是中国现代城市主体身份以及感情化的阅读公众的集体身份建立的基础。

通过引入和推崇富有道德情操的个体的观念和民族美德,以施剑翘的新闻故事为基础改编的小说作为道德情感主义的叙述而发挥着功能。这些连载小说读起来很像李海燕(2001)所讨论的那种多愁善感的鸳蝴小说。里面的角色设置——邪恶的军阀、值得尊敬的父亲、复仇的女儿——紧密地对应着鸳蝴小说的典型。孝、英雄豪情、因果报应等主题也是鸳蝴小说这个类型中非常普遍的。最值得注意的是这些小说的改编正如鸳蝴小说那样,提供了一个民国主体的榜样,这个榜样开启了一个英雄般的、情感化的品德动机。李海燕讨论了鸳蝴小说如何使主人公的品德动机感情化,并展示了这些动机打动读者使其同情于角色的不幸遭遇和行动。在对施案的小说改编中,这个英勇女儿的美德动机与她的感情融合在一起。施剑翘对父亲的奉献绝不是一个受到规训的、礼节上对孝的表达,是充满激情和英雄性的,就此而言,它激发读者们去思考新的存在方式。

为了说明这是怎么做到的,让我们转向对这些改编的更为细节的考察。

图五　施剑翘钻进出租车以便取回她的手枪,摘自连环画《血溅居士林》,载于《新天津报》(天津),1935年11月24日。

改写以几种不同的形式发生。一种形式是连环画。1935 年 11 月 20 日至 1936 年 1 月 11 日刊载于《新天津报》的连环画《血溅居士林》,忠实地记录了这一案子背后的重要事件。这个系列每天以一幅平版漫画配上一段简短的说明文字,随着时间的推移讲故事。它详细描述了戏剧般的刺杀,追溯了报仇背后的历史,并以施剑翘入狱而告终。事件中的场景以对比鲜明的黑白笔触描绘出来。读者们既可以读、也可以直观地看到施剑翘正在油印用于在现场散发的传单。第二天,他们看到她雇了一辆车。第三天,他们知道她从卧室抽屉中取出手枪。再过两天,他们看到施剑翘如何射穿了孙传芳的脑袋。

在连环漫画开始连载的同一天,《新天津报》的出版商刊登了连载小说《禅堂流血》的广告,这是一篇同样建立在复仇案之上的"事实小说"。这一小说从 1935 年 11 月 20 日至 12 月 19 日连载,报纸上的广告保证这本书将会揭露事件背后真正的"后果前因"。这些广告也承诺价格会突破以往的纪录:虽然这本书正常标价为四角,但提前预订的顾客可以用一本书的价钱拿到两本。看起来这本书非常畅销。登于 1935 年 12 月 24 日的一则广告告诉读者,1935 年 12 月 10 日首印的五千册已经全部售罄,由于供不应求,这部六千多字的小说将会再翻印五千册。第二版每份售价二角,另有五角的邮资。为了鼓动消费者,广告说:"机会无多,早为订购。"

对这一事件的改编并不仅限于印刷品。"血溅佛堂"是案发后在广播里连续播放了一个月的"开篇"。[1] "开篇"是弹词的序曲,它是说唱传统"评弹"中较长的叙述片段。弹词这一文类大约出现于晚明前后,传统上取材于最近发生的事件,并经常与女性作者和女性听众联系起来。这一文类在 20 世纪初期经常被改编为广播剧,到了 30 年代,"开篇"这一体裁如此流行以至于许多广播节目去掉了主要的"弹词"节目而只表演

---

[1] 见《申报》(上海),1935 年 12 月 13 日,副刊第 3 版。

"开篇"(本森1995,第122—123页)。十二月中旬开播、差不多一周一次的"血溅佛堂"就是这样一个"开篇",它在"惠灵"广播台播放,调频1380,播放时段为晚上九至十点,这是中年人收听的黄金时段。它以朗朗上口的韵文提到人们最近经常抱怨闺阁中缺乏杰出的人物,这首歌向听众保证,他们用施剑翘填补了这一空白,他们找到了一个真正的巾帼英雄。这首开篇随后以流行的佛教术语"因果报应"来解释孙传芳的暴毙,并描述了刺杀前后的紧张时刻,以及施剑翘在最后一刻飞奔回家取来手枪的戏剧性细节。

根据这一事件所做的最著名的改编是北平《实报》上的连载小说《侠女复仇》。[①] 根据它的长度和作为文本的丰富性,它值得我们做更详尽的考察,它能清楚地说明施剑翘案的小说改编如何作为一种情感叙事塑造了现代主体身份。自刺杀事件发生之后几天起直至次年四月,小说以时间顺序讲述着施剑翘的平生,从她父亲尚在世时直到一审判决公布。小说的类型结构是通俗言情小说和武侠小说

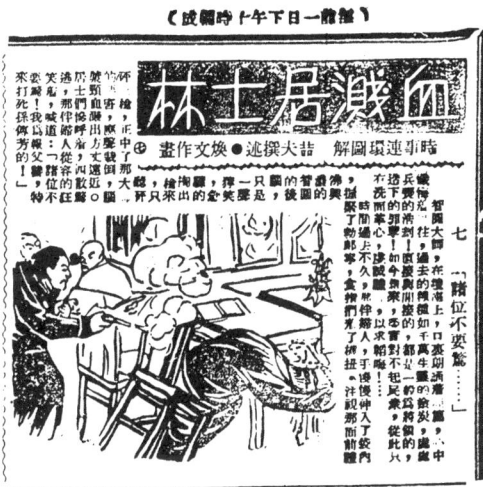

图六 施剑翘射杀孙传芳,摘自连环画《血溅居士林》,载于《新天津报》(天津),1935年11月26日。

---

① 通常作为报纸和杂志的一部分而被生产出来的"连载小说"这一文类随着民国初期现代大众传媒的兴起而成长起来,王德威认为在报纸上刊载的小说最早出现于1870年(1997,第2页)。林培瑞则将1920年代视为一个转折点。1920年之前,那些刊登小说的城市期刊倾向于把小说结集出版,1920年之后,随着大众传媒增长,一些被广泛阅读的日报开始刊登连载小说。林培瑞认为只有在这个时期,这一体裁才称得上是"流行"(林培瑞1981,第11—12页)。

的诡妙混合，它还包含了一章来讲述对施剑翘的戏剧般的审判，这一章
让我们想起当时的侦探小说这一文类，以及它在古代的前身：公案
小说。①

在这个故事里，施剑翘被描述为一个"侠"，她有资格僭越社会规范
从而探索模范"新女性"的新行为方式。在"孝"的名义下，她避免冒犯了
对女性举止的古典规范。从一开始，主角施剑翘就展现出了"纯孝性诚"
的性情。在小说的前几章，这个女英雄就打算为了照顾父母而宁可牺牲
婚姻。接下来，当她知道年迈的父亲被召唤回沙场时，她表达了追随父
亲上战场的愿望。第二章很合适地命名为"闻噩耗痛不欲生"，一个在战
场上忠实追随施父的仆人，不忍心把施从滨的噩耗透露给施家，因为他
担心以施剑翘的绝对忠诚的性情她会因过度悲伤而自寻短见。当他最
终这样做时，施剑翘尽管悲痛欲绝，却意识到她自己的悲伤和崩溃只会
加剧她继母李太太的痛苦，因此，她决定不是自杀，而是寻求复仇。

在对应着施剑翘的真实生活中的事件的同时，这部连载小说使主角
施剑翘具有了像巾帼英雄和侠女一样英勇活跃的人格。施剑翘作为女
英雄和侠女，坚守着为父母奉献的典范原则，但这两种人格在尽孝的对
象上以及美德的具体涵义上却不尽相同。作为一个经典女英雄的施剑
翘效忠于她自己的父亲，在她的"孝"中体现了以家庭为基础的儒家秩序
的基石。作为侠女的施剑翘却更多地展现出了法外惩恶的倾向。她在
追求正义的过程中运用精湛的武艺，为的是不加区分地弘扬"孝"的普世
价值。在人格上的这种转变在小说中体现为叙事风格上的转变。当小
说追踪着施剑翘的真实案件进展时，施剑翘是一个类似巾帼英雄花木兰
的、尽职的女儿。当这个主角具有了"侠"的人格时，小说便转向了当时
武侠小说的典型叙事风格。

---

① 更多的关于公案小说的研究，可见沈安德(St. Andre)1998及王德威1997。关于侦探小说，
见金介甫(Jeffrey Kinkley)2000。

在小说里，"巾帼英雄"一词(字面意思为"穿着女性铠甲的英雄"，在英语里往往简单地译为"女武士")在两个关键时刻被用来形容施剑翘的性格。在这两个时刻里，她尽孝的行为是如此极端以至于它超越了一个正常女儿所会做的事。第一次是她为父亲军职擢升的传言感到不安时①，她将具有美德的木兰引为榜样，主动要求断发、穿上铠甲，并追随父亲加入战斗。虽然历史上的木兰乔装参战，但这一现代的小说让这个父亲要求施剑翘肩负起留在家里照顾继母的责任。第二次是当她听到父亲的噩耗时，决心承担起复仇的高尚使命。像第一次一样，她表示希望断发，这是一个对她的阴性加以控制的象征性姿态，这是个使她跨越性别界线的必要姿态。

这一小说还把施剑翘描述成一个侠女，并在全篇行文中不时提到她的"侠义"本色。读者们得知，施剑翘从少年之时起就习武，并且她的武术生涯在成人之后仍在继续。② 小说强调施剑翘不仅在武术方面富有造诣，而且写得一手好诗，这是"才女"(另一类受人尊敬的妇女)的明确无误的属性。孙传芳和她父亲是"盟兄盟弟"这一虚构的细节也树立了她"侠"的本质，因为孙传芳杀施从滨并不仅仅是杀了施剑翘的父亲，而且是对"兄弟情义"这条"侠"的神圣原则的触犯。施剑翘与孙传芳的"盟叔"关系，立刻被强烈的仇恨所取代。他成了她的不共戴天的仇敌，并给她提供了展示她身为"侠"的真正本色的机会。

小说中有一个片段脱离了情节剧式的社会叙事，转向了一种类似于"武侠小说"的风格。③ 这种转变体现在故事的时间、背景及基调上。尽管大部分故事情节都发生在天津和安徽，"侠"的片段却把故事转移到了山西太原，这是施剑翘在真实生活中曾经居住过几年的地方。故事摒弃

---

① 《实报》，1935 年 12 月 2 日第 4 版。
② 并没有证据表明施剑翘在真实生活中有过这样的训练。
③ 从家庭情节剧或者爱情故事突然转变到武侠冒险，实际上是那个时期连载小说的常见套路。见林培瑞 1981，第 30 页。

了言情小说特有的饱含感情的描述，转而采取了一种武侠历险故事中常见的、幻想性的叙述口吻。它描写的一连串武打动作证实了施剑翘的武功，它还着重突出了这个女主角作为"侠"的道德感。我们在故事开头就被告知，施剑翘能做八至十个男人都不能做的事。为了展现这一点，故事告诉我们施剑翘有一次救了钱夫人，一个被顽劣的儿子和邪恶的儿媳所虐待的邻居老妇人。[1] 钱夫人年轻时嫁进了富有的赵家并生了一个儿子。不幸的是，儿子金福年轻时顽劣不化，并且不愿意接受来自父亲的正规的"国术"教育。相反，他结交的都是道德败坏之人，并把来自马戏团的熟习武艺的孙小姐娶进家里。不久，金福的父亲过世了，这一对夫妇开始虐待孤苦伶仃的钱夫人。终于，钱夫人认为把虐待行为公之于众是唯一的办法。一天，她在小两口午休的时候偷溜出去，并刚巧走到了有名的侠女施剑翘所住的那条路。在得知这位老妇人的不幸之后，施剑翘立即怒火中烧，并承担起了帮助这位老妇人的责任。钱夫人提醒施剑翘夫妻两人都会武功，并担心太麻烦这位女侠。施则回答说，她毫无畏惧并自有她行动的理由。下一个场景是，施剑翘以她的勇气和她精湛的剑术成功地使这对男女乖乖屈服。施的名声于是流播天下。

小说中向"侠"这一更具幻想性的片段的转变，承担了一个更为重要的叙述功能，那就是说明使主角施剑翘在"言情小说"部分中得以成为一个"现代女性"的英雄资格。换句话说，只有通过体现这些"侠"的属性——毫不畏惧的勇气，毫无保留的道德正义感，以及绝对的美德，施剑翘才能证明她自己不仅能复仇，而且是一个真正的现代女性。这部小说致力探讨与现代女性意识相关的议题这一事实可以从几个章节中看出来，这些章节关注了女主人公与两段复杂婚姻的纠葛。婚姻是民国都市

[1] 除了运用她的非凡武功外，故事中的施剑翘还威胁要把这不尽职的儿子和媳妇带到法庭上，将他们的不孝行为公之于众。见《实报》(北平)1936年2月6日第4版及《实报》(北平)1936年2月7日第4版。尽管法律诉讼在中国一直以来都被用作"羞辱"对方或毁灭对手名声的手段，但20世纪的独特之处就是大众传媒的兴起，它使得诉讼双方都必须面对前所未有的公开性，因此，施剑翘威胁将他们的行为公之于众具有特殊的意义。

小说中非常流行的主题，它包含着林培瑞（1981）所说的"恋爱小说"（love-story）这一文类。尽管这一术语暗示着爱情，但林培瑞对这类小说的定义却并非根据其中爱情的成分（虽然这一类故事里确实描写了大量的爱情），而根据的是小说对以自由婚姻对抗包办婚姻之主题的首要关注点。这一潮流当然必须放在一个更大的文化语境中理解：婚姻已经成为一个迫在眉睫的社会问题。对婚姻制度的重新定义是对处于儒家父权制核心的"传统"包办婚姻的有力对抗，由此五四知识分子们赋予这一议题以特殊的紧迫性。他们提倡一种破除偶像的婚姻观，倡导建立在自由恋爱、浪漫和个人自主择偶基础上的结合。婚姻被认为应当是一种纯粹的、情感的纽带，它构成了现代核心家庭的内核，并且从更大的方面来说，也是五四普世主义的内核。虽然到了1930年代，自主选择婚姻伴侣的权利仍然很重要，但是出现了一个可辨识的转变，从个人的浪漫恋爱向有益于国民党国家的家庭改革转变。[①]

《侠女复仇》在探讨了现代女性之婚姻议题的意义上是一部恋爱小说。在小说的第一部分（即前三章），读者们不仅从扣人心弦的故事中知道了主角施剑翘的心碎，也知道了她如何解除了丑闻性的包办婚约并自己安排了富有策略的结婚。施剑翘自己处理婚姻成为现代女性的标志，并被描述成一种高尚的甚至是"侠"的任务。在第四章，施剑翘大胆地采取了女性中反常的行为，既是为了复仇，也是为自己规划将来。故事中展开的事件最终导向施剑翘嫁给施靖公的决心。在他们第一次见面时，她就叹惋世上缺乏英雄，说她希望要一个有着侠肝义胆的绅士做她的丈夫。施靖公通过肯定劫富济贫、惩恶扬善等侠客理想是人类的自然天性而打动了施剑翘的心。最反常的是，施剑翘竟然向施靖公求婚。求婚的决定被表现为英勇的，因为这既推进了复仇的终极目标，又是突破性的

---

① 格罗瑟（Glosser 2003）讨论了民族主义政策是如何侵蚀了家庭的权威并且使更多的国家力量渗透到家庭中。

女性行为。小说中的施靖公对施剑翘这种令人耳目一新的大胆行为表达了敬佩之情，故事情节清楚地交待这一行为又是她献身正义的一个标志。[①] 简而言之，通过拒绝媒人介绍这一传统规矩，施氏反转了性别角色而承担了求婚的任务——这是一个即使在最为进步的民国社交圈中都极为罕见的举动。施氏寻求复仇的道德激情既抵消掉了临时的、道德上的不正当性，又为阅读公众介绍了新的大胆的女性行为。

女主角施剑翘对这一充满困难的婚姻的处理，更把个人责任这一现代理念引入了民国。对道德品质（moral character）加以定义是当时鸳鸯蝴蝶小说的一般说教所关注的。在对现代武侠小说的讨论中，陈平原认为 20 世纪武侠小说最大的艺术成就是它对个人的伦理情感的聚焦。在特别讲到侠情小说时，陈平原指出这些小说里的"情"超越了爱情和浪漫而包含了一个更为抽象的道德情感的意义，这一道德情感的意义构成了人之为"人"的核心。他说，情是使一个人的人性得以完满、使其生命价值得以实现的必要东西（陈 1995，第 116—119 页）。那么侠的首要目的就不是简单地探索武功或弘扬正义，而是为了通过他/她的历险而获得一个建立在"情"之上的人格或者人性。

以这个角度来读，在《实报》连载小说中施剑翘的英勇行为——无论是为父报仇还是为自己安排婚约——确实不只是引入了女性行为的新规范。最重要的是，它们还展示了以伦理情感为中心的现代主体的基础。对个人主体性的关注从第一章开头伊始就非常明显，"拒婚约保持人格"，在里面尽管父亲反对，但施还是决定取消婚约。[②] 这一章在对施

---

① 见《实报》，1936 年 1 月 12 日第 4 版。有趣的是，尽管小说里指出施剑翘嫁给施靖公的决定一开始就是权宜之计，但这却偏离了小说对真实生活片段的叙述。在这一片段里，施剑翘意外地爱上了施靖公，施剑翘说，为了避免将她丈夫牵加进危险的处境，她最终决定独自一人承担起复仇的任务。施剑翘无意爱上施靖公这一细节增加了小说的情节剧色彩，并且也许正服务于读者和社会成规的期待。它同样给主角提供了另一个机会来展现她的道德英雄主义。

② 小说中的这一部分在第一章里做了详细描述，从 1935 年 11 月 16 日直至 1935 年 11 月 25 日每日连载。

剑翘成功地将自己从一桩丑闻婚约中摆脱出来这一真实事件进行小说叙述时,展示了施剑翘如何在发现她的未来公公卷入了一桩舌头案的丑闻后为了捍卫她的"个人人格"而设法取消了事先安排的婚约。① 她的父亲反对她自己处理这件事情,但施剑翘坚持认为情况已经紧急到了必须由她亲自介入的地步。最后施占了上风并使父亲相信这个社会已经更加开放,女性现在已经解放了,谈论这些事情对于妇女来说已经不再是令人羞耻的事。最后,她顺利地解决了这件事,赢得了外界评论家的尊重,并为她的整个家族挽回了颜面。

作为一个英勇的、对道德的僭越的传奇,施剑翘故事主要关注将一个新近经过重组的、英勇的孝的观念置于一般道德人格的核心。② 它在说教上十分有力,并在一个变化已经成为常态的时期引入了试图改变社会秩序的新规范。过去研究连载小说这一"中产阶级"文类的学者们倾向于把对西方持模棱两可的保守主义态度看作这一体裁的鲜明特点(比如林培瑞 1981)。在这部小说里,尽管"旧"(施剑翘的父母)和"新"(作为现代女性的施剑翘)之间的紧张关系在故事中处于中心位置,但"孝"或"女侠"几乎算不上是保守主义的信号,也并不是对舒适的传统的回归。③ "孝"是主人公突破性的女性行为方式和她参与到现代侠义行动中的首要动机;它是现代道德主体所必需的重要伦理情感。

----

① 我在第一章讨论了舌头案。
② 在中国历史上,有关男女楷模的传说成为有力的说教工具,它戏剧化了儒家学说中"君子"这一理想的道德主体,并进而戏剧化了儒家帝国的集体主体性的美德。忠诚的官员,尽职的儿子,被称赞为人中典范,奉为儒家帝国的先贤并被仿效,儒教化了的佛家传说也常常把孝顺的儿子树立为开明的宗教模范。依照社会习俗而隐居在闺阁中的女性的身体,也许有着更为强大的潜力成为承载道德典范的场所。在晚明,有关女性美德的故事更加戏剧化,它们详尽记述了不少极端的片段,如孝女割下身上的肉来治疗病重的双亲,或者自剜肉体来表示对父亲的献身等。关于晚明时期女性自我牺牲而自残肉体的故事的精彩讨论,见柯丽德 1994。关于儒教化了的佛学故事中美德的戏剧化,见杜德桥(Glen Dudbridge)对妙善传说的讨论,这是一个晚明的、富有启示性的佛教故事,它讲述了一个女儿挖出双目、肢解她的肉体以把父亲从肉体和精神的疾患中拯救出来的故事(1978)。
③ 在对民国时期小说的一项研究中,吴茂生(Mao-Sang Ng 1994)认为,像孝这样的所谓"传统"美德,具有一种新的生成性力量,通过这一生成性力量可以引入新的社会规范。

69

小说对孝的强调以及它对现代道德主体的培养，与个人道德关乎国家力量这个更为流行的观念结合了起来。尽管在五四时期个人主义同民族主义同样重要，但到了南京政府时期，一个更为国家主义的、集团主义的民族国家话语已经扎根，个人道德不再作为目的本身而被赞颂，而被动员起来服务于民族集体道德。这一趋向出现在了一篇题为《民国节操运动》的报纸社论中（吴 1935），发表于孙传芳被杀一个多月后。这一社论把物质和精神视为国家防御的两个重要方面，强调在增强体格力量之前必须修筑好道德的堡垒。社论认为，道德是重要的，因为它是"个人人格"的生命线，因此也是民族国家的重要力量。个人道德与国家力量的这种联系正是由国家所发动的新生活运动的核心。尽管 1934 年的运动在人们的回忆中黯淡无光，但它试图通过发扬个人的儒家道德、军事纪律和基督精神来重振现代中国的精神生活和国家力量这一目标却建立在一个真诚的信念上，即国家力量始于个人道德。在这一更大的政治背景下，主角施剑翘不仅仅是民国的社会楷模。作为一个现代侠女，她大胆的英雄主义，果决的自信，以及最重要的忠孝的动机，与一个理想国家的美德重合起来。

戏剧与公共正义

除了推动了小说对新女性和道德主体的审视外，施剑翘的案子还在戏剧领域激发了对正义之形式的公众探索。这一部分将从以这桩轰动性案件为基础的戏剧改编来审视施剑翘对于戏迷来说如何象征了有别于官方所定义的秩序和公正的另一种正义形式。施剑翘所代表的正义既不同于建立在道德互利上的传统儒家正义，也不同于改革派的法治理念，它根植在"侠义"中。更重要的是，它是一种不由法庭提供、而从城市演出和剧场的奇观空间亦即"江湖"中产生的公共正义的形式。"江湖"这个词在隐喻意义上指涉着传统的想象中侠客周游世界并惩恶扬善的背景。这一审视反过来允许我们去思考对施剑翘故事的戏剧和小说改编如何质疑了国民党政权所界定的正义。

在二三十年代出现了大量描写勇敢的法外英雄和刺客以及自命为正义捍卫者的长篇小说、报纸连载小说、广播剧、戏剧和电影。学者们已经注意到了中国 20 世纪早期孱弱的国家形象是"侠"的复兴的关键原因。比如当时一位鸳鸯蝴蝶派的小说家顾名涛盛赞侠义故事的流行，因为它创造了一幅中国永恒的武术魅力的图景从而弥补了 20 世纪初期中国"东亚病夫"的国际形象（林培瑞 1981，第 14 页）。侠的精神不仅是想象性的武术活力的信号，更是国民党试图统一中国和捍卫国家正义的理想主义之象征。1927—1930 年之间武侠小说的流行达到顶点也许并不是一个巧合（林培瑞 1981，第 22 页）。然而到了 30 年代中期，力图重新统一国家的热潮已经逐渐减弱，而日军在华北的日益崛起则愈加凸显了这种统一的失败。在这个背景下，侠的精神不再是一个属于统治政权的特质，而越来越联系着国家正义的另一种表达方式。

在城市媒体和娱乐界中，对施剑翘复仇故事的改编正是这样一种表达方式。公众把施案赞美为侠义的表达在戏剧作品的改编中尤其明显，它使得舞台转变成了一个类似"江湖"的场所。特别地，剧场提供了机会让公众去探讨当时处于国家控制下的正常新闻渠道所不能表达出来的真实事件。由于人们的情绪在剧院中很容易被激发，因此剧院在中国一直被视为非法、异端活动的潜在舞台，因此这样的探讨并不让人感到奇怪。流动剧团和街头卖艺者长期以来被描述成"江湖"的一部分。孟悦（Meng Yue 2000）在讨论晚清的戏剧时，指出处于政府和趣味仲裁者的控制之外的流行的城市戏剧经常激怒这些精英。他们把剧场描述为女性道德败坏的潜在场所，是一个充满危险的、极易滋生越轨的情感和道德的地方。它在创作中从真实生活汲取素材的倾向使晚清戏剧变得更加成问题。早在 1880 年代上海的舞台上就出现了建立在"真实""即时"的当代事件之上的戏曲（与高度风格化的、以过去为题材并且极富幻想色彩的传统戏曲形成了对比)。孟悦暗示这种新的"真实生活"戏剧的不断政治化,指出"即时反映生活的戏剧把它的手段从'看'扩展到了'参与',从'展现'扩展到了'评论',甚至是间接的批评"(第301页)。

20世纪早期的改革派赞赏这种"不合法"的戏剧的政治内涵。比如,晚清首次出现的新话剧之所以吸引改革派的知识分子就是因为它潜在地有着强大甚至是异端的能力去煽动人们(马克林[Mackerras]1975,第117页)。比如晚清的改革家梁启超提倡白话小说和通俗话剧作为动员"人民"的方法。在他的文章《论小说与群治之关系》里提到:"世界,一切器世间、有情世间之所以成、所以住,皆此为因缘也。而小说则巍巍焉具此威德以操纵众生也。……刺之力,在使感受者骤觉。……在文字中,则文言不如其俗语,庄论不如其寓言,故具此力最大者,非小说末由!"[1]1904年,陈独秀在梁启超的论述之上进一步扩展,特别强调戏剧如何能够在感情上打动观众:"戏曲者……易入人之脑蒂,易触人之感情。……人之思想权未有不握于演戏曲者之手矣。使人观之,不能自主,忽而乐,忽而哀,忽而喜,忽而悲,忽而手舞足蹈,忽而涕泗滂沱,虽些少之时间,而其思想千变万化,有不可思议者也。"[2]到了五四时期,进步的戏剧家们发现现代话剧对于评论社会和当代事件格外有用(马克林1990,第104—112页)。

30年代的戏剧仍然从当代事件中取材并打动观众,展示着潜在的异端的或者说"侠"的内涵。施剑翘的真实故事的戏剧化改编正是这样一个建立在时事基础上的戏剧创作,它在实际刺杀事件发生之后立即改编为话剧。[3] 由于上海繁荣的娱乐文化那独一无二的规模和性质,在上海出现好几个根据同一故事改编的话剧几乎并不令人惊奇。话剧《天津居

---

[1] 梁1987,第386—387页。
[2] 见陈1987,第460页。
[3] 同时代的轰动性新闻事件中于30年代被改编为话剧的还有刺杀汪精卫未遂的事件。见《新闻报》(上海)副刊,1935年11月19日第7版上刊登的、为时两天的演出"第六届:全部有声"的广告。

士林血案：施剑翘枪杀孙传芳》由"时代话剧团"在著名的黑帮头目黄金荣所经营的"上海共舞台"上演。原本计划于12月5、6日上演的为期两天的演出，延长并加演了一天。① 另一个有着几乎相同名字的剧目《施小姐枪毙孙传芳》由曙光剧社在东南大戏院上演，从1935年11月25日起连续上演了好几天。随后，它在新新花园戏院的夜场演出，从11月29日演到12月8日。《孙传芳被刺记》于11月29日和30日在福安游艺场上演，并于12月7日至10日在小世界剧场有过短暂的上演。其中最铺张且上演时间最长的作品是《全部孙传芳》，它于1935年12月20日至1936年1月14日在新改建的天蟾舞台每日上演。这个剧目剧名中途突然由《全部孙传芳》变成《全部复仇女》，也许因为这个剧院意识到，一个活着的女刺客的故事比一个死了的军阀的故事更为卖座。② 据报道，来自济南、青岛等其他城市的剧团也把施的故事改编成了话剧。③

话剧改编所及的具体范围很难估计，观众的可靠数量也难以确证，但我们可以辨识出观众所具有的一些特征：观众有足够的休闲时间和足够买票的金钱。尽管它们不一定像传统戏曲那样吸引大批的观众，但它们比早期的话剧作品更具包容性。由于由左翼剧作家主导，20年代的话剧一般来说是相当具有排外性的。然而，到了30年代中期，建立在施案上的话剧享有了更广泛的号召力，迎合了上海越来越多的所谓"小市民"的趣味。这批小市民是读着鸳鸯蝴蝶派小说的同一群人，他们住在上海独特的弄堂里，也是早期电影的观众。④

一些作品的更广泛的号召力从它们在当红剧院的上演可以很明显地看出来。上海共舞台所上演的作品《天津居士林血案：施剑翘枪杀孙传芳》，票价从楼上座位的二角到楼下较好座位的三、四角乃至六角不

---

① 上海的报纸，包括《申报》《实报》《新闻报》《戏世界报》等，刊登了这些表演的广告。
② 《申报》在此剧上映过程中一直刊登广告。剧目更换名字发生在1935年12月28日。
③ 《戏世界报》（上海），1935年11月29日第2版。
④ 关于小市民特点及他们居住空间的讨论，见卢汉超（Lu Hanchao）1999。关于小市民作为早期上海电影的消费者的讨论，见张真（Zhang Zhen）2005，第64—69页。

等。因此,票价是合理的,特别是相对于电影入场券的价格而言。① 此
外,一些广告认为,正如真实生活中的轰动性事件吸引了广泛大众一样,
这些剧作也是面向"社会所有阶层"。② 那个时期严肃的戏剧评论家对这
些戏剧改编的艺术价值并没有发表评论,这表明了这些作品显然并非高
雅艺术。最多不过是《戏世界报》刊登一则简短的、公式般的关于作品的
捧场文章。一些流动剧团也在表演施剑翘故事改编的戏剧,这表明这一
事件的戏剧改编传播到了上海以外的更广大的观众中。流动剧团所表
演的剧目更可能脱离剧本而即兴表演,在各个剧团之间分享,并在一个
指定的地点最多上演几天。

中国通俗文化的资料来源总是难以收集的,不幸的是,这个案例也
未能摆脱这样的情况。考虑到施案所改编的话剧的性质多是口头并且
有时是即兴创作的,剧本不大可能保存下来。然而,报纸上登载的节目
单和广告却十分详细并给我们提供了关于这些演出的大致印象。许多
这样的广告出现在更为商业化和大型的上海各日报上,包括《申报》和
《实报》。广告也刊登在了专门的戏剧报纸比如《戏世界报》上。总的来
说,这些广告承诺作品将使城市剧院观众享受奇观并能探索当代事件。

这些广告中浮现出了一种有意思的许诺奇观和保证真实性之间的
紧张关系。一般而言,戏剧作品已经朝着更为现实主义地描写事物的方
向发展。虽然京剧依然是高度风格化的,一个细微的手势、脸谱,或是马
鞭的一挥就足以暗示动作或布景的意义,但是晚清的沪剧已经开始从真
实事件中取材并采用现实的服装和生活化的道具。到了 20 世纪初期,
新形式的戏剧发展起来了,包括在五四时期发展起来的现代戏剧形式
"文明戏",以及更流行更富观赏性的"时事新剧"和"时装戏"。后两种形
式的戏剧特别具有同时传递真实性和奇观性的特点,它们也是以施案为

---

① 剧院的票价,见《戏世界报》,1935 年 12 月 4 日第 2 版。电影的票价,可见李欧梵 1999,第 83
页,她引用了一个 1930 年的报告,说电影票价从二角钱到三元钱不等。
② 见《全部孙传芳》的广告,当此剧上演到一半时,它的题目变成了《全部复仇女》。

基础改编的戏剧适合采取的一般表演形式。

广告中所宣称的"真实性"也许加强了承诺的表演的戏剧性和感情力量。在这样一个每日新闻和报纸都极尽炒作的时代,一个以真实事件为题材的话剧会比一个虚构的话剧显得更为吸引人和富有观赏性。比如,《施小姐枪毙孙传芳》的一个广告预告说这个剧是时事新剧,并宣称这个即将上演的、建立在真实事件基础上的节目十分值得一看。[1] 其他广告也宣传此类演出能够准确再现出施案中实际的军事战争和法庭审判。《全部复仇女》的节目单吹嘘,施从滨和孙传芳之间的军事斗争的真实故事只讲述这么一次。它保证服装是真实的,布景是华丽的,而道具——从加农炮到机关枪——与实物一模一样。这张节目单宣传道,壮丽的大结局处是一个充满戏剧性的法庭情景,广告保证即将在天津法院开审的施剑翘案将会是此剧的现实翻版。[2] 简而言之,尽管施案中的现实性已经很像故事叙述了,而故事叙述也在从现实中汲取着资源。广告中对真实性的承诺的确卖出了很多戏票。建立在真实案件上的戏剧也十分受市场的欢迎。

这些广告也表明,尽管这些作品许诺要做出真实的描述,但同时它们也必须取悦观众。它们被描绘成能在基本的感情层次上影响观众的夸张事件。到了30年代末期,上海大多数娱乐业已经以奇观为特点。孟悦(2000,第436—498页)认为,当娱乐文化在太平天国叛乱后从扬州转移到上海时,"展览型景观"(exhibition-type landscape)在历史上也经历了一个从扬州的豪华花园(标记着前太平天国时期帝制下的城市力量)到以著名的上海大世界游乐场为代表的一批爆炸性增长的大众娱乐中心(explosion centers)的转变。这些新的娱乐中心是上海世界主义的新纪元在空间上的反映。它们是具有奇观性的,因为它们能够把来自世

---

[1]《新闻报》(上海),1935年11月23日,副刊第2版。
[2] 正如前文所说,施剑翘的审判是小说创作的灵感来源之一。比如,北平《实报》连载小说《侠女复仇》的最后一章把施案的审判以时间顺序记录了下来。

界各地的各种类型的戏剧和娱乐活动聚集在一个空间里并展览性地呈现出来(第439页)。同样的,在对上海电影的一项最近研究中,张真(2005,第42—88页)用语言学术语"洋泾浜"(这个词最初用来指吸收了外国词汇、从不同语言和文化相互混杂的通商口岸文化中生长出来的上海混合方言)来描述上海移民和工人阶级民众在文化上的世界主义。这个在慢慢成长为"小市民"的群体,展现出了对各种演出、娱乐的诱惑和体验的凶猛胃口。这些诱惑包括画报、游乐场、空中花园、茶馆、早期电影以及一切形式的戏剧表演。

图七　戏剧作品《全部孙传芳》的广告,《申报》,1935年12月26日。

以施剑翘案子为基础改编的戏剧作品的广告反映了上海的语言世界主义。这些广告中的一些本身是相当夸张的。以原本题为《全部孙传芳》、后来在上映中途又变更为《全部复仇女》的戏剧的宣传为例,它的任何一则常规广告就是一个丰富而驳杂的文本,既包含了视觉上的材料也包括了文字上的信息。位于广告正中的是"全部孙传芳"(后来变为"全部复仇女")几个粗体字。在标题上方,以稍小的字体写着"天蟾舞台",

这是上海几个大剧院之一。标题正下方引用了同一家报纸上登载的关于此案的新闻标题,包括"施从滨车站被害""施小姐十年徒刑"。最后是五张大幅照片竞相吸引着读者的眼球。正中位于戏名下方的是一张截取自戏剧作品和舞台布景的精致场景。另外四张照片分别放在广告的四角,是扮演主要人物施剑翘、施从滨、孙传芳及施剑翘之表兄施中诚的演员特写。标题、戏名和照片被文字所包围。以横、竖排版,这幅广告许诺了大量吸引人的卖点。

这幅广告的内容值得我们注意,因为它使我们知道戏剧界中有什么人物参加到这类作品的演出中以及它们的盛大程度。这四幅椭圆形的照片给我们展示了四个主要人物。我们看到穿着军装的扮演施从滨和施中诚的演员。扮演孙传芳的人则穿着传统的长袍,双手合十似在祈祷。照片中的施剑翘身穿一件华丽的——比新闻中广泛流传的施剑翘真人照片中所穿的简单裙子要华丽得多——也富戏剧色彩的裙子:施的手臂伸展着并指着一把枪。除了四张照片外,还附上一份列出其他演员及其对应角色的名单,表明至少还有另外 16 名演员有着实质性的角色,其中包括一些出演妓女的人。

对熟悉戏剧的人来说,这些演员当中的一些是非常有名的人物。扮演施剑翘的演员是上海有名的旦角赵君玉(1894—1945 年)[1],一个专门出演女性角色的男演员。赵接受的是京剧训练,但到了 30 年代开始转向更为现代的话剧形式,在著名的文明戏以及更有观赏性的时装戏中都有演出。尽管旦角在上海戏剧界通常扮演的是女性角色,但是由一个男演员来扮演一个性别偏移的女侠,这背后的性别政治是一个有意思的转折,也使整个事情增加了戏剧性。扮演施从滨的人是另一个富有声望的上海京剧演员赵如泉(1881—1961 年),擅长演老生,即年长的、英雄主

---

[1] 赵君玉的更多生平信息见 http://history.xikao.com/person.php。

义的男性角色,与更为年轻、浪漫的男性主要角色相对比。① 到了 30 年代,赵在上海戏剧界已经变得极有影响力并且是上海伶界联合会的领导人。除在京剧和话剧之间来往自如之外,他还参与到执导、编剧并制作音乐和舞台布景中。他的剧本经常受同时代的社会新闻的启发并把它们改编成时事新戏。他有可能不仅在《全部孙传芳》中出演还为它写了剧本。

图七这张广告也鲜明地展示了这部作品的精细制作,正如处于广告正中央的照片所展示的那样。照片右侧是标题"本剧精彩之一幕",演员们都穿着逼真的当下的军装,加农炮、活马挤满了舞台。照片周围的广告也在强调着照片所传达出的华丽程度。由实心三角形标示出的几个句子纵向排列在照片两旁,它们许诺着"实地写真的伟大布景""完全新制的全副军装""从未见过的俄式兵操""玲珑活泼的真马上场""惊心动魄的大炮机枪""香艳肉感的盛大跳舞""改良别致的水陆道场"。正如大世界游乐场在一块场地中提供了一切种类的娱乐项目一样,这部作品也正像它所许诺的那样在一个舞台上提供了所有形式的戏剧和表演。

除了各种各样的照片,广告的语言也采用了大杂烩式的话语策略,更一般地呼应着上海娱乐文化中混杂多样的景观。这些文字中的一些包括了简短、有力的承诺,诸如"新排时事"这种与新闻标题相呼应的文字。但一些文字以对联这样的古典形式书写,将这出舞台剧的效果与大自然激起的感官反应相比较,说:"剧情之紧张如长江大河,愈流愈急!彩景之伟大像名山秀水,越看越爱!"广告还吹嘘:"热闹处,使满院空气处处紧张;滑稽处,使满腹肚肠根根笑痛。"在以施案为基础改编的另一出戏剧的评论中,一个《戏世界报》的作者同样向观众保证这出剧会带来"嚎天嚎地,实令人笑痛肚皮也"②。在没有具体剧本的情况下,我们无从

---

① 赵如泉的更多生平信息见 http://history. xikao. com/person. php。
②《戏世界报》(上海),1935 年 11 月 25 日第 2 版。

判断施从滨被斩首和孙传芳被射杀究竟在哪些方面会使人们感到好笑。但是这些描述的相似性表明这些作品是相当公式化的,并且这些作品在向人们展示它们是能取悦所有观众的。

　　广告暗示了看戏经验本身是一次令人兴奋的体验,而戏剧的制作人员甚至为此感到焦虑。刊载于1935年12月6日的《全部孙传芳》的广告里暗示了戏院里拥挤的人群。广告底部一则对观众的道歉中解释由于前一天晚上来的人数比预期的要多,一些观众只能令人遗憾地被拒绝入场而只能在门口观看。虽然我们不可能断定这到底是不是真的,但这一议论却通过暗示这场演出有极大的需求而激起了轰动效应。尽管它提到了意想不到的拥挤人群,广告还是小心地去界定和约束一个新的观众群体。它劝说想去的观众们要尽早买票,不要拥挤,并按时到场。预订座位的电话也提供了出来。在广告的一角,文字说道:"注意:《全部孙传芳》准八时登场!"最后,不同票价的列表也包括进来以指导观众。夜场票价较贵,不同排次的座位号对应的票价也不一样,从最舒适的座位的六角钱到位于三楼座位的一角钱。如果观众不留意这类信息的话,观戏的经验很容易就会由兴奋转为混乱。

　　有意思的是,这些广告把时事剧或时装戏的种类当作新型娱乐方式来推销。这是一个新电影科技的时代,电影正与戏剧越来越激烈地争夺观众,用影院里的技术和快感体验把观众从戏院里吸引开,因此,真人出演的戏剧不得不自我革新。它试图通过把时事改编进戏剧(这比把时事拍成电影要来得快)和在舞台现场的盛大表演来保持自己的竞争力。《全部孙传芳》的广告清楚地提到戏剧界需要改革形式。比如它指出这部戏"取消毫无意识的开锣戏,开幕就是一出大武戏,一百余位武行合演大破金兵",广告的另一侧则指出这部戏是"冲破沉闷空气的先锋队,打倒陈腐戏剧的生力军"。

　　这些词句中使用的军事比喻对宣传这类戏剧尤其有效。30年代见证了军事力量的高涨和全面军事化。新生活运动提倡军事的严苛和纪律，将它作为巩固中国民族和社会的手段。当时的左翼话语也变得越来越军事化，强调斗争和革命。这个广告中的语言显然从当下对军事化的强调中汲取了灵感。军事行动的紧迫感和兴奋感渗透了商业和文化话语，反过来，这些广告也正像它们所推销的话剧那样，将军国主义驯化用于消费和娱乐的目的。

这类军事比喻也将这出新的上海流行时事剧描述成了一个"江湖"的空间。广告中的军事比喻强调了施剑翘的案子实际上是围绕着军事事件展开的，聚焦于军阀和战场上。这些与施剑翘事件有关的时装剧直接联系着后军阀时代国民党治下高度军事化的政权的当下情境，因此它们实际上是在探索着现实的社会问题。比如，以施案为基础改编的戏剧也许不太恭敬地指出了国民党政权不能控制持续不断的暴力问题的无能。到了 30 年代中期，对蒋介石统治的公众焦虑不只限于华北。在上海和其他南部城市，越来越多的人意识到即使国民党政权终止了地方之间的内战，它却没有给社会震荡画上决断性的句号。各大城市仍然充满了政治上的不安定。上海和各地的地下帮会的活动渗透了社会，这并不是一个稳定的统治的信号。更甚者，认为中央政权对这种混乱负有直接责任的看法越来越流行。蒋介石与臭名昭著的黑社会头目及蓝衣社这样的准军事集团勾结的事实确定无疑，他与政治暴力参与者们默认的同谋关系也同样如此。[1]

在这样的背景下，对军阀时期的戏剧化改编也许就变成了对南京政府的隐喻。往大的方面说，在一个对国民党政权怀疑盛行的年代，戏剧广告对"真实性"的强调，也许有意把戏剧当成一个多少比国民党当时提供的官方说法更为"真实"的叙述。比如，《全部孙传芳》的广告向观众保证他们将会看到杀人案背后的完整故事宛如真实事件一般的展现。戏

---

[1] 关于对受怀疑的共产党组织者的暗杀，以及国民党与上海青帮的勾结参见魏斐德 1995。最近的有关蓝衣社研究，见魏斐德 1997。关于日益高涨的公众的不满，见柯博文（Parks Coble）1991，第 8—9、283—333 页。

剧将从 20 年代的军阀战争开始,以地区法院审判而结束,而真实的初审判决在此剧上演几天前就已经下达。[1] 广告暗示,在剧场这个安全范围内,观众可以身临其境地体验到军阀时代的混乱,并带着几分实际生活中缺失的对现状的控制感而离开。暴力情景将在舞台上搬演并设计得与现实一样,以便让舞台上的这些暴力情境就如同真正的混乱在现实中存在一般。

尽管这些戏剧的含义不能被确定,因为我们无法全面接触它们的内容。但这些戏剧表演经常被认为是比政权新成立的法庭的司法意见更为可靠的正义来源。在剧院里和大街小巷中发生的对施剑翘的公众审判比真实法院悬而未决的判决更快地作出了同情的决定。在《全部复仇女》中的一次夜场演出中,法庭审判一幕权威地赦免了施剑翘的复仇,而此时对施剑翘的实际审判的复杂法律进程才刚刚开始几天,而整个审判过程将持续九个月之久。毫不奇怪地,一位社论家主张使用戏剧为先例来决定施案的法庭审判结果,认为像剧院这种法庭之外的论坛能比真正的法庭更有效地提供恰当的正义(凌霄汉阁主 1935b)。作者指出,真正的法庭审判已经耽搁在围绕施的自首的一些琐碎的司法辩论上,而戏剧却可以提供审判施剑翘的更有效的标准。他引用了晚明戏剧"贞娥刺虎"为例,复仇的女英雄费贞娥以皇帝的名义刺杀了叛国的流寇闯王。[2] 作者推论说,由于施剑翘像贞娥一样,为了一个值得的人而去冒生命危险,因此有关施剑翘自首的司法问题是没有法律意义的,对女杀手的广泛同情足以成为豁免她的理由。他最后下结论说,一个人与其聆听法律专家们装模作样地喋喋不休,还不如从戏剧的世界中汲取道德的教训。

---

[1] 这出戏于 1935 年 12 月 20 日开始公演,就在三天以前,天津地方法院对施下达了宽大处理的十年徒刑的判决。关于施剑翘决心上诉的消息人皆周知,站在她一边的公众同情也正在占上风。这些最新的进展无疑给这场演出增加了不少戏剧魅力。
[2] 戏剧《贞娥刺虎》的故事发生在明朝末年,它在民国时期经常作为戏剧被搬演,或者被改编为弹词。

结　论

在国民党无力惩办卖国军阀和保证国家安全的背景下,施剑翘杀军阀事件中的媒体称赞和公众参与对政府当局的无能提出了颇具威胁性的批判。施成功地杀死军阀在媒体和娱乐界被当作侠义的行为而赞颂,它被视为拯救国家的行为和对侠义(公共正义)的表达。传统地说,一个古典的侠会在道德危机和社会混乱的时代出现,通过遏制"匪"和纠正无能的"官"而带来公共秩序。施剑翘证明她是一个现代的侠,像她在古代的同仁一样,她在国家危难的时刻出现并带来正义。她成功地杀死了一个臭名昭著的卖国贼和军阀(一个当代的"匪"),她的成功和走红与公众对国民党政权(现代的无能的"官")日益增长的不满形成了鲜明的对比。政权的新生活运动在公众那里遭遇了完全的冷漠,施剑翘却作为一个现代的侠女有效地代表了一个强大中国的美德。当中央政府似乎毫无对策而只能怯懦地接受对日本的绥靖政策时,施剑翘杀死与日本有勾结嫌疑的卖国军阀的行为是迅速、果决而英勇的。如果说蒋介石的政权既无法处理军阀混战的历史,又无法承认当下自己与城市暴力行为的同谋关系,那么施剑翘的复仇和随之而来的审判就成功地建立起了一个拯救国家的意义。从媒体这个"江湖"空间产生出来的、对这个女侠的公众赞赏,将南京政府的失败彰显得更为明显。

民国时期的媒体文化看起来似乎并不像是一个有利于批判性的城市大众兴起的论坛。虽然由强大的军阀赞助人、有势力的家族和政治政党所施加的各种形式的控制在 30 年代以前就存在着,但正是在南京时期一个中央集权的现代国家才开始系统地控制和审查出版社、期刊和电影工业。① 国民党

---

① 赞助人(patronage)的政治体制到了民国时期仍在延续。对这一话题的讨论,见麦金农(MacKinnon)1995。关于国民党统治下的审查制度,见魏斐德 1995,第 235—240 页;萧知纬(Xiao Zhiwei)1994;徐丁丽霞(Ting)1974;贺麦晓(Michel Hockx)1998。

政权从一开始就使用审查制度来巩固它的统治,并在 1930 年实行了限制性的出版法(贺麦晓[Michel Hockx]1998,第 5 页)。当建设国家的努力对于政权来说只获得了局部的成功,而党内的右翼分子日益加强他们对文化的控制时,国民党当局在接下来的几年里加强了对"反动"的文化作品的压制。1934 年,针对图书和期刊的综合性审查条例起草(贺麦晓 1998,第 5 页)。1935 年,尽管新闻记者提出强烈的抗议,但当局仍制定了新的、严厉的新闻法。① 这个时期的国家审查制度甚至变得更为暴力。1934 年 11 月 14 日,蒋介石布置了对《申报》编辑史量才的暗杀,此人一直公开批评当局对日本的绥靖政策。

学者们关于这种审查法律之影响的评价一直意见不一。比如,魏斐德把这些规章看作国民党企图遏制自治的市民社会于萌芽状态的努力(1995,第 235—240 页)。贺麦晓(1998)直接挑战了这一评价,认为这种观点受到了 30 年代中国文学界抵抗国民党此类规章的成功宣传的影响,事实是这些作家相当成功地通过与审查者谈判而达成了相当大程度的创作自主性。贺麦晓得出结论,文学在 30 年代并没有受到审查制度的显著限制,事实证明在作品产出方面是相当活跃的。贺麦晓谈的当然主要是文学的审查制度,在非文学类的其他印刷媒介特别是在政治杂文和评论中也许有更多的限制。然而,他很明显在避免描绘一幅国民党政府统治下的极端的文化压迫的严酷图景。尽管对文化作品的审查不可否认地增长了,但我这里的重点并非说明压迫是这类法律的不可避免的后果,而是指出审查制度的规章是如何重塑了发表政治议论的条件。尽管被限制,但政治议论还是找到了其他的表达渠道,这些渠道包括炒作

---

① 关于 1935 年新新闻法,见比如"Revised Press Law", *North China Herald*,1935 年 7 月 17 日,第 86 页;"Attempt to Regulate Mosquito Papers Through Law", *North China Herald*,1935 年 7 月 24 日,第 151 页;"Regulation to Control Newspapers at the GMD Congress", *North China Herald*,1935 年 11 月 30 日,第 86 页;"New Press Law Is Opposed: Nanking Journalists Issue Memorandum", *North China Herald*,1935 年 8 月 7 日,第 166 页;"Growing Defiance of Censorship", *North China Herald*,1935 年 12 月 4 日,第 389 页。

的媒体故事和大众娱乐的形式。

无疑,这一时期大众传媒通常被人们惋惜地认为过于炒作。历史和文学研究者们一直以来都抱怨民国时期的新闻报道和连载小说太琐碎或太炒作以至于不配作严肃的学术探讨。这些当代观点以前并非没有过。民国时期最有影响力的一些批评家悲观地认为他们那个时代不太可能存在着任何批判性的政治辩论,并且尤其鄙夷大众传媒的炒作性质。比如,1936年林语堂将中国缺乏批判性舆论的现状归咎于出版界过分商业化和炒作化的本质。他引上海的《申报》为恶劣的榜样,哀叹报纸以市场为导向的性质导致了商业广告的泛滥以及像法律丑闻和自杀这样的炒作性新闻报料的主导地位(1968,第11章)。

这种观点造成的结果就是没有多少人去思考媒体炒作、说教、大众娱乐和"琐碎"的新闻报料这些事物在对一个新的城市大众的塑造和"政治化"中可能起到什么样的建构性作用。对施剑翘事件的研究表明的是,林语堂和其他人哀叹的作为"政治冷漠"证据的商业主义、炒作和情感主义实际上正是一个批判性公众产生的首要条件。正是施剑翘案的炒作性使得有关她的各种叙述不被国家审查的雷达所侦测,从而给紧迫的社会和政治问题提供了发表公共议论的平台。在施案基础上改编的连载小说并不服从于"严肃"新闻业等常规渠道所受到的那种控制,它允许读者公众在一个国民党卫道士们呼吁约束女性道德的声音越来越刺耳的时期去探索激进的新的性别规范。从刺杀事件改编而来的戏剧也同样没有受到严厉的监控。通过将施剑翘赞颂为侠女和国家正义的卓越承担者,戏剧作品可以阐释处于官方法律系统之外的其他形式的公共正义。

正因为民国是这样一个以侵略性的国家审查制度和泛滥的媒体商业主义为特点的时代,它的媒体和娱乐文化才可能作为一个"江湖"的空间而发挥作用。在这里,公众对禁忌话题的批判性探索得以发生。正如施剑翘操纵性别化的"侠"的身份来为她作为女人在公共场合的行动创造出空间一样,"侠"的俗语也有助于我们思考以施案为基础的各种媒体改编如何成为在国家的审查制度下探讨问题的替代性空间。或者,换一种稍微不同的说法,身为"侠女"个人的施剑翘所象征的"富有美德的僭越"这个侠的概念经由媒体而放大,从而创造了一群公众,他们对这个复仇女的同情本身就是"侠"之正义的表达,这种表达能够在一个媒体受到控制的时代发表批判性的议论。将具有颠覆性却是正义的品质赋予大众感情(popular sentiment)在中国历史上并非史无前例,早在公元前4世纪,孟子就写下富有启示性的文字:"民心"(moral will of the people)是推翻暴君的权力之基础。一个更晚近的例子可以在晚清找到,在义和团起义中,大众感情作为政治行动的基础而发挥功能,它通过谣言、传单以及诸如练拳这样的文化实践来传播。[1] 同样的,在20年代的山西农村,当报纸成为地方军阀阎锡山的傀儡喉舌时,口头宣传成了调动大众感情反对政府的重要工具(沈艾娣[Henrietta Harrison]2000)。30年代的这个案子揭示的是,对新闻事件的炒作性媒体报道和娱乐文化如何以一种类似于早期农村背景中传单和谣言的方式创造出"情"。民国时期的商业媒体和娱乐文化不单单是政府或现代化精英的传声筒,更为消费大众提供了一个讨论他们所关心的问题的平台,在这里他们的意见被认为是"正义"的。

最后,尽管如此,公众同情和它的"侠"的属性并没有受到所有人的欢迎。正是由于其日益崛起的影响力,无论是政府还是知识分子都对施剑翘事件中消费着新闻炒作的、同情的公众感到不悦。尽管政府试图通过高调的赦免来拉拢这个新的公众群体,但城市评论家和左翼作家都是既谴责政府的笼络行为,又指责大众传媒在新的庶民公众中制造非理性的女性化情感的角色。

---

[1] 义和拳的武术练习如何传播了起义的信息,见周锡瑞(Esherick)1987。

第三章 精英们的矛盾态度——对大众和女性化情感的畏惧

群众心里是盲目。

——乙木对同时代一桩激情犯罪的评论

《益世报》1935 年 5 月 3 日

尽管本章题辞描述的是同时代一个名叫刘景桂的女凶手的一桩激情犯罪（具体案情我将在本章结尾详述），但它清楚地说明了为什么即使是得到公众关注的女性的激情犯罪仍会引起精英评论家们如此显著的焦虑。与施剑翘事件在城市媒体和娱乐界获得的赞赏性的支持相比，发表在报纸社论、法律杂志、左翼期刊、社会和政治周刊及女性出版物上的更为"精英"的社会评论对施剑翘事件和其他女性激情犯罪采取了相当否定的态度。尽管对女凶手们充满轻蔑，这些批判性的文字却酸溜溜地承认，这些事件与当时更大的社会、政治和道德问题联系了起来。柳湜在评论施剑翘事件时做了很好的总结。他最初以为施氏的新闻是一个不值得大惊小怪的私人事件，后来却改变了看法。当这桩案子成为街谈巷议时，每个人都不得不注意起这个案件（柳 1935）。在致力于公众舆论时，不同政治信仰之期刊杂志的社论家和投稿者们都注意到了这个案子。这群舆论领袖争论的首要问题是：这个复仇女子建基于"情"之上的复仇究竟是应该作为一桩在道德上有益于国家的公开行为来加以褒扬，还是应该作为现代社会绝不应宽容的私人复仇而加以谴责？

随着这些争论的展开，争论的焦点越来越清晰地呈现为一个道德和政治问题：应当如何建立强大的社会和国家，而情在这个过程中又起着什么样的作用。尽管道德的真情表达在中国传统观念中曾使人际关系、社会纽带，甚至更大的政治联系变得和睦而有意义，但是到了20世纪30年代，情和它的道德、社会意义经受了严厉的审视。评论施剑翘案的作者们既没有对凶手诉诸孝的激情，也没有对普遍的公众同情表现出耐心。两种形式的情都被认为在本质上是自私的、特殊主义的、传统的，而且嘲弄地与女性联系起来。更甚者，左翼作家、法治提倡者以及其他不耐烦的评论家们将这些"情"放在与他们自己具有公益精神、普世主义的现代性规划相对立的位置上。

本章将识别当时社会评论者们对"情"抱有敌意的几种历史原因。这些原因包括对主张现代解放来源于女性的进步情感的五四话语的强烈幻灭感。南京政府时期的文人们主张"理性"的，并且默认是男权的现代性规划，包括客观的法治和科学主义的历史唯物主义分析。对情的敌意也部分源自知识分子和专业人士在30年代日益尴尬的处境。批评家和城市职业人士发现，他们作为社会道德裁决者的地位和他们对专业知识的垄断遭到了日益壮大的庶民公众和侵犯性的威权主义政府的左右围攻，而庶民公众的集体情绪则被蓬勃发展的新的大众传媒所制造和传播。为了重整地盘，这些自命为舆论制造者的人们对他们认为是女性化的大众和它变化无常的本性表达了显著的不悦和直接的嘲笑。他们也蔑视政府企图动员公众情绪来支持中央权威的做法。

礼、情和变化中的社会秩序

在上世纪二三十年代，情处于改革派的现代性话语的核心，尽管它以各种截然不同的形式表现出来。在五四运动初期,尽管儒家的道德情感正遭受着迎头痛击,但经过重新改造的"情"的观念(包括"爱情"这样的观念)在许多思想家对五四主体的阐释中仍然是十分重要的。相形之下,在南京时期围绕着施剑翘之复仇而展开的讨论中,浪漫的"情"越来越被看作是女性化的并且危害到了一个强调理性的、更为男性化的新的现代性话语。在新生活运动重新强调儒家道德和司法改革推崇法治的时代,一切"情"的形式都遭到了质疑。

对情的矛盾而摇摆不定的态度在中国历史上并不新鲜。什么是"情","情"应该在何种程度上被更为"理性"的"礼"调节或被法律和官僚程序所抑制,对这些问题的焦虑早在汉代以前就已经屡见不鲜。儒家的荀子(前312—前238年)第一次用矛盾的词语来界定"情"所具有的道德权威。众所周知,荀子以其对人性的悲观看法而著称,荀子虽然承认"情"对于定义"性"(道德性格)至关重要,但他最关心的是如何能调动"情"而不使它变成过分放纵的"欲"而扰乱社会和睦。他认为"礼"在其中起着十分关键的作用,它能够引导"情"以合适的形式表达出来,并约束在美德中。荀子写道:"人生而有欲,欲而不得,则不能无求;求而无度量分界,则不能不争;争则乱……先王恶其乱也,故制礼义以分之,以养人之欲,给人之求。"①

在汉代(公元前206—公元220年)整理编纂并于宋代(960—1279年)通过科举考试而制度化的正统儒家礼教正是被这种对于"情"的经典矛盾态度所塑造。儒家礼教将君臣、父子、夫妻"三纲"作为维持社会秩序的重要纽带。虽然正统礼教认为情能够巩固这些纽带,但礼一直以来都是管理这些纽带的关键因素。② 比如,孝心这种真诚的情感经验能使

---

① 原文出处,见《荀子·礼论》,王1988,第346页。这一段的英文译本,见王志民(Knoblock)1994,第55页。荀子更多关于"情"的论述,见余国藩1997,第2章。
② 对于儒家正统学说中情如何使人与人之间的纽带合法化的更多讨论,见李海燕2002,第44—47页。

亲子关系更好地巩固社会秩序,但子女的孝道基本上是"礼"的恰当表达而非情感表达。

到了晚明,一场哲学和文学的"尚情"运动挑战了人们对情的这种矛盾态度,颠倒了把情置于礼的权威下的传统。[①] 尚情的追随者们有王阳明学派,包括久负盛名的冯梦龙和汤显祖在内的商业文人和剧作家,以及主情文学和诗歌的女性创作者和消费者。尚情者挑战了正统理学。他们指责"理学"中由"礼"所规定的、建立在家庭基础上的"人情"是过时的,赞扬夫妻之爱这样的自发感情是人的"主体性"和道德和睦的根本基础。情有史以来第一次成为"天道"(heavenly principle)的一种形式,就像"礼"和"性"等其他重要概念一直以来所做的那样。

随着明朝的覆亡,将"情"当作基本道德力量而加以赞扬的思想再次变得可疑起来。在满族政权的新统治下,许多汉族文人学者经历了深刻的自省并开始重新检讨晚明的思想和社会,思考是什么导致了明朝统治的灭亡。在这样的重估中,一个远离"尚情"的显著思想运动逐渐变得清晰起来。作为清政权加强国家和文化建设的一部分,考证学为古典主义的兴起设定了参数,而自发的感情再一次为礼所约束。礼的兴起伴随着清朝中期日益侵犯性的治国政策,统治者们加强了对孝和贞节自杀等激情行为的监控。[②] 以戴震(1724—1777 年)、阮元(1764—1849 年)为首的18、19 世纪考据学家正是这个潮流的代表,他们攻讦王阳明学派并推崇实证主义方法。[③] 尽管 18 世纪的长篇小说《红楼梦》以"情"为主要特点,

---

① 关于晚明的这一场主情运动已经有了大量的研究著作,比如,见高彦颐 1994;艾梅兰(Epstein)2001;黄卫总 2001。

② 关于礼仪主义的兴起,以及它规约孝的正确表达、调节个人孝心与政治忠诚之间日益紧张的关系的功能,见柯启玄 1999。关于贞操崇拜的日益官僚化,见戴真兰 2004。

③ 戴震对王阳明的攻讦并不意味着他站回了阳明学派的对手——宋代理学一边。戴震对朱熹和他将形而上学纳入格物之中也存有怀疑态度。相反,戴震和他的考证学派寻求的是建立在严格、具体的学术之上的格物。关于戴震和阮元的更多观点,见艾尔曼(Elman)2005,第258—262 页。

但它比晚明的文本更深入地探索了作为道德力量的情的深刻矛盾。①

如果说情的现代矛盾回应了前现代时期的漫长历史里情的这种矛盾，那么现代的认识论版图却与以往有着极其显著的不同。在研究"情"在现代文学话语中的谱系时，李海燕（2002）识别出了一种由 19 世纪末 20 世纪初的小说家、作家、思想家所引入的前所未有的崭新人格，这种人格紧密地联结着感情和内在身份。对这种新人格的探索最早发生在晚清时，那个时候正统的儒家礼教正在遭受攻击。就像晚明政治宗派主义促生了文学和哲学的"尚情"运动一样，面临着内忧外患的晚清政权的衰落也引起了对"情"的文化探索的复兴。像他们的晚明前辈一样，晚清作家们发现理学和帝制统治正变得越来越无效，他们开始翻译西方的情节小说并创作他们自己的情感小说来调解当时的世事无常。在晚清出现了一种前所未有的观念，即感情构成了个人心灵的内在空间。比如，在晚清小说《恨海》里，作家吴趼人使用了内心独白这一史无前例的方式探索女主人公棣华情感和道德的内心世界。

尽管晚清出现了对内心世界和感情这些新观念的尝试性探索，但直到清朝覆灭和作为帮凶的正统儒家礼教在五四运动中被废弃，建立在感情基础上的现代主体观念才成为一个全新的宇宙秩序的基础。李海燕（2002）指出了这一谱系上的转变，她将晚清的"情"的话语描述为"儒家情感结构"，这种情感结构试图通过加强"情"的道德权威而重建以等级性的伦理关系为基础的儒家社会秩序。② 随着五四时期越来越多的作家和思想家从西方启蒙思想和浪漫主义话语中汲取资源，李描述这个时期的话语是"启蒙时代的情感结构"，处于其核心的是以情感为特点的内心世界，它是现代自我的决定性特征。现代的"情"由此成为将成员凝聚在

---

① 对于这个的讨论，见黄卫总 2001，特别是第 271—314 页。其他关于《红楼梦》中"情"的讨论，见余国藩 1997，李惠仪（Li Wai-yee）1993。

② 李海燕（2002）使用雷蒙·威廉斯的"情感结构"这一概念而不是世界观的意识形态，因为在她看来，这个术语"在它'沉淀'和被给予固定的形式前，更好地捕捉到了正在进行中的或者不断变化的生活体验的社会意识"，第 26 页。

新的国家共和秩序下的黏合剂。

在他们对现代主体、社会、民族国家的探索中，五四知识分子无疑在思辨情的道德力量和政治意义。首先，思想家们猛烈地诋毁正统的"人情"观念在现代的意义。比如，陈独秀和吴虞写了大量关于家庭和孝道之罪恶的文章。[①] 其他人则抨击女性的贞操观念。[②] 对长辈的盲目奉献（孝）和对丈夫的绝对忠诚（贞）这些曾经在传统秩序的想象中天经地义的观念，被认为是构成旧中国专制统治之基础的父权家族制度伦理的核心。受到打破偶像主义的轻视和激烈攻击，孝和贞成为"传统"中国一切罪恶的有力隐喻；只有完全摒弃这些品质，才能够达成现代主体、个人权利和民族解放。

尽管曾经作为最高道德权威的人情在 20 世纪前 25 年充满了道德上的矛盾性，但偶像破坏者们并没有全盘拒斥作为道德范畴的"情"。事实上，当他们给孝和贞这些传统形式的"情"和更大的儒家宇宙论（在里面亲情构成了传统社会和政治秩序的基石）祛魅（desacralize）时，他们仍在提倡着新形式的、剥除了传统伦理桎梏的"情"。换句话说，"五四"思想家们试图对情与现代社会之关系进行一次根本性的重组。"五四"的个人拥有鲜活的内心世界，作为普遍人性的一部分，他们能够自己去感觉，去哭泣，去坠入爱河。

正如女性曾经在传统时期代表了儒家正统的"情"一样，20 世纪早期的女性身体也成了现代的"情"之精髓的承载物。对许多"五四"作家来说，新女性是这样一种模范，她拒绝儒家包办婚姻和家族礼教的束缚，追求自由的生活、浪漫的爱情和性解放。[③] 周作人在首屈一指的改革派杂

---

① 关于这两个知识分子和他们对孝的抨击，见周策纵（Chow）1960，第 303—307 页。文章原文，比如见吴 1917。

② 我将会在下文探讨五四知识分子对女性贞操观念的抨击。

③ 可以确定的是，"女性问题"在晚清有着无可比拟的重要性，激进分子，包括很多像秋瑾这样的女性无政府主义者，都在入迷地思考着女性和公民权的定义。最近关于这个题目的研究（可能在方法论上有差异），可见季家珍 2002 和柯瑞佳 2002。

志《新青年》上发起的关于女性贞操的著名辩论,对于形成这样一种进步的女性情感的理想是影响深远的。周作人在翻译了谢野晶子的《贞操论》后,提出反问:推崇女性贞操的旧道德能在现代褪下它伪善的面具吗?他呼吁"醒了的"人们创造适合新女性生存的新道德和新时代(周1918)。作为对周作人的回应,胡适写了《贞操问题》。在文章中他破口大骂传统贞操观,赞扬性平等和爱情是与现代文明相适应的真正进步的情感。[①] 胡适在这篇文章里反复声明,传统女性美德不符合人类情感的基本法则,而两个平等个体间的浪漫爱情和婚姻纽带则是符合的。[②] 这个论述中隐含的观点是,把新女性和她的进步伴侣联结起来的爱的纽带正是维系社会的纽带。新的进步的中国不应当用道德教条而应当用个人情感将国民结合在一起。

然而,当自由恋爱和性解放的观念在"启蒙的情感结构"中被热切推崇时,对新形式的"情"和代表这些"情"的新女性的焦虑很快就出现了。丁玲写于 1927 年的著名小说《莎菲女士的日记》有力地证明了"五四"那一代的女性知识分子对性解放和浪漫爱情的理想实际上抱有相当大的怀疑。丁玲的主人公莎菲女士,不是被肺结核击败的,更是被现代人的无聊和不能跟任何男性(或女性)实现有意义的情感沟通而击败的。故事以莎菲女士的孤独和疏离而结束。男性作家对此也表现出了矛盾的态度。鲁迅在那篇著名的散文里提出疑问:易卜生《玩偶之家》里的娜拉出走后会面临着什么?他对娜拉命运的追问包含了对于给女性开出的新处方的焦虑。左翼作家则指责女性文学过于道学而且只狭隘地关注感情和内心的私人领域,呼唤作家更多地投入社会和政治中(文棣[Larson]1998,第 165 页)。对其他人来说,"五四"对现代主体的探索作为一个携带着巨大的情感和道德容量的事物是好的,只要它还限制在文学的

---

① 见胡 1918。鲁迅以笔名唐俟就这一话题写了一篇文章。见唐 1918。
② 胡 1918,第 14 页。胡认为性自由和浪漫恋爱是自然的天性,它们通过对个体的进步教育而得到滋养并充分施展,而不是通过古代的诫训、传统的道德培养或法律强制而达成。

领域内。① 与此相比,公共舞台被科学、民主和现代法律的"理性"话语所主宰。在知识分子中,胡适推崇"德先生和赛先生",陈独秀则主张必须以客观的"法治"推翻中国主观的"人治"这一传统体制。关于现代爱情的争论和焦虑很快通过大众传媒而更广泛地传播开来。挑衅的言论、期刊专题以及媒体对激情犯罪和婚姻绯闻的报道促生了对爱情、婚姻的更大规模的公众探索(比如,见林郁沁[Lean]2004;顾德曼 2006)。

进入 20 世纪的第二个 25 年后,对于女性进步的"情"的矛盾态度变得更加强烈了。1911 年的政治革命和 1919 年的思想革命并没有实现它们的承诺。因此并不令人感到奇怪的是,人们越来越怀疑与这两个运动有关的基本宗旨和理念。当国民党的威权主义威胁着 1911 年共和革命的政治理想时,"新生活运动"的儒家道德主义也在威胁着五四关于爱情的理想。蒋介石在 1934 年发起新生活运动后,儒家道德成了巩固社会和国家的必要手段。"五四"时期对自由恋爱和性解放的举世欢呼,被更严格、苛刻的对妇女道德和礼节的强调所取代(李海燕 2002,第 41 页;李木兰[Edwards]2000)。与此类似,女性的公众激情(public passions)也引起了越来越多的焦虑。这一时期的评论者和道学家开始把新女性与娼妓、歌舞厅的放荡淫乱及粗俗的商业主义联系起来,指责她们放荡淫佚、我行我素和不道德的性爱(贺萧[Hershatter]1997;安德鲁·菲尔德[Field]1999;李木兰 2000)。

正是 20 世纪早期对"情"从根本上进行重新思考的背景下出现了对施剑翘的批评性言论。对此案持怀疑态度的人认为这个女儿诉诸"孝"的激情动机已经严重过时,她无视法律的暴力行为是国家混乱的标志,公众支持的强烈情感也充满着被误导的危险性。不同专业和政治立场的群体的评论家们(比如法律、左翼、女性主义)对这个案子在各种专门刊物上发表了大量评论(比如法律期刊、左翼刊物或女性杂志),表达他

---

① 关于五四作家如何在日渐流行的言情文学体裁中探索现代主体性,见李欧梵 1973。

们对国家瓦解的极度恐惧。正如我们将看到的，大多数人把这个以"情"为特征的案件当作反证，以此证明他们所相信的解决中国民族困境的理想方案。因此，虽然他们对情的抵抗与晚明"尚情论"在 18 世纪的撤退相呼应，但 20 世纪对情的"问题化"却发生在了一个完全不同的历史背景下。在 20 世纪的第二个 25 年，从"情"的撤退，并不是为了加固等级化的伦理关系网，而是由对以下问题的考虑所限定的：如何应付一个崛起的桀骜不驯的大众，如何界定一个新的国家秩序，如何建立包括法治和科学的历史唯物主义在内的现代性之"理性"话语的合法性等等。

私人复仇和国家力量

可以感觉到，一种对国家解体的恐惧几乎渗透了所有对施剑翘事件的批评性言论。在长达 20 年的无能的议会共和制和军阀混战后，一种民族危机感揪住了全国上下的心。知识分子和政治家都被一个问题所困扰：一个新的、统一的中国应该是怎么样的？媒体赞扬施剑翘的孝义报仇实现了国家正义，而更为精英的评论家则反对这一看法。他们争辩，施的复仇恰恰证明了前一个阶段的混乱正在威胁并侵蚀着当下的国家。认为施剑翘的报仇行为属于"私仇"的评论成功地唤起了弥漫着整个讨论的道德紧迫感。复合词"私仇"中的前缀词"私"，自然地让人们想起"公"的概念。这一对古老的道德概念长期以来作为修辞手段标示了中国社会和政治秩序的道德参数。"公"被认为在伦理上有益于更大的政体，而"私"则标记着那些有害的行为。① 因此，通过将这种复仇行为指认为一种"私仇"，评论家们对施剑翘的报复行为作出了绝对的谴责。

很多这样的道德谴责来自五四运动遗留下的打破偶像主义。复仇

---

① 不幸的是，这种二分法在近来的学术讨论中引起了语义学和史学上的混乱。问题主要在于把汉语中的"公"和"私"翻译成"公共的"（public）和"私人的"（private）。这些英文的词汇负载着过多的意义，并且不幸的是，它常常唤起的是欧洲自身历史语境中特有的含义。为了避免这样的混乱，我选择把汉语中的"私"翻译为"自私的"（selfish）。

被指责是自私的,因为它是由危险而过时的孝义伦理驱动的。像他们的五四前辈那样,这些现代文人否认各种形式的传统人情的合法性、互惠之个人关系的重要性以及家庭伦理在未来中国政治中的重要位置。30年代的作家们也超越了五四的早期批评,担心以情为动机的复仇是当下仍在继续的军阀阴谋的信号,这会危害一个仍在勉力实现统一的国家。在整整十年的内战过后,南京时期忧心忡忡的观察家们认为施剑翘的复仇是目前仍在阻碍国家统一的社会冲突的不祥信号。

对20年代与30年代之关系的研究大多集中研究20年代的军阀割据如何产生了30年代政治和军事主义的特色。然而很少有人研究南京十年的政治如何改变了人们对前一个军阀时代的记忆。比如,很少人去审视人们对前十年的纷乱记忆和争论如何成为后十年构想一个国家并使其集权化的重要因素。施剑翘事件为探讨这一问题提供了一个有意思的切入点。对于施氏的复仇究竟是前十年的危险产品,还是解决前十年危机的有效方法充满了各不相同的阐释。而两种解释方法的不同来源于30年代对女性之“情”对于国家和道德的意义的不同看法。

批评的人们将施氏的行为贬斥为“私仇”,认为她的行为是社会混乱的一部分。不少人认为施从滨自己就是一个小军阀,他的死不过是自私自利的军阀斗争中的一起伤亡事件而已。[①]《妇女生活》的一名投稿者愤怒地将施剑翘的报仇称为中国政治版图上星罗棋布的许多小型家族恩怨(petty vendetta)中的一起。他说,这些恶性事件使中国无法与帝国主义野兽对抗,那些野兽才是中国真正的民族敌人,它们制造了民族间的仇恨和“公共”的复仇。[②] 这个作者及他的同类人不仅为施剑翘的行为烦恼,而且还为对施氏复仇的广泛赞许和赋予复仇正当意义的另一种道德话语而烦恼。一个《国闻周报》的投稿者明确指责大众对孝的迷信。他

---

① 比如,见《施剑翘案与社会观点》1935,这篇文章认为施的悲伤和复仇是毫无根据的。

②《施女刺孙传芳》1935,又见关于施剑翘的发生在1936年的相似的争论。

写道,对这种道德感情的无条件敬仰蒙蔽了人们,他们看不到这种复仇举动只会导致更多的仇杀案。①

评论家蔑视庶民大众对事件的解读,这在他们对"因果报应"的宗教叙述的关注上体现得尤为明显。"报应"像复仇一样与 20 世纪的军阀纷争联系了起来。施氏自我描述为"因果报应"的工具在市民中引起了极为同情的共鸣,因为这些人经常阅读因果报应的传奇故事。公众知识分子则与市民不同,他们对"因果报应"的佛教观念抱有极大的敌意。精英们对佛教的质疑当然并不新鲜。早在唐朝(618—907 年)韩愈就写下了成为后世经典的《论佛骨表》,对宫廷供养佛骨的仪式进行谴责。在文人话语中,佛教是异端邪说,是不道德行为之一种,是道德和社会堕落的明确标志。②遁入佛门一直被认为是自私的逃避人世的行为。并且在小说里,寺院被视为各种诡异事件发生的场所。佛教寺院不仅是神谕和顿悟之地,它也经常被描述为阴谋家们藏匿和不伦的性行为发生的场所。

对佛教的蔑视一直持续到 20 世纪并获得了前所未有的几重含义,其中一些出现在对施剑翘的评论中。比如,马克思主义尽管与几百年前关于佛教不祥的警告相呼应,它却有着全新的逻辑:佛教是使大众愚昧无知的封建思想的标志。比如,评论家柳湜在左翼杂志《大众生活》上发表的生动的、多层次的长篇阔论中批判了赞许施剑翘的几种论述,但他把最尖锐的批评指向了因果报应或者说"恶有恶报"的佛教观念。他认为,这些信仰在逻辑上是说不通的。如果说孙传芳的死是由于他过去的罪恶而命中注定,那么照此而言,施从滨被砍头的下场也应该是由于他有一段可疑的历史。柳湜毫不掩饰他的轻蔑地作结论说,这些解释最多不过是庸人毫无意义的谈论(柳 1935)。

在施剑翘的案子中,精英对佛教的批评也出于对国家混乱和军阀卖

---

① 见《施剑翘案与社会观点》1935。
② 韩 1936,卷三九,第 3—6 页。韩愈的生平,见《新唐书》1995,卷一七六,第 5255—5269 页。

国的恐惧。在那个时代的文化想象中,佛寺经常被想象成是藏匿军阀或下野军阀等待重出江湖的场所。并不令人惊奇的是,人们怀疑孙传芳宣称要洗涤罪过的佛教愿望并不真诚,有关他要重出江湖的谣言也沸沸扬扬。对孙传芳新拾获的信仰表示怀疑的评论家们使用了古代以来对佛教的文人话语套路来表达对孙传芳的憎恶。比如,评论家平心不仅谴责孙传芳,也谴责了所有像他一样的军阀。他控诉孙传芳这样的军阀一面念佛吃素,一面作践女人,把她们当玩物,玩腻了就扔。这些军阀声称要遁入佛门涅槃,但实际上是"替帝国主义当鹰狗",做着掠夺民脂民膏的罪恶行径。平心在结尾警告尽管他们今天可以轻松地"放下屠刀,立地成佛",他们明天也可以同样迅速地"放下佛经,立地复屠"(平 1935)。作家莉影也控诉孙传芳是个不管外侮侵略、国家存亡、只会无用地躲起来装作不闻不见的社会废物。①

　　另外,这些控诉的重点是佛教的虚伪性。从意识形态的角度来讲,佛教一直教诲人们任何与世俗愿望的羁绊都必须彻底清除,这样才可达到彻悟。但在施剑翘的案子中,评论家们却控诉佛教与它主张的相反,鼓励像军事权力这样的非常真实的世俗欲望。他们认为佛教使孙传芳这样的军阀能够制造他们从腐败的政治世界中隐退的幻觉,而实际上他们只是在等待时机。对佛教虚伪性的控诉并不只是针对孙传芳一个人。平心说施剑翘也犯下了和佛教一样严重的道德错误。她的复仇像佛教信仰一样造成了国家能够被拯救的错觉,但实际上却只能造成道德和民族的进一步堕落(平 1935)。

女性之"情"与男性"理性"的对抗

　　正如评论家们认为对施剑翘孝心的赞许是没有希望的倒退、人们对

---

① 莉 1935。另一个例子见汪 1935,第 3 页。

因果业报的普遍迷信是危险的虚伪一样,左翼作家和法治提倡者们也认为女凶手的孝行引以为据的建立在"情"之上的话语从根本上触犯了他们,因为他们实现社会和国家现代化、发展法治的规划有着理性主义的基调。这些后五四时代的文人十分困扰于情的话语对大众来说是如此具有说服力和感染力。作为自诩的舆论引导者,他们对舆情(public sentiment)日益增长的自主性和中央政府对公众的赞同并不抱有多少耐心。

从情到社会:中国的左派

左翼评论家为施剑翘的案子写了大量的文章,而且他们的批评是所有当中最尖锐的之一。在对施剑翘案的评论中,他们表达了对作为此案核心的"情"的极度厌恶,试图在一个庶民公众的同情力量前所未有地增长和威权主义政府逐步加强对知识分子控制的时代捍卫自己的立场和世界观。为了达到这个目的,左翼分子谴责为施剑翘孝行提供了正当性的传统儒家家庭伦理在大众中如此流行。相反,中国左翼人士对"社会"这个现代概念抱有极大的信念。在他们看来,社会的发展建立在经济生产关系的结构性转变上,而不是建立在由道德情感所决定的基本人类关系上。相应的,左翼人士评论施案时认为"情"不仅属于附带现象,而且是封建社会上层建筑的一部分。

晚清时"社会"第一次作为从日本翻译来的新语词引入中国政治思想中。钱曾瑗(1997)在讨论晚清以降"社会"一词含义的变化时认为,"社会"和"国家"之间的紧密的话语联系从一开始就建立了起来。比如梁启超在晚清对社会的定义是:由公德(public morals)所驱动的个人的集合,这样的社会是一个强大国家的基础。到了五四时期,推崇社会主义的陈独秀继续强调社会对于国家的重要性,在他对社会的定义中个人可以作为独立的个体在家庭和宗族系统之外行动。但钱曾瑗指出"社会"一词直到30年代才真正获得了根本性的地位。使人们结合起来形成一个社会的黏合剂,梁启超认为是"公德",陈独秀认为是进步的新文化,但 30 年代的批评家和知识分子才首次把真正的存在论地位赋予"社会"这个概念。他们把"社会"看成一个有机体,既可以分割成不同的部分,又是一个统一的有机整体并能推动国家的进步。社会不只是使国家变得富有活力的因素之一,而是其中最根本的条件。

"社会"这个新概念与"孝"这样的家族道德情感的本质冲突并不只为左翼所关注。文化保守派冯友兰也通过把"社会"一词与"孝"的过时观念作对比而赋予了它极大的解释力和道德权威。在写于 1938 年的《原忠孝》里,冯友兰明确呼吁人们抛弃对孝的迷信,因为它是落后的以"家—国"为本位的儒家宇宙观的象征。他认为人们应当关注"社会"的现代理念,社会是一个能使人们充分实现国家力量的空间。他写道:"如其社会是以国为范围,则此国中之人,与国融为一体。"①

如果说"社会"一词在 30 年代的政治话语中开始广泛流行,那么马克思主义为这个现代话语提供了极为重要的参数。自从五四时期对无政府主义和社会主义进行初步探索之后,中国马克思主义在第二个十年显著成熟起来并发展出了一套关于历史唯物主义的更为精致的叙述,而"社会"正处于这一叙述的中心。② 通过进行社会分析,历史唯物主义提供了一个有助于理解过去并解释当下问题的综合办法。它还提供了一个线性的、发展的历史观,把历史划分为社会经济发展的几大阶段,从而极大地吸引了念念不忘于中国民族发展的作家们。因此,对社会的研究承诺了一个建设国家未来的科学化蓝图。

不奇怪的是,左翼作家们很快用他们的发展主义叙述来贬斥施剑翘的为孝报仇。比如,评论家天行根据社会生产方法把历史划分为几个阶

---

① 见冯 1938,第 349 页。正如我下面将会展示的,尽管冯友兰的"社会"观念在空间上与"国家"相对应,但中国左派对这个词的使用更容易让人想起在社会现实和生产方式上的结构性转变。

② 阿里夫·德里克(Arif Dirlik 1978,第 4 页)发现历史唯物主义在中国知识分子中间十分流行,这部分是由于它能够缓解十年前由现代主义的破坏偶像运动所导致的"中国历史意识的危机",那场运动削弱了传统儒家的历史解释方法的权威。

段,用历史唯物主义来解释这个案子的意义。天行认为复仇事件清楚地表明了正转向进步的社会和仍然处于封建状态的附属意识领域两者之间存在着鸿沟。他在解释时,首先铺开了一种关于历史发展的叙述:在早期的渔猎阶段,老人是没有用的,在接下来的漫长的小农阶段,老人们由于他们对耕作的丰富经验而受到重视,因此孝成为重要的美德。他论述道,尽管孝在传统小农经济的历史阶段是重要的,但这一阶段已经结束了,施剑翘的行为只意味着孝在中国现代的存在是不合时宜的。天行由此呼吁中国需要改变它的意识,以便与社会基础发生的转变相适应。正如儒家在新地主阶级取代战国贵族地主统治时成了主导的意识形态方法一样,现在当新地主阶段崩溃时,一种新的意识形态必须取代儒家思想。他警告人们的无所作为,说:"如果我们自己不自力地迎头赶上,那只有让帝国主义者迫逼我们改变意识,甚或加上另一套枷锁似的意识。"(天1935,第93页)在诉诸帝国主义的幽灵后,天行试图让人们遵从天津法院的裁决,尽管这一裁决本身也为西方资本主义和帝国主义思想所渗透。他说,封建主义的对施剑翘孝道的同情才是最大的悲剧。

左翼对施剑翘的严厉谴责也因为他们对市民大众在大众传媒时代迅速增长的力量越来越恼怒。左翼作家不喜欢公众非理性的本质,他们试图通过强调这个新群体性别的女性化而对它的情感本质表示轻蔑。充分的证据显示,尽管欧美的左翼知识分子对庶民大众和无产阶级抱有政治上的同情,但他们经常历史性地对大众文化表示极度的怀疑,也经常被诟病为精英主义。一位学者说,美国对大众文化的批评实际上是美国自由主义知识分子在一个初成雏形的大众民主社会中试图界定他们的知识分子领袖的地位的努力的一部分(戈曼[Gorman]1996)。安德里斯·海森(Andreas Huyssen 1986)也探讨过20世纪前半叶欧洲自由主义没落之时欧洲知识分子对大众的焦虑。他认为,像西奥多·阿多诺(Theodore Adorno)这样的左翼知识分子对于大众文化和它在法西斯主义中的角色是非常矛盾的,因此他们嘲讽大众文化是女性的、次等的,以便将更高等的、男性的现代主义美学作为解药。

在 30 年代的中国，中国马克思主义者们表现出了相似的倾向。这些批评家们相信集体感情给中国民族国家造成了严重的威胁，认为新的感情化的公众是相对于高等的男权理性话语来说更为次等的女性"他者"。在对施剑翘一案作评论时，左翼作家尖锐地批评对复仇者的普遍的公众同情是封建主义的余孽，是阻碍国家实现现代化的因素，并且常常与女性联系起来。比如专栏作家梦著将施剑翘的复仇与同时期另外几桩与"孝"有关的轰动性事件一起引用，以证明传统文学对现代大众有着隐性的影响。梦不仅对施剑翘受商三官鼓舞的自白表示鄙视，而且对另一个事件中一个孝顺的儿子按照"割股疗亲"的古训真的割下自己身上的肉来疗救母亲一事表达了完全的不信任。梦要求教育家和政府官员清除所有旧的不合理的方式，建立完全现代的意识（梦 1936）。

在为《大众生活》杂志投稿的人中，作家柳湜与天行是那些明确地把公众同情与女性联系起来的人之一。柳湜轻蔑地提到为孝复仇者是一个女性。[①] 天行冷酷地评论道，在施案的初审和二审阶段蜂拥而至并在法院外排起长队的人大多数是女学生和女人。[②] 柳认为，这种状况证明了年轻的女孩是多么容易受到儒家"百行孝为先"的旧思想的感染，这就诱使她们坠入无知的愚孝的深渊。他强调这种思想是不合时宜的："如果这种报父仇是美德，那也是属于过去时代的美德了，在今日却找不出社会的意义，我们只觉得是时代的一种反常的事件。"（柳 1935，第 70 页）柳湜在结尾利用了一段由来已久的、有关妇女教育与中国社会道德困境之关系的话语，认为施剑翘案是现代中国女子教育失败的明确标志。柳湜传递出的信息确实是警告性的。正是牢牢盘踞在现代中国妇女头脑

---

① 见柳 1935，第 70 页。柳湜是 30 年代评论这个案子并定期投稿给《大众生活》的较著名的左翼散文家之一。

② 见天 1935，第 92 页。其他文章也注意到了法庭外人群中数量突出的妇女。比如见《时报》（上海），1935 年 11 月 28 日第 6 版，上面刊载了一篇文章说女教师和她们的女学生构成了门外百余个旁观者的大部分。

里的封建意识使得中国民族国家一直摆脱不了衰弱和贫穷。

知识分子们不仅面临着一个正在变得强大的公众，还面临着一个侵略性的集权化的政权。因此在此案中，除了贬低大众的情感，马克思主义者们还针锋相对地反对国家。对施剑翘孝行的严厉谴责很明显是对中央政府决定赦免复仇女一事的无声批评。左翼知识分子对作为古典儒家道德的"孝"的猛烈批判与新生活运动对儒家价值观的倡导形成了鲜明的对比。比如，柳湜谴责施剑翘事件不过是"复古派"上演的时装剧中的一幕，可以很清楚地看出他讽谕的是保守的新生活运动。左翼评论家对这桩案子的批判性基调在一个事实中体现得最为明显，即评论主要发表在《大众生活》杂志上。这本杂志以其对政权的频繁批判而闻名，杂志主编邹韬奋几乎毫不掩饰他对国民党统治的不满。① 邹在 30 年代末不仅是一个资深的共产党员，还是 1935 年 12 月成立的上海救国会的重要领导人，这个组织以其要求以实际行动抗日的宗旨而激怒了蒋介石。② 因此，对于中国左翼人士来说，对施剑翘以情感为主的案子的批评是他们表达对崛起的市民公众和侵噬性的中央政权的极度不满的有效途径。

从情治到法治

左翼人士并不是唯一表达了不满的人群。司法改革者们也告诫人们警惕这桩以情为中心的案子。由于帝国主义列强要求中国建立现代司法制度以便出让治外法权，因此法学改革家们积极提倡以他们认为是

---

① 王、朱 1992，第 486 页。《大众生活》继承了其前身《生活》杂志的传统，在对国民党统治的看法上是直率的和批评性的。由于对华北危机的担心而于 1935 年 11 月由邹韬奋建立。杂志由于对 1935 年 12 月 9 日学生运动的报道激怒了蒋介石而于 1936 年 2 月被蒋勒令关闭。但 1936 年 3 月，邹韬奋开始出版另一个杂志《永生》，保持了《大众生活》批判性的风格。见叶文心（Yeh Wen-hsin）1992，第 226 页，里面提到《大众生活》日益以启蒙群众为己任，鼓励他们如何政治正确地思考为国家全体服务。据估计杂志的发行量最高时达到 20 万册（柯博文 1985，第 294 页，n. 1）。
② 关于邹韬奋在救国会中的活动，见柯博文 1985，第 293—310 页。这个组织的一系列活动最终导致了震惊全国的七个主要领导人的被捕事件，后来被称为"七君子之狱"。

客观的"法治"来改善中国的民族命运。在专业期刊和法律杂志上撰文的法制改革提倡者们在评论这桩案件时,十分反对"情"在司法和政府管理中被赋予的根本性角色,并且试图为现代民族国家提供一个非主观的、以条约为基础的法律观念。此外他们也质疑没有受过教育的大众的情感所具有的权威性,而提倡他们自己所持有的职业化的、理性的专家知识。

强调法律条文的优先性实际是从根本上重新思考一个古已有之的结构:这一结构把"情"(人类感情)置于"理"(宇宙的一般准则)的道德核心,而"理"本身又是"法"(政治体中的条约化规定)的基础。纵观中国历史的大部分时期,情和法在通常情况下并不相冲突,当它们冲突时,情也只是为了抑制对严峻法规的过度运用。比如日本历史学家滋贺秀三曾经写道,至少对于中国民事法律来说,法律规章在原则上是对"人情"和"天理"这一更广阔海洋的权威阐释。[1] 甚至迟至清末宪法改革的辩论中,这个理论原则也没有被质疑。晚清的辩论主要围绕着改革是否会触犯人情的道德权威这一问题,而并没有对情感原则本身提出批评。[2] 沈家本等改革家认为,西方关于人权和平等的思想也可以算作情的形式,因此应该被纳入中国法律中。然而作为对手的保守派(他们提倡法律应该有一个道德基础)则抗议说,这从根本上违反了基本的道德准则,与基本的人情不符,因此不应该施行。

"情生理,理生法"的理论框架在非改革派的话语中一直持续到30年代。比如施剑翘事件的评论者胡宝蟾,将争议概括为情、礼、法的三角框架。胡坚持在现代法学家中极不受欢迎的观点,即公众感情是至高无上的(假设没有感情比父母和子女之间的感情更亲密)(胡1936,第6页)。胡说法律条文应该以道德准则为基准,而道德原则应该以人情为

---

① 见滋贺1984,特别是第287—288页。又见范、郑、詹1992。在第四章里,我将更详细地讨论情在传统法律中复杂的历史角色。
② 关于这场争论的更多内容,见范、郑、詹1992,第23—26页。

基准。

然而,这个案子中的大多数法律评论家对情优先于对法律条款的忠实运用这个想法非常惊讶。甚至施剑翘的支持者们也认为大众情感与中国的国家法律之间存在着潜在的冲突。比如,汪桂芳虽然承认二者可能会有冲突,但最后认为应该让全国人民的情感决定这个孝顺的凶手的命运(汪1935,第3页)。他承认从法律的角度来看,施氏的行为只不过是私人恩怨并且严重损害了法律制度的完整性。但从人的角度来看,对施剑翘复仇的同情是正当的,而且实际上是一种道德义务。施的行为不仅是为父亲的死报仇,它还维护了国家利益,弥补了执行正义的官方渠道中仍然缺失的东西。

尽管像胡和汪这样的支持者坚定地认为情应当凌驾于他们认为是无效的法律体系之上,但法律评论家们也同样坚定地认为这两者有着不可调和的冲突,并且法律应当在任何时候都凌驾于情感之上。发表于《法律评论》上的对特赦施剑翘的评论中,达权反转了汪的论述。他斩钉截铁地说,"人情是一事,法律又是一事"(达1936,第1页)。对施剑翘的赦免尽管从情的角度看是正当的,但从法理学原则来看是非常不合适的。他得出结论说,如不能贯彻法律就会导致复仇主义,这是只有中古时代或半开化社会才有的特征。

在那些主张贯彻法律的评论中,情也获得了"公众同情"(public sympathy)这一前所未有的司法含义,这与职业的现代法理学这个专门化领域形成了特别对照。"情"在中国古代法理学话语中的几个义项之一就是人之常情甚至人之常识。然而"公众同情"在30年代的含义却与"情"在古代的含义在几个方面有着显著的不同。首先,"公众同情"指涉着一个范围更为广大的人群,在大众传媒影响力不断扩大并给越来越多的受众施加影响的情况下尤其如此。其次,"公众同情"经常与专家和职业人士的理性知识并置在一起。第二个特点在司法改革者们对施案中的大众同情发起攻击时尤其重要。

"公众同情"威胁到司法改革者们的正是他们的自主性和他们职业所赖以存在的根基。在古代中国,法律处于中央政府的管辖权限之内,从未作为在结构上独立或自主的机构而发挥作用。然而到了20世纪初,中国城市法律界越来越专业化。法官和律师成了现代的职业,它们通过标准化的训练、行业协会和专门刊物而在体制上被定义。[1] 一个自主的司法领域正在慢慢地初成雏形。然而,尽管南京十年表面上有着司法改革的特色,但司法改革者们也在警惕着南京政府把权力扩张到法律领域。最近一些研究表明,这种来自国家权力的侵噬确实发生了。徐小群(1997)认为国民党政府迅速地剥掉了司法独立的外衣,尽管这点司法独立在前几十年不过是刚刚建立起来。南京政府通过派党员占据司法体系的重要职位并要求律师资格考试中包含党章内容而干预着司法独立。它甚至制定了《危害民国紧急治罪法》,这一法律使政府有权无须经过正常法律程序而审讯任何一个它认为对民国造成威胁的人。[2] 政府赦免罪犯的权力也作为国民党政权直接干预法庭权威性的机制发挥着作用。

出于希望保持司法自主性的愿望,关注司法事件的作者们对这个案子逐渐产生了兴趣。在更早的郑继成仇杀案中,南京政府认可了来自公众组织的同情性的呼吁,并将其作为给予凶手国家特赦的道德和政治基础。施剑翘案的评论家们担心国家会再次利用公众同情为政府推翻法庭判决提供合法性。不奇怪的是,专业法律人士立刻把这一事件变成了

---

[1] 参见康雅信(Conner 1993)所做的关于20世纪早期律师的学校教育和专业化的论述。参见徐1998关于通过律师协会而实现的律师专业化的研究。据萧邦奇(Keith Schoppa)的研究(1995,第34页),民国早期平民化的精英文化(相对于军事文化而言)是对法律和法制过程的强调,平民化的精英因而越来越多地转向法律行业。

[2] 在一个1932—1933年之间的有争议的案子中,当国家针对几个由于参与可疑的社团活动的人应用《紧急治罪法》时,一场关于司法独立的激烈争论发生了。比如,法制刊物《法律评论》刊登了一系列密切地关注和报道这一案子的文章以及相关的社论,包括《最后挣扎中之司法独立》(1932)。对于这个案子的报道,见1932年6月(第9册,36期)至10月(第10册,第4期)的《法律评论》。

发起反攻的平台,认为建立在同情基础上的对施剑翘的特赦会破坏现代司法体系的完整性。在《独立评论》这个由胡适成立的自由主义改革派的周刊上,朱文长发表文章说,现代民族主义取决于司法体系的确立,在这个司法体系中,一个更为普遍的、超越性的法律观念具有无与伦比的重要性。① 朱继续说,无论是伦理人情的古老概念还是"公众同情"这个更年轻的现象,都不能使现代法律网开一面。朱文长在对施剑翘案和郑继成案的评论中,认为中国法律体系非常薄弱,因为它对"报私仇"怀有宽容。他承认,的确,人情长期以来在中国文化中扮演着重要角色;的确,中国向来主张"以孝治国";的确,复仇哲学在有关林冲、武松等英雄复仇的弹词、评话、小说和歌谣的不断讲述中仍然持续存在;② 然而正义不能建立在"孝"这一古代人情上,这个愚昧的观念只会加重华北的危急局势。

尽管有人坚持任何基于"情"而外在于"法"的处理方式都会削弱强大的司法体系,但另一些人则没有这么尖锐,而是努力使"法"和"情"不至于互相冲突。评论家胡长清在发表于《法律评论》上的对郑继成案的评论文章中,承认人们的同情也许会与国家法律发生冲突(胡1932,第3页)。他认为这种冲突不仅在郑案中很明显,而且在另外几起轰动性案件中也处于核心位置。其中一个案子与一个名叫恽惠芳的爱国青年有关,他是上海血魂除奸团成员,这个组织的成员曾经出于义愤而向贩卖违禁日货的商店投掷炸弹,并获得了大众同情。③ 另一个案例关系到南京抗日协会,它曾经对接受日本人贿赂的会员陈家树私自处以死刑而获得了很大的民众支持。通过引用人们同情的爱国行为作为例子,胡长清

---

① 见朱1936。柯博文(1991)认为《独立评论》对国民党政府的绥靖政策的立场是相当温和的,特别相对于像《大众生活》这样更具批判性的左翼杂志而言。他认为胡适的个人立场与蒋介石是相当一致的,胡适相信中国并不具有对抗日本的能力。然而在我的讨论中,我表明了《独立评论》的作者们确实含蓄地挑战了政府,反对政府在"情"的基础上对施剑翘和郑继成实行特赦。

② 林冲和武松是16世纪中国古典小说《水浒传》中两个复仇的英雄人物。

③ 我将在第四章讨论"义愤"这个概念和它在施剑翘审判中的法律含义。

赋予"公众同情"以极大的情感合法性。然而,当加入这些让步的基调时,胡长清最后仍然相信,法律应该处于更优越的位置。他试图通过承认司法程序应该在某些时候承认公众的感情来扩展法治的范围和容量。①

像左翼人士一样,法律提倡者的尖锐批评首先出于现代的对"情"的鄙视。马克思主义的科学主义认为大众对古代人情的信仰是封建主义的,而法制改革的主张者之所以认为情有问题是因为它在他们眼里代表着使"法"服从于正统的"情"的"传统"法律体系。作为一个专业独立性受到严重威胁的特殊利益群体,他们认为"公众同情"是有问题的。为了对抗这一威胁,这些作家们强调中国要获得民族复兴就必须建立一个非主观的、超越性的法律观念,而这项工作是只有他们这些法学专家才有资格完成的。最后,像左翼人士对施案的评论一样,法律改革者们也指责了中央政权的规划。对他们来说,政府对司法体系的行政干预是一个真实的威胁。因此,尽管这两个群体有着各不相同的立场,但他们对施剑翘的评价却是非常相似的。两种评论都反对认为社会和政治真理来自被古代认可的道德情感这一根深蒂固的儒家观点。现在,"社会"和法律理性这些现代观念取代永恒的儒家美德而成了想象更大的政治体的核心。

在回顾左派和改革派对施剑翘案的反应时,一幅有着活跃辩论和批判性的公开对话的图景浮现出来,这与 30 年代通常给人们留下的印象有着显著的不同,在人们印象中,30 年代是一个与"五四"和晚清相比缺乏批评活动的荒芜时期。尽管这一回顾没有全面地涵盖这个时期批判思想的面貌,但它展示了不同政治党派和利益的评论家们如何出于对"情"的共同关注而聚集在一起。尽管这个轰动全国的女性激情犯罪乍一看并不像是一个会引起批判性关注的事件,但知识分子评论家们还是

---

① 关于法律扩展并容纳情的相似观点,见卞 1935。不建议既然国家特赦不能实现,就应该让法律来弥补国家能力的不足,去认可这个案子的特殊情况。

认为,在一个审查制度盛行的时期,这个案子能够提供机会让他们小心翼翼地阐述批判性观点和解决国家问题的办法。因此,不同群体的有着批判思考的专业人士和政治评论家热情地推动着都市新闻业的日益壮大,并借此表达他们对施剑翘和其他事件的关注和意见。尽管他们在情的具体意义以及新民族的道德核心为何等问题上不能达成一致意见,但这个群体成功地通过对"公众同情"的合法性的尖锐攻击使他们与集权化国家和力量日益壮大的新公众区别开来了。对于这一切最讽刺的是,尽管这些评论家们谴责女性的情感主义和作为媒体消费者的公众的集体同情,但他们却以最纯粹的道德信念和最热切的激情发表着自己的意见。

女性出版物和对英勇的女性美德的同情

值得指出的是,并非所有对施案的评论都是完全负面的。发表在女性出版物上的评论更倾向于同情施剑翘。[1] 这些文章更多地注意到施剑翘的性别所具有的意义,而在前述评论家那里性别问题只是轻蔑地一笔带过而已。虽然也许对施剑翘性别的这种群体的忽视或关注可以部分地归因于 30 年代期刊出版的专业化,但它还是显示了现代性的话语是如何被性别化的。对于左派和法制改革者来说,施剑翘的女性激情犯罪是对他们默认为男性的现代性话语的反证。与之对比,一小群女性出版界的作家热烈地赞扬并集中关注了她的性别。这些少数评论家特别将施剑翘视为他们的女权主义立场的旗帜,女权主义者们将妇女的权利推崇为中国现代性和国家力量的基础。然而即使这些支持者们由于他们对性别的明确关注而区别于其他评论家,他们却同样分享着一般精英们对过度的情的反对,他们在肯定凶手时格外小心地不把她看成充满激情的新女性,而看成是刻板的、去性别化的、富于美德的民族女英雄。

---

[1] 然而这并不是说女性出版物只发表同情性的言论。我上面讨论过的一些评论家在女性刊物上发表了他们对施案的批评。比如见莉 1935。

　　对严格的女性美德的推崇是针对以情、激情和性欲为核心的现代性论调的反拨。到了 30 年代,女性作家试图把自己与早年"五四"思想家们以及当代关于新女性的商业话语区别开来。把性解放并追求自由爱情的新女性作为现代性先驱的"五四"规划已经失败了,与"五四"世界主义相联系的放纵不羁的女性性爱和欲望带上了资产阶级自由主义和个人利己主义的色彩。同时,随着道德上暧昧的、极其性欲化和商品化的新女性形象在消费文化中的兴起,南京时期的改革派知识分子们也由于他们无法对这个强大的修辞作出解释而感到愈加沮丧(李木兰 2000)。在这个背景下,女性出版界中支持施剑翘的人们避免谈及她的性,而转向关注她英勇的美德动机。

　　诞生于晚清的女性出版物是爱国主义和改革的产物。尽管个人出版物经常有着很短的寿命并在资金、流通、审查上面临着巨大的压力,但女性出版物总体来说在中国 20 世纪初的印刷文化中还是极有影响力的。晚清较早的刊物主要谈论的是女孩子的教育、废除缠足陋习和男女平等这样的话题。民国的女性刊物继续把妇女问题与国家救亡等当时更为具体的社会和政治问题联系起来。像同时代日本和西欧的女性出版物一样,这些期刊并不只由女人们编辑或购买,而是有着男女混杂的读者群和编者群。[①] 在阶级和宗教上,这些期刊通常局限于城市环境中更有教养的阶层。进入 30 年代后,随着审查制度和出版限制的加剧,几家大的女性刊物倒闭了。不过剩下的刊物,包括《妇女月报》《妇女生活》《妇女共鸣》等在内的几家杂志仍在对妇女问题及其与更大的政治问题之联系表达着明确的关注,并且女人和男人都参与着它们的写作和阅读。本书中对施剑翘案的评论就引自这些刊物。

---

① 正如一些学者所发现的,女性解放刚开始时是一个男性的议题,女性出版业中的作家们在整个民国时期一直绝大多数都是男性。他们包括年轻的男学生或有抱负的男作家(尼瓦德[Nivard]1984,第 46—49 页;柯丽德 1995)。在我对出版业的检视中,我发现当一个女作家或女编辑作出一点贡献的时候,她的性别总是被明确地强调,暗示女性作家仍然是少见的特例,比如见笑 1916。

女性出版物上发表的一些对施剑翘案的评论与当时国家发起的重新整理古代美德的政治实践有相似之处。与新生活运动对儒家道德正当性的强调相呼应,重新为女性下定义的保守道学家们推崇女性贞洁的品性、端庄的举止,以及纯粹的古典美德,将这些女性特质视为拯救中华民族全体的基础(戴瑙玛[Diamond]1975)。女性评论家笑予在针对施剑翘案的评论文章中正是这样做的。她注意到了施的纯洁无瑕的道德记录和她完全可靠的孝心,她说施剑翘应该被奉为有勇气、有美德的杰出女性:"当此世风日下,人欲横流,道德沦亡之时,施以一弱女子,竟能背夫弃子,以尽孝道,施岂非人杰也哉!"(笑 1936)①对笑予来说,施之英勇并不是因为她体现了打破偶像主义的性解放的理想,而是因为她纯洁古典的美德和她代表的勇敢牺牲精神。

这些女性作者表现出来的道德保守主义并不意味着她们拒绝女权主义的现代性立场。相反,笑予注意到了施剑翘是性别平等的模范。为此笑予在施作为女子的柔弱和她英勇的道德牺牲之间作了鲜明有效的对比。"弱女子"一词常常为同情施剑翘的评论所用,它与"五四"时期与"传统"柔弱女性对抗的强悍的新女性形象形成了鲜明对比。新女性们可以把自己从裹脚布中解放出来,并且在更大的隐喻意义上能把中国从儒家父权规范这个"裹脚布"的桎梏中解放出来,这一桎梏是使妇女和民族长期积贫积弱的原因。与此相比,对施剑翘的赞美中刻意强调了她体质的柔弱。这样一种对柔弱体质的强调是为了与她在精神上的强大美德作出鲜明对比。不奇怪的是,笑予说施氏的正直品性是如此具有模范

---

① 遗憾的是,由于女性刊物的投稿者们经常是不知名的作家,关于笑予的生平资料很少,这使我们难以确定地辨识出她的政治立场。然而,在检视笑予对施剑翘古典美德的赞赏时,可以看出她的评论呼应了保守派道德家们的观点。并且,尽管从她赞同女刺客的孝行这方面来看,她在道德上是"保守"的,但笑的观点又明确地推崇男女平等,从这点来看她的观点又可以说是进步的。李木兰发现,这类"道德保守分子"中有许多人一方面尊崇"传统"的美德,另一方面又"召唤起女性的情感",这使得改革派的思想家们十分困惑(李木兰 2000,第138—139 页)。

性,以至于她不只在女性中出类拔萃,并且在男人中也是罕见的。笑予最后胜利地总结说,施的美德证明了自古以来将男子的出生冠以"弄璋"而女子的出生贬为"弄瓦"的传统是多么没有道理。

与笑予这样的道德保守派对比,妇女界中的一些同情者小心地不去赞扬她古典的孝德,而是称赞她是个女权主义英雄。这些作家与保守者的相似之处在于他们都以明确的去性别化的方式表达对施剑翘的赞赏。比如,《妇女月报》的作者莉影用溢美之词称赞施剑翘代表了女性和民族的英雄。莉影称赞施是"我们女界应当钦佩的人物",赞美她是"刚毅勇敢的奇女子,真是凤毛麟角",是"女界的先导",并认为"她能侥幸得于不死,像这样不屈不挠的典型女性,当此国家多事之秋"(莉 1935,第 3页)。① 这里面唯一的激情被升华成了国家英雄主义。在左派和改革派对施剑翘的评论中明显体现出的对性别激情和感情的不信任也成为妇女刊物上刊登的大部分评论的特点。同情者们也注意避免他们对施剑翘贞洁的情的赞扬使人想起对新女性色情化想象,因此集中关注忠贞的女性美德、纯洁的英雄主义、民族集体主义等话语。

结论:精英的焦虑、新女性和媒体时代

施剑翘的案子无疑引起了很多批评性的言论,但它并不是 30 年代发生的唯一一桩女性激情犯罪。同时期的刘景桂事件提供了富于启示性的比较。像施剑翘一样,刘景桂由于一桩特殊的激情犯罪行为而成为聚光灯下的女性,这桩犯罪引起了媒体的疯狂报道并且激起了巨大的公众同情。两个案子中的"情"——既是女性个人的情,又是庶民公众的情——引起了社会评论家的极大警惕,因为他们对现代性的想象建立在情的对立物即一个理性的社会和公共秩序上。通过把这两个案子放在

---

① 同样的例子可见汪 1935。

一起思考，我们可以更清楚地看到，作家和批评家们如何系统地利用对女性激情犯罪的评论来服务于他们后五四时代更大的理性规划。精英对公众同情的这种恐慌，实际上是一种更大的不安的症候性体现：在一个大众媒体迅速扩张的时代，他们为自己对社会道德方向的影响力下降而感到不安。

1935 年 3 月 16 日，北华艺术学院 24 岁的女学生刘景桂[①]走进她的情敌滕爽所居住的北平志成女子中学教职员宿舍。她骗过守门人让其相信她是学生的母亲后，走进了宿舍，找到滕爽，拔出一把勃朗宁手枪并把七颗子弹全部射进了滕的身体。29 岁的滕当场死亡。刘逃到操场上并跑进周围的胡同街坊。听见枪声并看到刘逃跑的学校警卫上前追赶并在丰盛胡同将她逮捕。她被看管起来。对刘景桂的审判于 1935 年 4 月 23 日开庭，经过了几次上诉之后，在 1937 年 5 月 5 日下达了对刘景桂处以终身监禁的最终判决。

◆像照後齐自桂景刘姐小人殺◆

图八　刺客刘景桂被逮捕后的照片，《新天津报》，1935 年 3 月 24 日。

刘景桂是出于嫉妒的怒火才会杀死滕爽。两个女人都与 34 岁的知名运动员逯明有牵连。刘景桂和逯明都来自河北宣化县的一个小镇，并于 1933 年 4 月 11 日订婚。然而几个月之后，逯明在一次运动会上邂逅了滕爽并与她陷入热恋。逯明与滕爽在 1933 年 11 月 1 日结婚，两个人给了刘景桂六百元钱作为补偿，让她跟逯明解除婚约关系。1934 年 2 月 11 日，刘景桂同意收下这笔钱，解除和逯明的

---

① 中文里的"岁"并不准确地对应着英语中的"岁"。在中国，一个人在出生时就已经是一岁，并且每年长一岁。所以一个十岁的人的实际年纪约为 11 岁。

婚约。但在三月间,刘景桂跟逯明开始互通书信,后来又在北平郊外的一个旅馆里进行了五天的幽会。刘景桂后来在法庭上的证词说,是在那个时候她才知道滕爽是她的情敌并且发誓要杀死她。

这两个案件有很多不同之处。施剑翘案的主角是一个古典的女英雄,她出于孝道的激情(filial passion)而行动。刘景桂案的主角却是新人物,包括女学生刘景桂、男运动员逯明、女运动员滕爽。然而这两个案子也有许多相似之处。它们都引起了极大的公众兴趣和争议。此外,这些争议中有许多与"情"的意义有关。施案中抓住公众兴趣的是孝情,而爱情则是刘景桂案的核心。新闻界通常把刘景桂的案子称为"桃色情杀案",其中的"三角恋"尤其引人注目。像施剑翘的案子一样,刘景桂案子中的"情"也引起了精英评论家的焦虑。评论家既关注激情犯罪背后作为主要动机的"爱情",也关注对女凶手的集体"同情"。人们提出了这样的问题:在许多人称为"过度时代"的这样一个时期中,爱情对于中国青年男女来说是否是一种合适的感情?这些问题与婚姻、现代女性之离婚以及市民社会的道德走向等新概念的更大焦虑相联系。[①] 理性(或理智)通常被认为是一种可以抵消这种过度的"情"的中和的力量。

"公众同情"也引来了批评。正是在案件引发的集体同情上,一个作者把刘景桂的复仇与施剑翘杀孙传芳和郑继成杀张宗昌的案子加以比较。这个作者贬抑道:"社会上多数的人却总是同情于复仇者,或者以为这是'热闹'而作无意识的喝彩,就以每次犯人处决说吧,路上看热闹的人也会直着脖子喊好……"作者接着从法律和理性的角度认为无论是仇杀还是仇杀引发的同情都不应该被原谅(达 1935)。在天津《益世报》中,另一个投稿人哀叹"群众心里是盲目的"。作者对这一事实表达了悲哀,尽管刘景桂的复仇行为出人意料地获得了许多同情,但是被逯明无耻离婚并被抛弃的前妻却彻底地被社会遗忘了(乙木 1935)。

[①] 更多关于刘景桂案的批判性的言论,见林郁沁 2004。

刘景桂案中对"公众同情"的批评性言论也许比施剑翘案更为直观地说明了精英们对公众同情的矛盾态度是如何复杂地与大众媒体和威权政治日益增长的力量相纠葛的。在刊登于改革派杂志《独立评论》上的《论刘景桂杀人案》中,俞大彩特别建议女权界不要不分是非地同情刘景桂,认为对刘景桂的辩护将导致对整个妇女运动的反感,甚至将危及中国妇女运动的未来(俞1935)。俞大彩以窃取了女权运动用于可疑目的希特勒法西斯政权作为例子,指出如果中国女权运动不能对妇女在道德上加以鉴别,而仅仅因为她的性别而武断地支持任何妇女的话,它很可能会被军国主义政权所操纵。尽管没有直接提到国民党政权,但俞大彩含蓄地表达了对威权主义的警惕:"若妇女用情如此广泛……并且托庇在妇女运动口号之下,这是不是能得到社会上普遍的赞许……若轻举得为人不重视了,岂不是给后来的反动者一种资料? 岂不是给中国将来的希特勒添一点限制女子权益的理由?"法西斯主义在中国的幽灵由此被提了出来。

刘景桂案的各种评论强调,作为新媒体的产物的新女性特别容易受大众情感的蛊惑。北平《晨报》的一个投稿者写了题为《两幕恋爱惨剧的分析》的文章,把上海的阮玲玉自杀案和北平的刘景桂杀人案放在一起讨论。文章的主旨是告诫人们警惕由"新女性"代表的过度的"情"。作者君寄谈到刘景桂案时说,逯明的罪是他在爱情上的反复无常,滕爽的罪在于她的爱情所托非人,刘景桂的罪在于冲动的愤怒和滥用的勇气,这导致了滕爽不该有的死亡。君寄进一步告诫,这种对情感的错误运用决定了这三个人的命运,也对社会的命运富有启示意义。最悲剧的是刘景桂"误泄愤为报仇"。刘景桂本来可以把她的精力用在民族建设上,但她却令人惋惜地把她的情导向了个人私情和仇恨上。作者总结说:"这是感情惑人,使她误入歧途。"(君1935,第11页)

君寄接着以阮玲玉为例将过度的情和为媒体所渗透的城市现代性的危险联系了起来。阮玲玉是一个耀眼的上海影星,却悲剧性地于1935年自杀。她曾经出演1934年的电影《新女性》,并且她本人也可以说是民国时期新女性之精髓的代表。[①] 阮玲玉的生和死在本质上也吸引着巨大的媒体关注。作为一名女演员，她本人的声名鹊起依赖于新兴的电影工业，而这也是她悲剧性的殒落和自杀的原因。好几个学者曾经提到，阮的死亡很大程度上归咎于演员面临的媒体压力（比如，张勉治[Chang]1999）。当时的观察家们也觉得阮玲玉确实是被无休止的侵扰逼死的。公众对她私生活的侵扰和新闻界的力量是如此之大，以至于著名作家鲁迅为此写了杂文《论人言可畏》（笔名赵令仪，1935）。君寄在谈到阮玲玉的死时说道，阮玲玉的个人的"情"和她的影迷集体的"情"都是大众传媒时代的直接产物，也是导致她死亡的重要原因。君寄认为阮无法抗拒对名气的热望，这是她作为媒体明星的直接结果，这也使她深深地困扰于她与唐季珊的再婚的公众臆测。君寄回应了鲁迅的文章，认为群体流言和公众诋毁最终杀死了阮玲玉。

　　刘景桂案的评论把施剑翘案和阮玲玉案联系起来，提炼出了一般精英评论家们对"情"、新女性以及新媒体之力量所怀有的极为矛盾的心理。在这样一个时代，当产生了对于女性公众人物、大众传媒新形式之恶劣影响，以及城市中真诚道德的缺失的新焦虑时，阮玲玉、刘景桂和施剑翘吸引了显著的注意。对于许多评论家来说，这些高调女性在她们个人行动中代表了过度的"情"（比如刘景桂的蓄意杀人、阮玲玉的虚荣、施剑翘的封建色彩的孝），更重要的是，它们唤起了狂热的集体感情，这在大众传播的新时代是一种很成问题的力量。然而，尽管通过社论表达他们的愤怒情绪，文化评论家们打的却是一场艰难的战斗。这些新女性的案子如此有效地唤起的公众同情成了一种可观的司法和警察力量。正如我在下两章所要指出的，无论是司法官员是行政部门都发现他们无法忽视在施剑翘案子中的公众情感。

[①] 最近的女性研究也关注了上海的舞女和女影星，这是新女性的典型职业，她们投身于媒体界，或是与大众媒体和现代城市上海挂钩的工业（比如，菲尔德1999；张勉治1999）。

第四章 审判——法庭奇观和法治中的道德情操

> 父不受诛,子复仇可也。父受诛,子复仇,推刃之道也,复仇不除害。
>
> ——何休(129—182 年),《春秋公羊传》

> 被告痛父惨死,含冤莫伸,预力遗嘱,舍身杀仇,以纯孝之心理发而为壮烈之行为,核状实堪悯恕。
>
> ——最高法院判决第 1207 刑事判决书,1936 年 8 月 25 日

对施剑翘的审判是一个极其复杂的法律事件。这个案子在杀人案发生仅八天后的 1935 年 11 月 21 日开审,当地的公诉人在天津地方法院对女被告施剑翘提起公诉。文件以简单明了的方式呈现了凶案的事实:十年前,孙传芳俘获并杀害了被告的父亲施从滨。被告从此以后在心里埋下了报仇的愿望。事发前不久,她从一个不知名的退役士兵那里买了一把勃朗宁手枪和六发子弹,并秘密携带枪和子弹前往天津,在那里等候行动的时机。当她在天津居士林发现孙传芳的行踪时,她很快作出安排加入法会,并趁着孙传芳在场的时候杀了他。在杀人之后,她宣布成功为其父报仇并让居士林的看门人刘恕修报警。当巡警王化南和稍后的曲鸿韬闻枪而至时,被告镇静地交出她的手枪和剩下的三发子弹,并

向当局自首。这份文件让读者确信对凶杀案的调查是根据法律规定展开的,并涵盖了一份法医的报告,以证实已经彻底履行了调查程序。①

这份诉状引用了 1935 年修改过的刑法中第 187 条,指控施剑翘犯有"蓄意持枪"罪,这一罪行按规定要处以五年以下有期徒刑。它还指控施剑翘杀人罪。文件引用第 271 条,指出一般杀人罪要处"死刑、无期徒刑或十年以上有期徒刑"。在结论处,它提议终身监禁或不少于十年的有期徒刑,为此它引用了第 55 条,规定"一行为而触犯数罪名者,从一重处断"。②

实际法庭的审理在 1935 年 11 月 25 日开始。天津地方法院的公诉人涂璋口头陈述了这个看起来是昭然若揭的案子。被告当着一群善男信女的面枪杀孙传芳,并立刻承认罪行。作为目击者的居士林僧人富明、东海,以及第一个到达现场的巡警王化南,都证实了施剑翘确实是杀人凶手。凶手在杀人后散发的书面材料、作案时使用的勃朗宁手枪,以及剩下的子弹都作为其罪行的不容辩驳的呈堂证供展示了出来。③ 然而,尽管存在着这一系列证据,审判却远比预期的复杂。这个案子一直上诉到南京的最高法院,其中还出人意料地驳回了低级法院的判决,最终导致了一个极为宽大的处理。

天津地方法院宣布对被告处以十年有期徒刑后,这个案子的复杂性质立刻显现了出来。1935 年 12 月 17 日,法官孔嘉彰、叶德裎和法院公诉人文人豪签发了 622 号判决书,以她的主动自首为理由,给予了她一定程度的宽大处理。他们虽然表示了对她的热诚孝心的个人同情,但还

---

① 这个诉状的复本见《大公报》,1935 年 11 月 22 日第 4 版。不幸的是,我在收藏了曾经上诉到最高法院法律文件的中国第二历史档案馆中找不到关于这个案子的法律文件,我在收藏着曾经上诉到河北最高法院案件记录的北京市档案馆也没有找到,我在收藏了天津地方法院记录的天津市档案也没找到。然而自从案子吸引了很多关注后,媒体对法庭中的对话作出了大量的报道。官方的判决也在各大报纸上发表,譬如天津《大公报》和上海《时报》。

② 《大公报》(天津),1935 年 11 月 22 日第 4 版。专门的条款见的《中华民国刑法》(1935)第 68、98、19 条。

③ 《大公报》(天津),1935 年 11 月 26 日第 4 版。

是决定搁置道德上的怜悯，否决了被告为孝复仇的情形应当获得司法宽恕这一申诉的可行性。原告和施剑翘的法律团队立刻对法院的判决结果提出上诉。被告方反对的是低级法院否认孝的动机是减刑的条件。原告方则认为不应给施剑翘以任何宽大处理。① 这个案子由北平的河北高级法院重新审理，二审在 1936 年 2 月 6 日开审并持续了六天，由毛耀德和陪审员景星辰主持。2 月 12 日，河北高级法院推翻了天津地方法院的判决，基本上把原判决结果全盘颠倒了。② 高级法院认为，地方法院错误地承认了被告本不成立的自首动机，却没有裁决她的复仇是正义的并且应该得到司法悯恕（judicial compassion）。鉴于法律规定在减刑条件下实施的罪行比自首情节能获得更宽大的处理，最后的结果是施的刑期从十年减到七年。双方不服再次上诉，案子遂被移交到了南京最高法院。③ 1936 年 8 月 25 日，南京最高法院维持了河北高级法院判处的七年轻刑，认定施剑翘的正义复仇构成了"情可悯恕"的减刑条件。

这出复杂的法庭戏剧中的跌宕起伏本身是复杂而引人注目的，然而这起司法案件所代表的意义远远超过了一个追求正义的个体案例。现代法律这一观念本身受到了挑战。这起官司在展示出行凶者的个人热情和市民观众的集体同情时，把一个更大的问题摆在了我们面前：现代法律的执行者们应当在什么时候给予司法悯恕和予以司法豁免？这个官司里的主要人物，包括被告施剑翘、她的辩护律师、公诉人和主持审判的法官，无论是在具体的审理策略中，还是在思考如何判定现代正义时，全都被迫去思考"情"和"礼"的权威。在一个法制改革的时代，是否应该把司法豁免给予一个由"礼"所规定的"孝情"的动机？观察敏锐的市民观众的集体感情——换句话说，同情——是否能构成影响审判结果的减刑因素？

---

① 对于起诉过程和个中争论的报道，见《大公报》（天津），1935 年 12 月 17 日第 5 版；1935 年 12 月 21 日第 5 版；1935 年 12 月 25 日第 5 版。

②《大公报》（天津），1936 年 2 月 7 日第 4 版。

③ 对这一阶段的起诉过程的报道，见《大公报》（天津），1936 年 2 月 18 日第 5 版；1936 年 2 月 22 日第 5 版；1936 年 2 月 26 日第 5 版；1936 年 3 月 8 日第 5 版。

这场审判引发了一场热火朝天的公开讨论,这场讨论关乎情的道德权威、"同情"与"法治"之关系、孝对于国家之意义等。为了激起公众同情,施的辩护方引用了"礼治"一说,以支撑法律应该对施的孝情网开一面的论述。与之形成对比的是,公诉人和孙家代表拒绝承认施的孝心或公众同情的权威性,极力要求进行毫不妥协的法律制裁。最后,法庭想出了折中的解决办法。在准予宽大处理和默认公众的"同情"力量的同时,法官用他们所谓的争取"正当程序"的道德权利来支持施剑翘的"情"的动机的正义性,从而把这出闹得沸沸扬扬的事件转到对法律这一根本力量的重申上。

20 世纪的法律:情、礼和改革

法、礼、情三者之间的关系在中国有着复杂而漫长的历史。在儒家经典对于法和更大的宇宙秩序的论述中,中国法律在哲学上根源于两种调控社会的传统,即儒家的"礼治"(通过"礼节"而实行的道德说教)和法家的"法治"(法律的恫吓)。礼与法二者都被视为对"天理"的阐释,并且是实施控制的必要工具。但中国儒家正统思想最终认定"礼"——特别是它容纳和调节"情"使之适中的功能——尽管存有争议,却是比"情"和"法"更为基本的道德真理的层次。法被当作一套不完善的、僵化的因而是更有局限性的规范,它不能涵盖无数可能出现的人性和道德处境。因此,礼治能够抑制对法的过分峻厉的运用。①

---

① 对于中国传统的道德与法律之间的关系的综合讨论,见金介甫 2000,第 104—111 页;瞿同祖(Ch'ü)1961,第六章。让·艾斯嘉拉(Jean Escarra)1936 的观点认为中国传统的法律观念中包含了儒家经典对于礼和法之间关系的论述。根据艾斯嘉拉,中国正统思想在传统上承认礼是达成社会和谐的正常、重要的手段,而法是通过惩罚来达到不能通过道德教化而达成的目的。因此,就法是社会控制的必要手段而言,它的终极目标就是弘扬儒家的伦理秩序。为了达到这个目的,古代的法典充满了根据社会阶层和家庭地位而在礼节上做出的区分和禁忌,礼随着时间的推移实际上被纳入了法典中,这个过程被瞿同祖称为法律的"儒化"(1961,第 267—279 页)。儒家经典文本如何处理"情""天理""礼""法"这些概念,见范、郑、詹 1992。

尽管儒家正统将情和礼视为更根本的真理源泉,认为它们能够调节对法的峻急的运用,但在法律的实施过程中,情、礼、法之间的潜在冲突却比它们的共生性更为显著。这样一种潜在的冲突在正义复仇的案子中尤其明显,并且从上古时代起就已经被公认是一个问题(达尔比[Michael Dalby]1981;陆威仪[Lewis]1990;程艾蓝[Cheng]2004)。一方面,情、礼、道德承认"孝"引起的愤怒和失落的具体感情有可能成为复仇的道德动机。另一方面,认可复仇行为中"孝"的道德权威,又与法律必须一视同仁地惩罚所有杀人行为(无论其动机有多么正义)的义务相抵触甚至对其造成潜在的损害。尽管法律最终承认了复仇是一种正当的法律权利,但从元代开始,中国始终没能完全地协调好贯彻法律和承认复仇传统两者之间的关系。① 这种不协调随着时间的推移而增加,到了清代,尽管美德性的复仇仍然被承认是一种法律权利,但法典十分小心地用严格的术语界定了更为狭窄和苛刻的、在道德和法律上允许复仇的条件。②

尽管对复仇权的不满在整个封建帝制时代一直在缓慢增长,但到了20世纪,"法治""礼治"和情三者之间的冲突到达了一个前所未有的高度。清末民初的改革派敏锐地感觉到了"传统"中国在法律上的无能,受此激励,他们开始对传统法律进行严厉的审视和文字修订。1891年的法律改革运动对一般儒家的礼节和章句发起了毁灭性的攻击。从世纪之交开始,改革派的法学家就把大量的道德和政治力量给予了"法治"而贬

---

① 迈克尔·达尔比1981追溯了这种冲突,从包括《周礼》和《公羊传》在内的上古文本,到唐宋时期的法律论著,到明清时期的法典。瞿同祖(1961)指出,在唐宋时期,尽管复仇显然是犯法的,但在包含了正义的复仇案子中人们仍然会给予特殊的考虑。只有在元代法律中,复仇是允许的,为了给父亲报仇而杀死别人的人是不受法律惩罚的。在明代和清代,如果一个复仇的子女在双亲被人杀死后马上杀死凶手的话,他是不受惩罚的。

② 对这些情况的更为详细的考虑,见我下面对史景迁(Jonathan Spence)的讨论。史景迁通过对17世纪一桩仇杀案的审视,展示了清法典是如何小心地限制对孝义复仇的司法宽容的。

抑先前"礼教"在法理学中的权威地位。① 以沈家本为首的晚清法学家们首先清除了中国刑法典中的礼教因素（梅耶尔[Marinus Meijer]1967，第79页）。② 礼治逐渐被视为外在于法学的、需要清除的部分。到了1911年辛亥革命时，"礼治"至少在名义上已经被废黜了。③

如果说礼和法在晚清已经变得互不相容的话，那么新文化运动时期，"法治"则与"情治"二元对立起来。像左翼知识分子陈独秀这样的反传统的思想家们是第一批从"礼"的问题上转移开并关注"情"这一现代法理学之对立物的人。陈独秀在刊载于《新青年》、对后世具有影响力的文章《东西民族根本思想之差异》中说，落后的"人治"一直是中国法律传统的核心并且极易受情感的影响。与之对比，与现代西方相联系的进步的"法治"则被认为是客观的，不受主观感情的干扰（陈1915）。这样一种反传统的攻击将中国传统法律全部归结为易受变幻不定的人类情感的支配，抹去了贯穿于帝制时代大部分时期的情、法之复杂关系的历史。

尽管改革派对"情"和"礼"在法律中的角色越来越反感，情、礼、法之

---

① 比如，杨秀珠（Alison Yeung）2003审视了晚清关于新刑法的争论，从修订有关非法性行为的章节，到废止有关杀死妻子的情人的法规。正如杨所展示的，这场争论是一场"礼教"和"法理"之间的斗争，而主张"法理"的改革派阵营最终获得了胜利。

② 这些改革在清朝帝制覆灭后加快了步伐。后帝制时代的改革者们抛弃了晚清法学家们为现代法律所做的最初工作，转而从本身受德国立法影响很深的日本1907年刑法中汲取灵感。1912年3月，他们开始实施临时新刑法。1928年中华民国刑法颁布，取代了临时刑法，1935年1月，一个新的修改过的法典得到颁布，并在同年6月生效，刚好用在了施剑翘的审判案中。对于中国现代刑法的编纂的更为详细的历史，见艾斯嘉拉1936，特别是第二章和第三章第四部分；又见梅耶尔1967。对国民党政权时期刑法的修改的完整讨论，见李1987。然而最后，尽管条文的变更被采纳了，但这种修改是零碎的，晚清的民法和刑法的某些要素在北京政权时期的民国法典中仍继续存在。

③ 金介甫（2004，第104页）认为1911年辛亥革命最终废黜了礼。同样，正是在这个时期，"法律"这个复合词成形，用来指现代法律。刘禾（1995，第272页）发现，"法律"是晚清从日本传入的新语词，而这个词最初又是日本从中国借过来的，这个复合词也出现在例如《庄子》这样的古典文献中，这个词也作为对英文"法律"（law）的翻译出现在了17世纪传教士的文本中。金介甫（2000，第104页）发现这个词在1904年被官方正式使用，此时"法律编组官"一职被设置。

间的具体关系却仍然难住了民国时期对现代司法改革的公开讨论。施
剑翘的审判经常处于此种讨论的核心，熔道德、情感于一炉的孝的动机
尤其成为引发争论的导火索。特别的是，施的审判使法学家们不得不去
处理被告的行为应该从"礼"还是"法"的角度来评价的问题。在儒家道
德被推崇为民族再动员之基础的新生活运动时期，这个案子提出了礼是
否应该被纳入民国法律形式这一问题，尽管晚清和民初的法学家们曾经
试图把它从法律中清除出去。现代法律能容忍作为"礼"的伦理复仇吗？
或者说，这样一种行为是否构成了法外惩恶从而进入了法外行为的
领域？①

　　审判还威胁到了"情"在现代法理学中的地位。在传统的法理学中，
情指涉着好几种意义。② 在某种意义上说，情有着"真理"的含义，复合词
"情理"意思是事件的事实或情境。③ 从另一种意义来说，"情"指的是不
同司法参与者的情并且被认为与法律的权威性有着潜在的冲突。情还
可以指罪犯的行动或动机背后的"人情"，如果情的表达方式与"礼"相

---

① 礼和法之间的关系困扰了研究现代法律的中国学者们。比如，李克（Allyn Rickett 1971，第
　 800 页）认为民国时期的法律改革在本质上是"保守"的，他引用了法典中仍在坚持儒家准则
　 的好几项条款为证，说明礼的残迹仍在法律中存在着。然而，我会担心这种评价预设了西方
　 对现代法律的定义才是标准。确实，尽管法律改革仍保留着"残迹"，但以当时的标准看来，
　 它也足够激进到使顽固的保守派惶惶不安了。
② 对于情在清朝民法典中的定义，见滋贺 1984，第 282—288 页。更多晚近的清代法律研究思
　 考的是清朝法官们是否会在实践中真正依照情来断案。我认为步德茂（Thomas Buoye）1995
　 认为清朝法官在判案时既恪守法律条文又照顾到儒家道德的同情这一论述是非常有力的。
　 步德茂审视了一些杀人案件，认为法官们能同时兼顾法律条文和同情的能力实际上是在中
　 国刑法司法系统的双重结构中体制化的。尽管对杀人案的法学观点越来越常例化，并且要
　 求地方官们严格地遵照法律，但这些官员能够通过把一些案件推荐给由皇帝亲自审察重大
　 案件的秋审（autumn assize）而展现出他们的同情。
③ 《汉语大词典》在"情"的一个注释里提出了"事实"一义。复合词"情理"，即事件的事实或情
　 境，正是在情的这个义项上发展起来的。从英语语言的角度，这一"事实"的义项对于一个首
　 要意思是人类感情的词来说显得有点违反常理。然而，从儒家哲学话语的角度来看，认识论
　 中对客观真理和主观感情的二分并不是绝对的。"情理"，即事件的客观逻辑或者人类行为
　 背后的基本原理，引发了对参与者的真诚动机的评价。意图的真诚性决定了事件的道德价
　 值。"情理"经常是判断事件的情境（包括动机背后的真诚程度）是否符合更高的真理或准则
　 的基础（比如，"合情合理""情理不通"）。

符,便可以成为司法宽大处理的基础。这个司法概念还指普通民众的集体感受和期望,它在道德上具有权威性,并且与法律的运用是不相冲突的。第三个义项就是法官施予司法悯恕的能力。在这个意义上,它鼓励地方官们对每一起案件的具体情境给予同情性的考虑。南京政府时期,当施的审判发生时,至少三种"情"的古典注释,亦即罪犯的情、普通人民的感受、地方官基于"人情"的判案,都被纳入了重新思考。"孝"的动机所具有的司法权威在一个后五四反传统的时代是很成问题的,在这个时代,"传统"的女性美德远比以往更受争议。普通民众的感受和同情在一个大众传媒和市民公众日益成长的时代获得了新的意义。最后,法官的悯恕的道德权威性能够成为司法干预基础这一传统理想在一个司法改革并且法治越来越被推崇的时代经受了更严厉的审视。

法庭、审判和新公众

情治与法治的冲突并不独特,也不只在施剑翘案件中出现。1932—1933年轰动性的郑继成案件(他受孝心驱使而杀死了军阀张宗昌)的一个评论者,更为概括地谈到了这种冲突以及为什么它会在 20 世纪初升级。作者在《山东民国日报》的社论中说,郑案的核心是强调遵循法律之必要性的"法律论"和承认民众情感之道德权威的"感情论"的根本冲突。[1] 实际上到了 30 年代,情治和法治之间的冲突已经大大增加,特别是从民国时期被繁荣的大众媒体调节的、大众和法庭之间的新关系来看更是如此。

20 世纪初的中国城市,随着中心城市迅速发展起来的大众传媒开始在法庭审理中调节日益强大的大众兴趣,法庭和大众之间的关系得到了

---

[1]《刺杀张宗昌之法律的观察》,《山东民国日报》,1932 年 9 月 15 日第 3 版。

前所未有的发展。① 一系列因素汇集起来，使法庭审判成了公众兴趣的对象。好奇的大众传媒日益增长的影响力试图把法律系统改革成一个相对独立的机构，而阅读公众对言情小说的日渐偏好也将民国的法庭转变成了与正在审判中的案件以及更大的社会和道德问题有关的司法事务的公共辩论的平台。反过来，大众传媒的聚光灯对法庭的无情注视本身也成了一个紧迫的问题，即，在一个新兴的媒体时代案件将如何被审判。

自称是现代化政府的中华民国政权，自觉地试图表明它的法律系统的体制程序是透明的、并因此是"现代"政府之象征。中华民国的司法系统以德国为榜样，没有设立陪审团，但有一个法官委员会来帮助判案。② 司法改革还包括使法庭具有可视性以及对普通公众"开放"等。有证据表明，在传统帝制时代，感兴趣的观察家可以亲眼见证法庭的审理程序。公案小说和说书中经常描述普通民众出席审判，为的是在帝制时代至少制造出一种对开放性的期望。然而，19 世纪末 20 世纪初随着大众媒体的产生而出现的前所未有的事物是大众对法庭的全方位接触。早在 19 世纪 70 年代《申报》首次对法庭审判进行报道时，有关法庭审判的详细报道就已经供更为广泛的读者群消费了。20 世纪前半叶，最高法院的庭审阶段一直对外保持封闭，但地方和省级审判阶段的媒体报道十分全面，保证了详尽的信息和逐字记录的副本能够随着审判的进行而广泛地

---

① 从 18 世纪晚期开始，法庭和大众之间的关系随着世界范围内新媒体的勃兴而发生转变。比如，莎拉·马沙（Sara Maza）讨论了司法文书（memoire judiciaries）或者说审判词状（trial brief）的出版如何在 18 世纪晚期的法国前所未有地提高了大众兴趣在法庭诉讼中的地位，并因此而使法庭这一封闭空间和大众舞台之间关系的性质发生了转变。她指出，当时的审判变得更为戏剧化，带上了广阔的社会和政治含义，并经常作为道德准则和法律准则二者的注脚而发挥作用。

② 中国的改革者们汲取了西方国家和日本的经验，特别是那些认为自己是晚发现代化（late-modernizing）的民族国家。尽管日本的帝国主义企图在 1910 年代变得日益明显后，其声望已经减弱，但它对于晚清法学家和改革家来说仍是一个流行的榜样。在法制改革的榜样上，中华民国则转向了德国。

在阅读公众中传播。对审判的现场参与也成为可能。尽管有些人觉得法庭应该限制轰动性案件的现场观察人数,但这些提议是出于对法庭上可能出现的混乱的担心,而不是源于对公众舆论可能对法庭审理造成的不当影响的焦虑(比如,剑1936)。

许多群体从一个更为透明的法庭中获益。法官们利用新型的对外开放的法庭来展示他们分配正义和维持社会秩序的行政才能和道德声望。法官,作为中国城市中一个新兴并且日渐有影响力的职业群体,可以利用法庭来展示他们行业"存在的理由"——替他们的委托人追求正义。然而对于中央政府来说,绝对的透明度也多少会带来一些问题。确实,尽管南京政府声称要使它的行政机构少一些不透明度,但它还是建立了审查法律用以限制媒体对一些特别敏感的审判的报道。比如1935年7月12日,中央政府的立法部门通过了修改后的新闻法,规定法院的案子在判决结果出来之前不得受新闻界的指摘。①

值得注意的是,在对施剑翘案的审判中,对新闻的控制似乎并没有阻止对此案的报道。这种控制的缺失也许部分地因为负责审查的官员觉得这个案件并不是特别敏感。实际上,在地方和省级审判阶段,施剑翘的案子是非常受公众关注的。在天津法院开庭审理的前一天,有超过一百多人的观察者聚集。1935年12月25日实际开庭那天,有超过200人到场。② 事实证明法庭已经做好了应对这些暴民的准备,法庭暗示旁听者们已经在他们的期待之中,应付这些人的官僚办事程序也已经建立起来。法庭在一种有效率和井然有序的方式中接纳了人们的入场。被告于上午七点半被引领进来。旁听的人们从八点十分开始被允许一个接一个地鱼贯入场。公众入场之后,法官文人豪、书记员刘再华和起诉人涂璋就位,然后是两方的法律代表,接着法庭正式宣布开庭。孙传芳

---

① 关于这些新闻法的报道,见《大公报》(天津),1935年15、16日。
②《大公报》(天津),1935年11月26日第4版。

的儿子直到盘问证人的环节开始后才到场。① 1936年2月6日的二审开庭时几乎没有什么旁听者。对此次庭审的报道说，给旁听者的票被限制在30张以内，并且由于前一天晚上下大雪，旁听人群的数目比天津一审时要少。然而尽管如此，安全措施仍然很严格，《大公报》也说法庭上的旁听者们的兴趣并没有丝毫减弱。② 最后，像精英评论家的文章所说的那样，媒体的报道倾向于把公众女性化。比如，上海《时报》明确地议论起法庭外面女性旁听者的数量。③

现场旁听者尽管有着显著的象征意义，但显然并不足以制造公众兴趣或广泛地散布关于审判的消息。这一功能落到了媒体身上。比如，在施剑翘的案子中，上海的《时报》、北平的《实报》以及天津的《大公报》和《益世报》是少数几家详细报道了法庭审判进程的主要都市报纸。④ 记者参与到了法庭审判现场中，在法庭外他们可以使用相机，在法庭内，他们写下了事件进展的详细记录。读者们可以在第二天知道法庭审理的细节。一些报纸包含了与案件相关的细枝末节，或人情轶事的花边新闻，或小栏报导，加上诸如"法庭上花絮"的标题。⑤ 其他的还包括对案中各个人物的问讯的一字不差的记录。这样的报导不仅使读者熟悉了案件中包含的现代法律的技术问题，而且展示了眼前的道德问题，进一步激发了公众对女凶手的未来命运的兴趣。

最后，法庭审判非常明确地迎合了公众喜爱戏剧事件的胃口。正当施剑翘通过使她的叙述顺应市民公众对"情"的偏好从而赢得同情时，

①《大公报》（天津），1935年11月26日第4版。
②《大公报》（天津），1936年2月7日第4版。
③《时报》（上海），1935年11月28日第6版。
④ 并非所有报纸都对审判进行了同样的报道。比如上海主要的日报《申报》，对整个事件只提供了极少的报道。施剑翘本身也暗示孙家在上海是很有势力的并且对新闻界施加影响（见她的《帖命簿》1963，在陈、凌1986年的著作中重新刊载，第197—198页，关于此书我将在第六章讨论）。即便如此，其他的上海报纸也没有退缩。定期报道法庭案件之新闻的《时报》就以大篇幅进行了报道。
⑤《时报》（上海），1935年11月28日第5版。

她的律师也小心地避开了法律上的技术问题而编出了一套极为道德化的论述,用一种能打动法庭和大众的方式来陈述他们的案子。开庭那天,挤满了人的法庭、令人意想不到的戏剧性、包括不同人群感情的激烈迸发,加强了令人紧张的整体气氛。最令人难忘的时刻之一便是施剑翘和孙传芳的长子孙家震公开地表示哀悼的时刻。上海《时报》关于天津法庭开审的头条是:"施女孙子,各悲父死,法庭相对痛哭一场。"①两天后的一则报道沿用了相似的标题:"施小姐孙公子,大哭法庭。"② 文章描述,在面对法官询问她的父亲是怎样被杀死时,施剑翘从牙缝里迸出一个词——"砍头",接着便是一声长长的抽泣。据报道,这些哀伤感情的自发流露打动了法庭上的旁听者,使他们潸然泪下,③而阅读了对庭审近乎一字不差的新闻报道的读者们自然也同样地哭泣。

　　因此,像施剑翘这样引人注目的大案意味着 20 世纪初的法庭正在成为一个具有高度表演性的空间。这并不是说,这场审判中表演性的因素阻碍了正当的理性程序。我也并非试图暗示民国审判与西方理性的官僚法律相比更具有表演性,事实上后者本身就包含了关于人们在法庭上应当如何正确举止的"表演性"的规定和礼节,包括什么可以算作"证据"、文件如何才是"有效的"等等。相反,这里的意义在于指出法庭上新闻媒体的在场是如何使参与庭审者在法庭上的行为变得更注意照顾到一群充满关注的公众。正像上海各大剧院对施案审判的戏剧改编加强了对施剑翘的公众同情一样,越来越戏剧化的法庭审判也引起了公众的兴趣。

辩护:作为官方策略的情

　　旁听公众的存在在各个层面上影响了施剑翘之复杂审判的策略和辩论。对媒体存在的意识和对感情冲动的公众的潜在影响力的敏感,尤

①②《时报》(上海),1935 年 11 月 26 日第 6 版。
③《时报》(上海),1935 年 11 月 28 日第 5 版。

其明显地体现在辩护律师团对案件的处理中。施剑翘的律师们避免对法律细节的沉闷解释，而发表了抓住人心的道德议论，希望市民公众就算不能想象自己真的犯下这样一桩极端的仇杀罪行，也能够身临其境地体验这种感受。他们还期待旁观者们能够同情复仇背后的道德动机。

可以肯定的是，施剑翘要付出的代价是巨大的。公诉人描述的案件最初看起来是严丝合缝的，而她的行为有可能被判处死刑。至少，施将面临漫长的铁窗生涯，除非她的律师们能找到宽恕的理由。为了确保尽可能好的结果，施剑翘聘请了当时华北最有影响力的律师余棨昌和胡学骞来为她辩护。[①] 特别是余棨昌，不仅德高望重，而且在法律界和学术界都深具影响力。余棨昌 1882 年生于绍兴，1911 年从日本帝国大学法学院毕业。毕业后，随着民国的成立，余回到中国并先后担任高级司法官员，其中包括大理院院长这样的职务。1928 年，他成为北京大学法学院教授并开始以律师的身份受理案件。[②]

我们尚不清楚施剑翘的家庭是如何能请到这个级别的律师的。[③] 老家在安徽桐城并在天津英租界暂住的施家人显然在经济上并不窘迫，并且极有可能掌握着聘请余棨昌这样的律师的必要关系和能力。[④] 或者仅仅因为，这个事件是如此出名以至于像余这样的律师们也热切地签约受雇。这一审判是一个不仅能为他们树立声望并且能使律师这一新兴职业合法化的机会。正如施在一次采访中说的，她接到了好几封律师来

[①] 康雅信 1994 和徐小群 1998 讨论到，律师这一在民国时期出现的新的职业群体，才刚刚开始发展并把他们的职业身份体制化。有一个律师协会存在着，并且据统计，上海拥有它最大数量的成员——在 1931 年刚刚超过一千人。在华北，天津的律师协会是最大的，有 518 名成员，北平则有 479 人，见艾斯嘉拉 1936。

[②]《民国人物大辞典》的词条中收录了他的好几本著作，包括一部论民法的书和一本有关法律事条的参考文献。关于他更多的生平信息，见顾沛君 1980。

[③] 她的弟弟施中杰联系了这两名律师。其他家庭成员在整个审判过程中也始终坚定地支持着她。她的姐姐施友兰从济南赶来，她丈夫从太原赶来(何、潘 1997，第 221 页)。

[④] 天津的施宅坐落在英租界 10 号路 166 号寓所。见《时报》(上海)，1935 年 11 月 28 日第 6 版。

信,声明愿意为她提供帮助。她已故父亲的一些朋友写信说他们为施从滨不公正的死亡感到十分气愤,愿意免费成为她的律师,"以慰故友,而助义侠"①。

无论他们是出于原则、钱财还是名望而接手这个案子,胡学骞和余棨昌都是一个令人望而生畏的团队组合。事实上,他们的专业才干和影响力显然已经成了一个问题。一篇回顾此案的文章中提到,许多法官和官员都曾经是施剑翘首席律师的学生,因此容易受到他的影响。这个身为当时记者的人说,余在法庭上的出场是这样的:"在公庭上。气焰之高,压倒法官,审判时如被他发现不合,他立刻站起来驳斥法官……诸如此类的教训口吻,法官也奈何他不得。"(林1980)②施的律师们并不是唯一能够施加影响的人。孙的家人也在天津和上海拥有势力,并且聘请了十分有名望的律师。③ 他们的律师中有天津的名律师张绍曾,他是《天津律师公会旬刊》的编委会成员。④ 张的名望也很显赫,以至于招来了施家阵营的控诉,认为他在河北开审之初就收买和影响了这场审判。⑤

即使私人关系影响了审判的进程,他们也不能在这样一个引起了如此强烈的公众关注的案子中凭一己之力决定结果。我认为,施的辩护律师令人生畏的影响力并不来自他们现有的权力和地位,而来自他们发表有效的法庭辩论和召唤公众同情的能力。特别的是,被告方设计了一个极有感染力的,建立在民国法律、礼治以及对被告的同情的道德权威上

---

① 《时报》(上海),1935年12月12日第8版。
② 讽刺的是,这个记者将余棨昌误认为戴戢门,当时另一位声名显赫的律师。其他的回忆性文章也表明与施剑翘案类似的审判显示了民国时期的正义是荒谬不经的,大多数这类审判的结果取决于律师和法官之间的交情(比如张、孟1997)。然而,必须记住,这些作者经常倾向于将民国时期的审判描述成虚伪的,并进而将这一时期描绘成堕落而腐败的。
③ 一篇报纸的报道说,从他们住在外国租界来看,孙家的势力一定是巨大的。《时报》(上海),1935年12月12日第4版。
④ 见《天津律师公会旬刊》第一册,第2期(1933年3月20日)第5页上的名单。作为编辑委员会成员,张经常为贸易刊物的问答专栏写答案。比如见《天津律师公会旬刊》第一册,第7期(1933年7月10日)第5页。
⑤ 有关施剑翘控告张绍曾的新闻报道,见陈、凌1986,第197页。

的法律策略。辩护词分为两个部分。第一部分试图说明凶手主动且立刻自首。施的律师说，仅凭这一事实就应该从轻判处。第二部分意在让法庭相信案子中包含了可供减刑的条件。辩护方争论说，施剑翘的孝心——即，她复仇的动机，这一动机直接起源于她父亲遭受到的不道德和不合法的待遇——所具有的道德和政治意义，构成了减刑的条件并且应当得到司法的同情。为了达到这个目的，辩护律师通过诉诸"礼"的至高无上的地位来强调施的动机所具有的道德权威，虽然"礼"在 19 世纪最后 10 年和 20 世纪前 15 年一度被法学改革家们认为已经死亡。施剑翘对父亲的献身更被描述成一种每个人都能够认同的情感。

　　事实证明，辩护律师认为施剑翘的自首应得到宽大处理这一论述在地方法院的初审阶段是极有说服力的，但它在更高一级的法院中并不起作用。尽管如此，它在这里仍是值得思考的，因为它揭示了被告方的总体策略是利用古代律典来支撑它的法律论述并赢得公众的同情。1935年修改过的刑法中第 62 条对自首问题做了交代，规定："对于未发觉之罪自首而受裁判者，减轻其刑。但有特别规定者，依其规定。"（《中华民国刑法》1935，第 21 页）根据辩护律师，施剑翘在警察赶到之前已经向居士林的门卫自首，因此符合关于自首的法律规定。

　　然而，辩护律师并不仅仅满足于引用民国法律，还使用了好几种文化和道德策略来推进他们的案子。他们首先提醒法院，法律对自首的承认有着一段很长的历史。他们强调，为了鼓励更多的罪犯自首，自唐朝以来，中国法律就对表达了自首意愿的犯人予以宽大处理。其次，他们声称他们援引了古代的先例，引文如下："凡报仇雠者，书于士，杀之无罪。盖即复仇者报官，则免其罪之义。"①尽管律师们称这段引文来自《周礼》（前 250 年），但只有引文的第一部分"凡报仇雠者，书于士，杀之无

----

① 《时报》（上海），1935 年 12 月 3 日第 6—7 版。

罪"来自原文。① 这个声明的后半部分其实是对原文中随后一句的现代解释。尽管引用有误,辩护律师还是清楚地诉诸经典文献,请求法庭考虑这样的可能性:当复仇者坦诚认罪时,他/她应当得到更宽大的司法处置。

最后,河北法院推翻了天津地方法院基于被告方提出的施剑翘自首事实而做出的宽大处理的初审判决。高级法院拒绝这个辩护词也许是因为自首能应用到的罪行的一般范围越来越窄了。尽管施剑翘的律师没有在民国法典和清法典对自首的处理上作出区别,李克(Allyn Rickett 1971)指出这一条款在清朝和民国时的内涵有着本质上的不同。李克指出,在清朝,自首是与法律的基本哲学完全相符的,清代法律哲学相信惩罚只是一种手段,借助它可以使被犯罪行为所扰乱的人类和宇宙之间的关系恢复到和谐、平衡的原状。因此,如果悔罪抵消掉了侵害,就没有必要履行惩罚。然而,民国时期采取了西方的法律假设,预设犯罪行为的本质本身是重要的,任何违反了刑法的行为都构成了一种侵害,要保存刑法典的完整性,就应该对犯罪行为予以惩罚。这一对犯罪行为本质的新理解导致了法律实践的一系列变化,使得对侵害的补偿成为不可能(比如杀人案),只能减轻刑罚而不能赦罪,以及在减刑时要非常谨慎等等。因此,在民国时期越来越普遍的是,即使自首的所有条件都符合,法官也会拒绝减轻刑罚。②

然而在施剑翘案中,被告的自首并不仅仅是一个晦涩难解的司法技术问题。对这个问题的讨论也批判性地转向了到底自首是不是她内心真诚的信号。新闻详细报道着法庭上对于自首问题的讨论,有关施的自首是否是这样一种信号的争论也广泛地展开。报纸的读者们知道,孙家

---

① 原文见《周礼》中《秋官司寇》一章。
② Jonathan Ocko 为传统法律的这一更为宇宙论的解释而辩护,指出尽管清帝国和民国有着不同的司法意识形态,但法律在对于自首的认可中都存在着同样实际的考虑,实际上,坦白认罪给政府节省了时间和麻烦。因此司法判刑的减免既是对为司法系统提供帮助的嘉奖,也是对罪犯表面上悔罪的一种承认的形式(个人交流,2001)。

的律师首先表明施剑翘是在行凶过程被目击到才决定自首的，因为她没有地方可逃。读者们随即明白，孙家的代表们对这个问题突然采取了一个完全不同的解释方法，指控被告自始至终都知道自首可以从轻处罚，从而暗示她的为父报仇的行为几乎很难说得上是出于真诚。① 激烈的辩护也在媒体报道中详尽地出现。施的团队则把重点放在众口一致地认定她确实自首过的事实。② 他们把施在杀死孙后的口头声明和她早已准备好的关于复仇行为的书面陈述作为在犯罪现场对罪行供认不讳的证据。他们认为她要求法师富明和东海代表她本人向当局报告她的行动更是进一步证明了她认罪的愿望，即使这两个法师并没有在巡警赶到犯罪现场前这样做。③ 她在警察局总部的充分认罪和证词被作为另一个证据，甚至她在犯罪后镇静沉着的态度也表明了她愿意自首。④ 他们激烈地辩护，施本人并不期待得到宽大处理，她充分地认识到对她复仇行为之惩罚的严重性，而仍旧选择了去行动。这就是一种被"纯孝"所激励的行为。⑤

辩护词的第二部分试图建立起这样的论述：施出于孝心的激情动机和她正义的复仇行为构成了减刑的条件，因此应当得到司法的宽恕。律师们认为，既然对她父亲的处决是不合法的，她是出于义愤而行动，那么复仇背后的特殊动机应该减轻法律的严厉运用。这一辩护的思路在技术上转向了 1935 年修改后的刑法的第 59 条，它规定："犯罪之情状可悯

---

① 施家的律师所作出的控告，见《益世报》（天津），1935 年 12 月 11 日第 5 版。在地方法院和高级法院的审判阶段中对自首这一法律问题的广泛讨论出现在上海《时报》上。
② 见辩护律师对河北高级法院的上诉，在陈、凌 1986 年的著作中重新刊载，第 201—204 页。
③ 辩护方引用了唐律典，认为派一个人代表罪犯本人去自首应该构成自首情节。根据李克（1971，第 798—799 页），古代法律确实承认这种形式的自首，但只在限制性的条件下使用。那就是，如果罪犯指派另一个在法律上被认为是有权隐瞒他或她的罪行的人（比如关系亲近的亲属或孩子）代表他或她本人去自首，那么清律典承认罪犯试图自首的意图。因此，从严格意义上说，施剑翘请求法师——这个在法律上并没有权利隐匿她的人——代表她本人向当局报告，并不满足这些条件。
④⑤《时报》（上海），1935 年 12 月 12 日第 8 版。

恕者,得酌量减轻其刑。"(《中华民国宪法》1935,第 21 页)此外还有 273
条,它声明"当场激于义愤而杀人者,处七年以下有期徒刑"(《中华民国
宪法》1935,第 98 页)。① 然而,尽管辩护方律师很小心地把他们的论述
立足于刑法上,但他们深知他们案子的真正力量在于他们能唤起经典儒
家的"礼"并把它与"新生活"的现代民族主义结合起来,以证明施剑翘的
孝是值得法律宽恕的人类感情形式之一。为了达到这个目的,他们在一
个道德败坏的时代引用了儒家经典,强调施的情感的真诚,并推崇孝的
政治意义。辩护方不仅试图诉诸法官的同情,而且还试图求助于公众的
同情。

辩护律师团在五四时期的反传统运动之后使用"礼治"和古代文本
的策略并不是万无一失的。它冒着与时代脱节的危险——这项罪名正
是起诉方求之不得的。尽管如此,辩护方还是冒险一试。施剑翘的律师
们在他们的简短陈述中直白地引用了他们声称来自《春秋公羊传》的段
落:"父不受诛,子复仇可也。父受诛,子不可,复仇也。"②值得注意的是,
这段引文并不完全是准确的。这两句引用只有第一句来自《公羊传》的
原文,原文中此句出现的段落为"父不受诛,子复仇可也。父受诛,子复
仇,推刃之道也,复仇不除害"③。现代的人们显然把古人的意思重新翻
讲了一遍。不管怎样,他们显而易见的引用带有的明显涵义是,既然古
人相信对一个人的父亲的非法处决构成了复仇的合法理由,那么现代法
庭也应如此。

在法理学上援引《公羊传》作为权威依据并不新鲜。一直以来,当法
典并不能直接运用到现实情况,或者法典有可能造成不理想的社会后果

---

① 我在下文讨论了"当场"的司法意义。
②《时报》(上海),1935 年 12 月 3 日第 6—7 版。《春秋公羊传》是对经书《春秋》的三大注解之
　一。《春秋》被视为孔子真正学问之集大成的经典文本。这段讲复仇的文字的直接上下文是
　伍子胥杀楚王,为其父兄的冤死而报仇。
③ 原文见《春秋公羊传》1936,卷二五,第 7b 页。

的时候，①古代的法理学家通常依靠《公羊传》这样的古代文本来做判断。西汉的董仲舒在他对帝国意识形态的论述中，发展了公羊学传统，认为就法理学问题而言，礼仪能更好地容纳人类情感。在宋代，王安石回到文本以进一步评论合法复仇的条件。公羊传统在清律典中保持着权威性，并且经常是宽大处理的基础。② 在法律上依据《公羊传》来判案的历史表明"礼治"与帝国的法律并不是截然分离的，而是复杂地纠缠在一起的。因此，在熟悉这一传统的公众看来，被告对《公羊传》的依赖唤起了法律主义和道德主义的权威。只有在改革派的眼中这一策略才越来越被认为是非法律主义和传统道德主义的一种形式。

在援引《公羊传》的这个段落时，施剑翘的辩护律师充分地意识到了这一文本的历史权威性。对于辩护律师团来说，施的孝义复仇之所以具有合法性，正是因为它发生在了一个政治和社会混乱的时期。这个团队也意识到了宋代改革家王安石对传统的阐释，并引用了他如下的话："上不可告，辜罪，不常获之时，有父兄之仇而辄杀之者，君子权其势恕其情而与之可也。"③王安石在这段引文中详细阐述了《公羊传》所承认的、在国家没有能力的时候，官方的同情可以展示给有美德的复仇。对于被告来说，施从滨被谋杀时的 20 年代，处于权力分散的混乱中，正是一个国家无能的时代。由于法律援助在这样一个混乱时代几乎不可能实现，正义的复仇对施来说成了可行的替代性办法，以此除恶扬善并履行她的孝心。

为了支撑他们对礼的权威性的辩护，被告律师将权威的宽恕与当时的政治背景联系了起来。在初审时一个极为关键的法庭交锋中，施的首

---

① 迈克尔·达尔比认为《公羊传》是这样一种政治信仰的原点：在一个无序的时代，当国家没有能力提供实现公正的合适渠道，正义的复仇就可被看作仪式上的合法替代物（1981，第 274—275 页）。关于公羊学在英语世界中的另一场讨论，见程艾蓝 2004。

② 又见程艾蓝 2004，第 40 页。

③《时报》（上海），1935 年 12 月 12 日第 8 版。王安石（1021—1086 年）以王介甫的笔名写下了这一评论。原文出处，见王的著作《复仇解》（1973）一章，卷三二，第 22b 页。律师们也提到了唐代文学巨匠柳子厚，即柳宗元（773—819 年），他也评论了在国家无能的状况下复仇的可能性。见《时报》（上海），1935 年 12 月 12 日第 8 版。

席律师余荣昌,出人意料地在法庭上高声质疑中国是否担得起谴责"孝"这一概念的罪行。他质问,难道"百善孝为先,万恶淫为首"这句古训不是真的吗?[1] 这个案子的条件难道不因此而值得充分的同情("克悯")吗? 他在这番辩论的结尾处陈述道,他本人将绝不会推崇一种与"孝"相悖的意识形态,特别是在这样一种举国上下尊崇儒家价值的氛围中。他暗示了当时正在推行的新生活运动,挑战了法庭对道德和政治责任的观念。[2]

在建立起失去法律控制的 20 年代使施从滨的死变得不公正、使施剑翘的复仇变得有价值这一论点后,被告律师把那个时期的混乱状况归罪于像孙传芳这样的军阀们。回应着施剑翘对孙的当众描述,余和胡认为孙传芳的野蛮暴行使普遍的混乱长久不息。他们援引孙传芳把犯人仅仅当作战利品和他不能以仁慈之心待他们作为证据,来证明他是如何地践踏国际战争的一切标准。[3] 他们也指出他把施从滨的首级割下来钉在木桩上的野蛮做法。他们得出结论说,面对着父亲惨死的悲剧和绝望的家庭状况,施剑翘从一个年轻的大家闺秀变成一个一心一意寻求复仇的杀手是毫不奇怪的。律师们感受到南京政府时期社会上不断膨胀的对军阀的怨愤情绪,并试图把这种广泛的、对中国国家问题不满的社会情绪导向对施剑翘的公众同情。

被告方想把道德的纤维缝合在他们叙述的肌理中,这一愿望在他们对成为道德寓言的古代案件的引用中也十分明显。比如,施的律师追溯了唐朝这一古代法律的经典时期,引用了中古时期孝子徐元庆的案子,

---

[1]《时报》(上海),1935 年 12 月 12 日第 8 版。

[2] 施剑翘的第二个律师胡学骞,在接下来的诉讼中辩论道,施的孝的动机应该被认为是具有道德意义的。他陈述,她的犯罪行为并不是出于罪恶的动机,因此与其他的强奸罪或偷窃罪有质的不同。见《时报》(上海),1935 年 12 月 12 日第 8 版。

[3]《时报》(上海),1935 年 12 月 3 日第 7 版。

他费尽周折地去谋杀判了自己父亲徐爽死刑的赵师韬。① 由于徐的复仇是一个发自孝心的真诚的行动，因此女皇帝武则天大张旗鼓地把徐的审判结果从死刑减为较轻的流放。对中古时期唐传奇的引用表明，被告方的策略并不遵循被法律改革者们所偏爱的狭隘的法律主义的辩论，而是注入了熔礼治和法治于一炉的古典的法理学传统。这样一种策略是更为戏剧性的，也能更好地激发起城市大众的同情。

最后，被告方以一种极为灵活的方式描述了施剑翘的孝，指出它并不仅仅是一种模范性的道德，也是一种激情的形式。施剑翘的动机被直接指认为义愤和深藏在心中长达十年的锐痛。"义愤"一词和它应该得到法律同情的理念在民国法律中并不新鲜。史景迁（Jonathan Spence）的《王氏之死》（*The Death of Woman Wang*）一书在对有财产的孤寡女人在社会上易受伤害的更广泛的讨论中，描述了17世纪两兄弟声称他们因"孝"而犯下谋杀罪，但实际上这起谋杀实际上是为了使他们有更多的机会继承寡妇的财产。最后，这个阴谋遭到挫败，因为他们没有意识到大清律中"复仇"一条只有在义愤的冲动下"立即"实施才能获得法律的宽大处理（史景迁1978，第73—76页）。史景迁指出，清律典在定义仇杀的时间条件上是相当精确的，它规定，如果仇杀是在义愤的冲动下立即施行，那么杀人者将不受惩罚，如果"稍有一点延迟"，那么惩罚就将被实施，但也会显示一定的宽容。史景迁解释，清帝国之所以加上时间的期限是为了减少孤寡女人被具有社会危害性的报仇行为所伤害的概率。②

史景迁所没有提到的是，行为的即时性给愤怒，并从而给复仇行为

---

① 《时报》（上海），1935年12月12日第8版。
② 梅耶尔1991讨论了义愤这个法律概念的演化。他认为"出于义愤而蓄意杀人的人"这一表达方式最早在1756年变得合法。梅耶讨论了丈夫杀死他通奸的妻子的案子，认为大清律中之所以将丈夫的愤怒视为"高尚的"并免除他的罪行，是因为他只是在惩罚一个实施着危害社会秩序的极危险罪行的通奸者（梅耶尔1991，第56页）。同样的，在仇杀案中，复仇罪是高尚的，因为复仇者在纠正着一个早已存在的罪责，因此他在矫正着社会秩序。

的美德增加了一定程度的可信度。换句话说,对行为即时性的法律规定,是在提示着真诚的怒火所具有的道德权威。在两兄弟的案子中,对时间性的规定履行了核查正当复仇的案子是否具有欺骗性这一功能。根据大清律,由于这两兄弟等待时机报仇,他们的愤怒不再具有可信度,因此也就不再正当,也不值得法律的同情。在发生于 20 世纪的施剑翘这起案子中,真实的感情在标识美德动机的真诚性上依旧十分重要。如果施的案子放在大清律下审判,根据她父亲之死和报仇行为之间相隔的十年,施的动机将不符合"义愤"的条件。同样根据民国法律,"义愤"只能发生在犯罪现场的"当时当地"。然而施剑翘的辩护律师通过强调十年已逝而父仇未报使得施的愤怒变得更为正当,从而想方设法将法律上的这个障碍转变成了优势。在这个充满政治动乱的时期一直未能寻求帮助的沮丧,使得深埋在她心中的怒火变得更加令人可信。

简而言之,被告诉诸"情治"的策略是十分老谋深算的,对减刑条件的声辩简略地陈述在这样一段开场白中:"是被告之父施从滨为不应杀,而孙传芳杀之,则被告之痛父情切,伺隙刺杀孙传芳,正为春秋所褒许者,当此蔑视孝敬之时代,被告此等舍身杀仇之壮烈行为真足以风当世而励薄俗,即免除其刑,亦不为过,是被告纵犯杀人之罪,而应……减轻其刑者一也。"[①]通过提及施剑翘在失去父亲时所遭受的痛苦,这一引文让我们感觉到被告试图将施剑翘的"孝"感情化。同时,我们看到这个律师团将她的激情动机描述成正当的和有意义的。它唤起了礼治和曾经奏效的古代律法来给孝的辩护词增加传统的道德分量。律师们也通过列举重建道德的新生活运动这一当下议题证明了它与现代社会的相关性。

正是在 1935 年 12 月 12 日施剑翘的律师们的总结陈词中,诉诸道德情操还是诉诸法治这个两难问题才变得最为明显。余榮昌用下面的评

①《时报》(上海),1935 年 12 月 3 日第 7 版。

论总结了这个左右为难的情境："虽不能鼓励杀人亦不能掩孝烈。"①对义愤的道德同情和惩治杀人罪的法律义务彼此处于潜在冲突中。然而，被告律师在总结时，催促法院当局记住，报仇不仅在传统的中国法律中是被允许的，而且民国法律也同样包容这一正义的行为。通过"减刑条件"的条款，现代法律可以采取一个道德的视角，考虑特殊的情况，并准予司法宽恕。

这个方法立即奏效了。新闻界为被告律师们的辩词着迷，对每一天法庭的审理进程进行了几乎是一字不漏的报道。编辑们相信人们渴望读到这出情节剧，而被告的道德辩护的每一方面都将制造出轰动性的新闻。像"情可悯，孝可旌"这样的头条被印刷出来招揽着读者的注意。②而"余胡两法家当庭大发宏论请求减刑"等类似的标题文字则表明了施方律师们哗众取宠吸引读者的策略。③ 最后，像"各界同情女士"这样的标题，穿插分割在长长的文章中间，使公众的支持更为显而易见。④

被告：迎合大众同情

当胡和余展示他们令人印象深刻的法庭表演时，施也在这样做。这个对媒体了如指掌的杀人犯并不满足于把事务全盘委之于她的辩护律师团，尽管根据法定程序，她作为被告应该是一个被动的角色，但事实证明她却在审判期间异常活跃地努力为自己赢得公众支持。尽管她的律师明白无疑地把法庭辩护修改润色以吸引公开听众，但他们仍然有义务做出建立在法律基础上的辩护词。相比之下，被告可以随心所欲地施展她对情感的表达。

---

① 这一引文出现在了上海《时报》第二天对审判的报道的头条上；见《时报》（上海），1935年12月12日第6版。
②《时报》（上海），1935年12月11日第6版。
③《时报》（上海），1935年12月12日第6版。
④《时报》（上海），1935年11月21日第5版。

对表演有着敏锐感觉并喜欢展示戏剧冲突的施剑翘确保了每一次出庭都充满着戏剧情节。她以看起来是自发的感情爆发制造了好几个戏剧性高潮的时刻。比如在天津地方法院的审判中，在回应原告认为她的孝的动机不真诚的指控时，施恼怒地大喊："我若非因父仇，何必冒险打死他。"[①]在当天的另一个时刻，施剑翘在孙传芳长子描述他们家失去了父亲和丈夫时爆发抗议。"他说他父亲死得惨，不知吾父死于他父之手，其情更惨。"[②]在几个月后河北高级法院的审理即将结束时，河北法院推翻天津地方法院判决这一决定使被告以一种极为戏剧化和公开的方式强烈抗议。在众目睽睽的法庭上，施剑翘对这一决议做出了口头抗议："本案自首部份如不成立，则法律可取消自首执法条！因为我在卡片上，在《告国人书》上，均预先声明自首；并且在杀孙传芳后我又告知和尚，叫他们去报警。此种实施而谓为尚不明显，不知如何始横成自首条件？"[③]在所有这些事件中，她的愤怒是显而易见的，她的感情迸发也表现得十分真诚。

像她的辩护人一样，施剑翘不希望法律的技术性细节压倒辩护词中的道德成分。在好几个时刻，施剑翘表达了对纠缠于法律上的特定细节的争论的不满，并试图将辩论带回到关于她报仇的道德权利这个更大的议题上。比如，在初审阶段，当她的律师做出了施的清晰的自首意愿成立的有利论述后，在被告席上的施剑翘主动发表了意见："对于吾自首部份，请问散放卡片是何意义？散后能否逃跑？至孙传芳俘杀吾父，是否应该？吾父当年系奉中央命令，孙传芳是谁人命令？由此各点，何论断无报仇行为之是否应该。"[④]施剑翘生怕法庭陷入她是否自首的技术问题中，迅速断言她确实自首了，并立即把注意力重新引向孙传芳的不义行径中。她想提醒法院，由于孙的行为是如此的残暴和无礼，她有寻求

---

①②《时报》（上海），1935 年 11 月 28 日第 5 版。
③《大公报》（天津），1935 年 2 月 22 日第 4 版。
④《益世报》（天津），1935 年 12 月 11 日第 5 版。

报复的基本的道德权利。

这些戏剧般的对情感的表达在法庭上产生了实际的结果。1935年12月28日,居士林门卫刘恕修和巡警王化南、曲鸿韬,以及一审阶段曾经证明施剑翘在居士林镇定地向警察局自首的其他目击证人,在河北省级法院的二审开庭时却令人怀疑地没有到场。这个情况激怒了施剑翘,她的怒火很快传遍了新闻界。上海《时报》第二天报道:"施对此颇多牢骚,谓凡有力的证人俱离津不知下落,孙家有钱有势,其情可疑。"①最后,施剑翘的公然抗议显然起了作用。当河北高级法院于1936年2月6日再度开庭时,巡警王化南,三个失踪了的证人中的一个,神秘地重新出现了。

施剑翘在法庭之外也同样地不屈不挠。在整个上诉过程中,她通过召开新闻发布会和访谈,利用了对细节求之若渴的新闻媒体。在初审判决下达后的一次访谈中,施剑翘试图澄清她的美德动机,向公众提醒她在法律上的无辜,并对法院不把她的义愤作为减刑条件表示了明确的失望。在把她的案子与同时代另一起声名大噪的激情犯罪、女杀人犯刘景桂的案子作了比较后(刘杀死了三角恋中的另一个女人),施剑翘指出,由于法庭承认刘的自首并从宽判处了她12年的刑期,那么她自己10年的刑期就太长了。她理论道,作为一桩为孝报仇的犯罪,她的犯罪情形所应获得的减刑的年数应当比刘12年徒刑中所减的两年要多。② 讽刺的是,刘景桂12年徒刑后来在上诉中被推翻,刘被判处终身监禁。③ 尽管如此,施剑翘很聪明地把她的案子同刘案联系了起来。刘案中的终身

---

① 《时报》(上海),1935年12月28日第5版。她在写于1963年的对这个案子的自传中提到了这个情况(陈、凌1986,第197—198页)。

② 见《时报》(上海),1935年12月17日第6版;《时报》(上海),1935年12月19日第6版。

③ 对刘判以终身监禁的最终判决,见《晨报》(北平),1936年10月28日第6版。对于刘案的报道,见从1935年3月凶案发生之时至1936年10月最高法院宣布判决之时这期间的各大报纸,特别是华北地区的报纸,如北平《实报》或天津《大公报》。我将在这一章的结论部分更详细地讨论刘案。

监禁的判决还没有下达时,她就能把她与另一位赢得公众支持的女犯结盟。更重要的是,这种比较使得施的审判一直保持着新闻价值并赢得头条。1935 年 12 月 19 日出版的上海《时报》,头条主标题尖叫:"施小姐满肚子不高兴!"紧随其后是一个较小的副标题:"与刘景桂同为自首成立。动机情形悬殊。结果只轻二年。"

施剑翘甚至把她的牢房变成了发布她案子新闻的场所。比如,在初审判决下达前夕,她富于策略地在狱中接受了好几个访谈,在采访期间,她展现出了与她在法庭上那强硬、几乎是反叛的人格所截然不同的另一面。1935 年 12 月 12 日刊行的上海《时报》以这样的头条开始报道:"施小姐狱中吟咏,千里思亲一梦遥。"①全文是对被告的访谈。在一问一答的形式中,它使得读者能够感受到他们参与进了与施的私密谈话中。他们遇到了一个举止得体并且几乎是忧郁的囚犯,她平静地讲述她在监狱里吃得很好,大部分时间用于读古典诗词或赋诗表达她与家人分离的哀愁。

尽管施剑翘在接受采访时表现得似乎像是顺从了她在监狱中的命运,她的回答却充满了有针对性的深意。从一开始,被告就把访谈变成了一个强调她独特的道德立场的机会,这加强了她律师关于她的特立独行的行为应当值得同情和宽恕的论述。在某个时刻,施悲叹她狱中的女性同胞们缺乏常识,大多数人杀死她们的丈夫仅仅是为了逃避痛苦的婚姻,而不知道她们可以向法庭提出离婚。她说道,这样的情况是中国女子教育之贫乏的症状,这使得她希望从狱中获释之后去开办一所女子学校。② 她接着强调,她在帮助那些不幸的妇女上处于一个得天独厚的位置。"故幼年所受教育,惟三从四德,似是闺门女……乃事实却正相反,今能诸复仇。"通过将她的杀人举动描述成从传统女子教育的桎梏中解

---

① 《时报》(上海),1935 年 12 月 12 日第 8 版。
② 《时报》(上海),1935 年 12 月 17 日第 6 版。

图九　1936年前后施剑翘在狱中的照片,日期不详。

放出来的标志,施剑翘强调了她在道德上独一无二的特殊性。施成功的、如戏剧般的自我提升在第二天上海《时报》中可以看到,它用了这样的标题:"性格实异于一般女人"。①

在把她和她的复仇展现为道德上的独异后,施剑翘接着把公众话语对即将揭晓的法庭判决的关注引向了一个可能的国家特赦的想法。她是通过一首她在狱中所作的谦恭的、发自肺腑的诗来这样做的。诗题为"月夜思母",上海《时报》完整地登载了这首手写的原诗。诗文如下:"夜凉如水月当空,冷暖人情到处同,何日天怜逢国赦,承欢膝下乐无穷。"②乍一看,这首诗似乎是对她内心哀伤情感的直接抒发。这首诗令人宽心的谦和,对孝心的表达,以及月下思乡的主题,吸引着读者来一起同情这位作者的个人愿望。然而,尽管有着谦和的基调,这首诗却做出了一个相当直接和富有策略的声明。其中一句,"何日天怜逢国赦",早在法庭讨论这个话题之前就引入了国家是否应该特赦施剑翘以便帮她满足恪尽孝道这一个人的、却又是普遍的心愿。③ 而且确实,在11个月后,国家应该介入这一案子的想法真的变成了现实。

---

① 《时报》(上海),1935年12月19日第3版。
② 她给新闻界提供了另外两首诗。一首名为《梦中会弟》,另一首名为《思归》,两首诗都表达了她希望回家的愿望。见《时报》(上海),1935年12月29日第3版。
③ "苍天为证"是一种古老的修辞策略,喻示着现实世界中的当局统治并不公正。

原告:以法律为策略

原告的策略与施剑翘和她的辩护律师团使用的策略迥然相异。《益世报》用下列文字总结了两种策略的不同:"两造呈辩,被告律师引经据典,原告律师条析法理。"①站在孙家一边的起诉人和法律代表决定用对由法典所规定的法律条文的严格遵守来驳回被告方请求宽大处理的道德主义辩论。他们强烈地反对给予任何法律上的同情,并争论被控告的杀人犯应当受到不下于终身监禁的惩罚。

原告的策略来自20世纪早期一般改革家在中国建立强有力的法治的潮流。到了30年代,政府对法律领域的侵噬越来越厉害。一心加强集权的国民党政府对于社会上自主的权力集团极为不信任,并力图拆解在前几十年里建立起来的任何司法独立的表象(徐小群1997)。类似《危害民国紧急治罪法》这样的法律给了国民党借"惩治反革命"之名进入司法系统的广泛途径,它们是政权试图"党化"司法系统的手段,然而同时,似乎政府的侵噬所起到的效果只是进一步坚定了许多改革派的法理学家、律师以及其他法律提倡者的决心。正如第三章里所说,民国时期的法学权威人士关心的是创造出某种程度的专业自主性,使法律系统现代化,把法律重新定义为理性的并将其作为国家力量的基础。20年代期间,改革派们在建立律师协会、法律学校和改革法庭方面取得了卓著的进展。改革派为司法独立的制度化作出的努力持续到了南京政权时期。

正是在政府侵噬司法领域这一充满紧张的背景下,天津和河北法院和孙家的律师们制定了他们的策略。就在刺杀事件发生后,孙家律师在英租界召开了一次新闻发布会并展示了他们策略的主要观点。② 他们策

---

① 《益世报》(天津),1935年12月6日第5版。
② 有关报道见《时报》(上海),1935年11月21日第5版。孙家的代理律师,包括孙观圻、张耀曾。孙是北平有权有势的法学家,他曾在晚清留学日本学习法律,并在北京大理院做过法官,是北平地方法院的院长,是一个有名的律师。

略的第一部分是指出施从滨的死纯粹是战争伤亡的一部分,不能构成任何报仇的理由。他们争辩,如果承认施的死有着战争伤亡以外的任何意义,那就是逼着社会承认 20 世纪战争中死去的所有人的家庭成员都有权为他们的亲人报仇。第二个论点是,现代法律在判处谋杀罪时不应该将自首作为宽大处理的特殊条件。为了反对自首,原告律师中的一员孙观圻给上海《时报》写了一篇社论,在里面他解释,自首是现代法律中早已过时并被废弃的条款。① 第三部分就是劝人们遵从案件的事实和法律而非遵从社会同情。为了说明这点,他们借助了孙传芳旧幕僚、20 年代军阀战争中的老将卢香亭的帮助。正如第一章所提到的那样,卢召开了一个新闻发布会,他承认尽管为孝报仇的行为赢得了社会上的同情,但事实上施从滨的死亡仅仅是战争伤亡的一例,他的死配不上人们为之复仇而去实现正义。卢劝人们保持客观的、批判性的视野和对案件情况的真实了解。他结尾警告说,对最近几起杀人案的支持,包括对孙的刺杀,只会使国家法律变得孱弱无力并渐渐侵蚀社会和平。②

在实际的法庭审理中,原告和原告律师在三个方面建立起他们的论述,并强化了结尾的警告:如果不能让法治凌驾于情治之上将会导致社会动乱。他们对被告企图诉诸"礼治"从而为司法宽恕辩解的策略十分不耐烦。比如,在初审时提出的正式起诉中,孙家的法律团队,包括张绍曾、孙观圻和王灏,对被告使用儒家经典的行为进行了激烈的批评。③ 尽管律师们承认复仇在民族国家概念薄弱的古代曾占一席之地,但他们认为,当国家地位和社会和平的概念从 18 世纪起在中国存在后,中国对

---

① 见孙 1935。尽管这位律师与孙传芳同姓,但并无证据表明他们有亲属关系。
② 《大公报》(天津),1935 年 11 月 18 日第 4 版。这个新闻发布会激怒了代表施剑翘的一方。施家指控卢操纵公共舆论(何、潘 1997)。
③ 孙家律师除了提出刑事诉讼外,还加上了民事诉讼,要求被告赔偿十万元以补偿损失以及安葬孙和抚养其后代的花费。见《时报》(上海),1935 年 11 月 28 日第 5 版。施剑翘表示她决不会赔偿,说无论是多少钱,哪怕是 100 万元也无法补偿她父亲的死。见《时报》(上海),1935 年 12 月 11 日第 6 版。

复仇的持续依赖就很成问题了。他们坚持认为,像《公羊传》那样推崇报私仇的经典文本在今天已经不再适用了。与其遵守孝这种不合时宜的道德情操,法院更应该尊重国法。①

徐九成,河北高级法院的公诉人,对于如果法院不遵守法治的话会出现什么样的问题,做出了也许是最明白直接的声明。徐认为,在为孝报仇与现代法律和社会稳定之间存在着一触即溃的紧张关系。尽管他同情施剑翘孝道的动机,并且同意建立在缓刑情形上的宽大处理并非完全没有道理,但他强调性地总结说,容忍暴力复仇这一极具破坏性的行为所带来的代价是今天的社会所承受不起的。公诉人强调,法院的责任是惩罚复仇行为并且驳回一切同情的情况。② 张绍曾,孙家的另一位代理律师,在他向河北高级法院提出的上诉中也表明了同样的意见:"倘不在依法严惩,将来有不知凡几,足以妨害国家之秩序,扰乱社会之安宁。"③

只要求对法律的严格实施,公诉人和孙家的律师代表们请求法院把现代法律作为唯一的司法权威。不奇怪的是,尽管被告律师的方法中充满了大量的感情和情节,但原告方在他们的论述中灌注了更为浓厚的法律主义基调,强调对法典字句的严格而精确的运用。比如在初审阶段的控诉书中,孙家律师质疑了被告对法律的阐释。这些律师要求对法典进行忠于原文的阅读,指出刑法第 62 条明确规定自首情节只有在罪行被发现之前实行才能成立(《中华民国刑法》1935,第 21 页)。他们争辩,施剑翘案中的自首并不成立,因为在施剑翘自首之前,听到被告枪响的警察已经发现了她的罪行。他们的起诉书中写:"现行犯如笼中鸟即时捕获。"④

---

① 《时报》(上海),1935 年 12 月 8 日第 8 版。在法庭上的辩论中,河北法院的起诉人也指控被告被古书的观念和儒家礼教的陈旧教海所误导,指出过去的道德说教不能用来做这个案子的正义标准。见《时报》(上海),1935 年 12 月 12 日第 6 版。

②③ 《益世报》(天津),1936 年 2 月 7 日第 5 版。

④ 《时报》(上海),1935 年 12 月 8 日第 8 版。原告试图通过争辩施剑翘并没有成功地建立起符合法律规定的自首的情节来推翻此前的判决。见《益世报》(天津),1936 年 2 月 7 日第 5 版。新闻界里的评论家们也同样质疑了施的自首情节的合法性。见《施剑翘案与社会观点》1935,文中说施承认罪状仅仅是因为她知道她能够得到一个更宽大的处理。

　　像孙家律师一样,公诉人对法典的精确解释也与被告方对法律的戏剧化和道德化的阐释方式形成了鲜明对照。在公诉人的起诉书中,他以精确的法律术语反驳了施的复仇是出于"义愤"而施行因此应当得到宽恕这一观点。他引用了刑法第 273 条,"当场激于义愤而杀人者,处七年以下有期徒刑",要求对"义愤"作出犯罪意义上的精确解读,即自发的冲动。他说,由于施剑翘谋求报仇的愿望在心里隐藏了十年,因此她的行为既不是自发的,也不是正义的。他主张,根据刑法第 271 条,施剑翘应该由于其故意杀人的罪行而处以不少于十年的有期徒刑(《中华民国刑法》1935,第 98 页)。

　　严格遵循法律的策略也用于反驳被告对古代文献的解读。在河北高级法院二审阶段,公诉人张绍曾认为即使法院承认《公羊传》的权威性,被告也没有证明对施从滨的处决是像古代文献所说的那样是不合法的。张认为,孙传芳杀战俘施从滨这样的事在军阀争战的 20 年代不仅每天都在发生,而且施从滨本人也犯下过足以判处死刑的滔天罪行,因此他被杀并不冤枉。施从滨曾率领他的白俄雇佣军洗劫村庄并伤害当地平民,这违反了《陆海空军刑法》第 34 条。张还引用军事审判法第 16 条,规定即使罪犯是战俘也必须在法庭上接受审判,指出孙作为前线的最高指挥官,在法律上是有权审判和惩罚施从滨的。他又引用第 7、8 条,指出如在前线的情况下,军队中的司法官员必须组织审判。最后张指出,鉴于军事审判的原始文件已经遗失,当天报纸可以证实孙传芳对施从滨的处理是公正的。作为证据,他引用了 1925 年的《顺天时报》的一个头条,"施从滨死刑,孙传芳判处"。[①] 通过中伤施从滨和将孙传芳的行为合法化,张的论述有意识地暗示了法典的权威性并通过举例试图使法律凌驾于情之上。

---

① 张的论述可见《益世报》(天津),1936 年 2 月 7 日第 5 版。又见最高法院判决书中对张的辩词的引用,第 486 号案判决书,1936 年,1936 年 8 月 25 日签发,在陈、凌 1986 年的著作中重新刊载,第 215—216 页。第二天的报纸刊登了判决书全文,比如见《益世报》(天津),1936 年 8 月 26 日第 5 版。对于法典原文,见《陆海空军法》(1993),载于《中华民国现行法规大全》(1934)。第 34 条规定如下:"纵兵殃民者处死刑。"

法庭:正当的法律程序

尽管原告方发起了激烈的反攻,审判结果却证明被告诉诸道德情感的权威的策略最终说服了法庭。在天津地方法院拒绝承认减刑的条件之后几个月,河北高级法院驳回了天津法院的判决。高级法院认为实际上存在着减轻罪行的条件,最高法院也在 1936 年 8 月坚持了这一判决。最初看起来,审判结果似乎表明被告方认为"义愤"可以作为减刑条件这一论述的成功,但进一步的审视会使我们发现,被告要求司法宽恕和法庭予以司法宽恕的理由有着不同的重点。被告援引"礼治"作为施剑翘激情复仇的道德权威,而高级法院则既怀疑古典文献的效力,也警惕着赋予公众同情过分强大的力量。实际上,司法审判认为,构成减刑条件的既不是施剑翘孝情所包含的道德价值,也不是对罪犯压倒性的公众支持,而是施从滨的不合法的死亡。通过做出这样的区别,改革的法庭把轰动性的案子变成了一个重申法律正当程序的优先性和客观性的机会,并且实际上参与到了一个在体制上自我合法化的公开行为当中。法院试图通过这样做而捍卫他们的权威,尤其是面对着侵犯性的国民党政权和一群正在兴起的新公众的力量时。

尽管被告方的策略获得了巨大的公众支持,法官们却对于可能赋予"礼"和古代典籍以过多的权威抱着矛盾而焦虑的态度。高级法院的判决不同意被告对《公羊传》的引用。法院认为:"而《周礼》所载'凡复仇者,书于士,杀者无罪'云云,已为现代法律所摒弃,亦当然为被告所明知。"① 高

---

① 参见河北高等法院 1935 年第 1207 号刑事判决书(以下简称 1207 号判决书),1936 年 2 月 18 日出版,在陈、凌 1986 年的著作中重新刊载,第 206—210 页。判决书很快刊登在了报纸上,比如《大公报》(天津),1936 年 2 月 22 日第 5 版。判决书指出,第 16 条规定:"不得因不知法律而免除刑事责任。但按其情节予减轻其刑。如自信其行为为法律所许可而有正当理由者。得免除其刑。"但是只有被告完全相信自己的行为符合法律规定的情形下,这一条才能得以适用(《中华民国刑法》1935,第 6 页)。

级法院法官因此同意原告和孙家律师的看法，否决了古代文献的可采纳性。

再者，对河北和南京法院来说，施剑翘能够得到宽大处理是因为她的父亲没有得到合法的处决。法院并非依照古代文献对施的失落和愤怒的情感的认可来作为对复仇的道德辩护的，相反，法院认为案子的复杂之处亦即构成司法宽恕之基础的是施从滨没有经过公正的审判就死了。省级审判花了大量时间探讨这个问题：孙传芳是否对其战俘施从滨进行了公正的审判。判决书开头便引述了孙传芳长子孙家震的证词全文，他作证他的父亲实际上组织了完整的军事审判，并根据法律规定处决了施从滨。但判决书接下来注意到，在审判过程中出现了一些使孙传芳致罪的报告。这些报告证明，当孙传芳所听命的直系首领吴佩孚致电孙传芳，询问他为什么杀了施从滨时，孙传芳断然否定了此事与他有任何干系。判决书由此断定这些关于孙传芳否认此事的报告作为证据表明了孙实际上完全意识到了他没有给施从滨一个公正的法律待遇，孙家长子的证词是不足信的。[①] 因此，河北高级法院的判决书说："施从滨之死，非司与法，亦可灼见。被告痛父惨死，含冤莫伸，预立遗嘱，舍身杀仇，以纯孝之心理发而为壮烈之行为，核其情状，实堪悯恕。"[②]河北法院作出的结论是，施从滨的非法死亡构成了值得同情的条件。由于她的父亲在行刑之前没有得到公正的法律待遇，施剑翘的痛苦是真挚的，她的孝心是富有美德的，因此她的复仇应当得到法律的宽恕。

第二天的新闻报道引用了法官的话，即由于施剑翘真诚地觉得父亲的死不合法，因此她的犯罪行为是值得宽恕的。[③] 1936 年 8 月 25 日，南京最高法院第三审判庭的首席法官刘建英决定驳回施剑翘和孙家的上

---

① 1207 号判决书，1936 年 2 月 18 日。
② 1207 号判决书，1936 年 2 月 18 日。这段引文是本章开头的题辞。
③《时报》(上海)，1936 年 2 月 12 日第 5 版。

诉,维持河北法院的原判。① 刘建英也抓住了孙传芳向吴佩孚否认杀死施从滨这一细节,认为这个证据表明孙没有按照正当的法律程序审判和处决施从滨。以其作为中国最高级别的法院的权威性,南京最高法院作出结论:"论法虽无可恕,衡情究有可原。"施剑翘的义愤不仅来自她父亲被不公正地处决,还特别来自他被处决前没有经过正当的法律程序。

法院希望在这个案子中提倡程序正义的规划是十分重要的,尤其是考虑到30年代早期国民党对司法领域日益进逼的背景时。我们在第五章将会看到,此案中,政权非常乐意认可公众对施剑翘的支持,以便强化它与法院对抗的立场,它要证明政权有独一无二的能力去弥合法治和现实中的公众同情之间的鸿沟。对于致力于司法改革和司法独立的法院一方来说,不完全服从政权推崇"礼治"和伦理至上的新生活运动则是重要的。在最后的判决中,法官们确实设法找到了一个折中的办法来强调程序正义的必要性。他们证明了当正当的法律程序遭到否定时,法律的机制确实能够容纳司法宽恕和给予豁免。

除了把判决变成一个强调正当法律程序的机会,法院也表现出他们勉强承认了公众同情的强大力量。在判决书中没有提到集体的情感。但如果我们回忆起被告借助公众同情将其视为司法力量的种种明显伎俩,这种沉默就会显得特别不自然。一段对审判的回忆中说道,孙家十分清楚地意识到公众同情具有的潜在的司法威力,并在审判的整个过程中积极寻求新闻界和公众的帮助。比如陈锦(1991)控诉孙家既贿赂法官又无耻地通过新闻发布会来操纵媒体。另外,尽管法院文件对于公众同情如何影响了法院的判决语焉不详,但外界评论者们没有任何犹豫地提到了情感公众所扮演的司法角色。正如第三章提到的,在行业杂志和专业期刊上发表文章的改革者和法律职业者也十分担心公众同情可能

---

① 根据当时的上诉程序,最高法院不需要听取所有上诉的案件,在那些听取了的案件中,它区分出那些需要推翻的判决的案子并把它们发回原下级法院重判。施的案子被听取了,但没有被推翻重判。

对司法领域造成的影响。

《国闻周报》上的一个对大众同情持有怀疑态度的评论者特别作出了严正的警告："因施女号称为父报仇，言动明快，颇博社会喝采。本报在数日内且迭界各方投函，寄来赞美施女诗歌以及和其行凶后散放之七言绝句原韵甚多，概未刊布，盖迹近赞许暗杀，非公安公益所许也。"①这段文字传递出了警告性的信息。赞扬编辑不发表读者来信和支持凶手的诗作的决定，评论者暗示了大众情感对社会的危害。作者还认为，虽然对施剑翘的公众同情也许根据大众风俗来看是有意义的，但对于现代法律来说是很成问题的。文章认为，凶手知道通过司法途径复仇也许不会奏效，因此决定不依靠法律援助而是自己行动，这种愤世嫉俗是极具破坏性的。文章认为，往大的方面说，大众对施剑翘的认可是对中国法律体制缺乏信任的表现。评论家们也看到了法院所看到的东西，即，公众激情给法律案件造成的强大的、消极的影响。

简而言之，尽管法官们在最后的书面判决中对于大众同情一事只字不提，但在作决定的时候却不得不与公众同情的强大力量作斗争。他们一样接触到了关于公众同情对司法之影响力的文章和意见，并目睹了被告在法庭审理中调动集体情感的企图。因此，最终判决可被视为试图将这群崭新的情感化公众容纳进来的一个体制性的姿态。

结论：刘景桂之法律案件

值得将施剑翘的判决结果与先前提到过的、大致是同时代的刘景桂案的审判结果作一下比较。第三章中提到，杀死情敌的刘景桂被视为激情犯罪并引起了巨大的公众兴趣。像施剑翘案一样，对刘景桂案的审判是复杂的。刘的审判先于施案开始于1935年4月23日。4月29日，地

---

① 《施剑翘案与社会观点》1935。

方法院仅判处她有期徒刑 12 年,是最高刑期的一半,这是基于同情而做出的司法宽大处理的方式。然而,在上诉阶段,河北高级法院于同年 5 月推翻了原法院的判决,判处刘终身监禁。1937 年 5 月 5 日,南京最高法院维持河北法院原判为最终判决。① 从一开始,刘案就与一起状告其情人逯明的案子相牵连。公诉人在起诉刘景桂蓄意杀人的同时,也根据逯明与刘景桂在取消婚约后的不正当关系控告他侵扰公共道德。另外,在河北法院审判阶段和南京法院终审之间间隔着相当长的一段时间,因为刘景桂的律师打算指控逯明强奸罪,希望以此推翻河北高级法院否决对刘给予司法宽恕的不利结果。这意味着逯明将因强奸罪名被审判,就这样,出现了审判中的审判。1936 年 10 月 28 日,逯明无罪获释。逯明和刘景桂之间的情书被当作证据证明幽会是刘景桂一方自愿发生的行为。

施案和刘案的审判之所以值得比较,并不仅仅因为它们是大致发生于同一时期的、都与情感冲动的女性相关的犯罪行为,还因为他们有着极为相似的辩护策略。像前述施剑翘的辩护词一样,刘景桂的辩护词分为两个方面。一方面是认为被告的自首应该得到宽大处理。② 审判举行期间正值中华民国刑法经历修改之时,刘景桂的辩护律师刘煌作了一番极为法律主义的辩论以支持"自首"这一情节。他引用了好几个法律先例,指出尽管修改前的刑法承认自首,但新刑法扩大了对自首行为减刑的幅度。③ 这番法律主义的辩论在地方法院的审判阶段是奏效的,刘煌为他的委托人赢得了 12 年刑期的宽大处理。施剑翘在她自己的审判中回应北平地方法院的判决书时,引用了先于她八个月而作出判决结果的刘景桂的案子,以作为处理自首问题的先例。

---

① 最终判决书,见北京市档案馆 65/4/199 号文件,第 63—69 页。
② 在刘景桂审判中,这个策略在刘景桂之辩护律师刘煌所写的《辩护意旨书》中得到展示。见北京市档案馆 65/4/199 号文件,第 63—69 页。
③ 对于这番论述的具体细节,可见同上,第 64 页。

另一方面则遵从着这样的逻辑:针对特殊情况作出的司法悯恕可以缓解严酷的法治。像施剑翘的辩护团队几个月后所做的那样,刘景桂的律师呼吁对其委托人的激情动机予以基于同情的宽大处理。施方律师把施剑翘的动机视为义愤的表达,刘方律师则把刘景桂的动机描述为悲愤。为了反驳原告早先对刘景桂悲剧性地杀死无辜之人的指控,她的辩护律师写道:"被告既被夺爱,又失童真凡有感情均当愤激……惨案因之发生是被告虽直接杀人而杀人之动机实由于逯明之骗奸。论情殊堪怜悯,故社会舆论对于被告备极怜悯,依法应为减刑。"①

当我们比较这两个案子时,好几个显著的特点凸显了出来。首先,公众同情的影响力并不只在施剑翘案中被感觉到。正如上一段的引文所显示的,刘的辩护律师在他的辩护词里毫不犹豫地直接引用了舆论。他的委托人被判以终身监禁表明在法律斗争中援引公众同情并不能保证胜利的结局。然而,就算它不是决定性的因素,市民公众的意见对法院来说仍然是清晰可见的,它也是对法律结果造成潜在影响的司法策略中的一个重要因素,在施剑翘审判中,尽管判决书没有明确承认公众同情是给予宽大处理的原因,但辩护律师团明显以一种能够激发公众情感的方式展开他们的论述。总的来说,这些案子表明在一个现代大众传媒的时期,民国法庭充分意识到了公众的力量。

第二,在新生活道德的时期,并不是所有形式的妇女美德和情感在法院眼中都是正当的。刘的辩护律师不能成功地以"悲愤"为由为他们的委托人赢得建立在司法悯恕上的豁免,然而施的律师把施剑翘的孝的激情加以包装之后,则在上诉至高级法院时获得了成功。尽管这两个结果看起来似乎表明"爱情"的动机不如"孝情"的动机那么有感染力。可以确信的是,两个案子中的法院都用明确的法律术语宣布他们的判决。在刘案中,被告没能赢得司法豁免的至关重要的原因是刘亲笔所写的秘

---

① 见北京市档案馆 65/4/199 号文件,第 68 页。

密情书。这些信件证明刘景桂是自愿与逯明在北平郊外的旅馆里进行五天的偷情,即使逯明已经与她解除婚约并即将娶滕爽。这样一种情形并不支持逯明强迫刘发生性关系这一说辞,因此导致刘"悲愤"的特殊情况并不成立。同样在施的审判中,在表明对施剑翘的悯恕时,这一决定也仍然用的是法律的语言而非道德的语言,而且法院小心地把他们的赦免决定建立在了法律正当程序这个理由上。

然而,即使在各自的法院裁决中法律逻辑很明显,但判决结果的背后却有着也许超出了法律主义阐释的内涵。换句话说,最终结果起到的效果也许是认可了孝女的"古典"女性美德,而否定了刘景桂嫉妒的背信弃义。① 总的来说,这些法律结果在女性激情动机之间作出了甄别,并且似乎仅仅认可了那些被礼法所规定并符合新生活规划的行为。

尽管人们很容易把这样一桩引起公众高度关注的案子视为一个特例或是纯粹的炒作,但我并不这样认为。正是这些极其特殊的司法奇观影响了 20 世纪中国法律的参数。首先,在一个试图争取司法独立和法制改革的时代,两个案子都在不同的司法参与者中引起了关于法律是否应该容纳"情"或"礼"的道德权威的公开争论。第二,在大众媒体越来越好奇和渴求轰动的社会背景下,试图将司法系统加以体制化并变为一支相对独立的政府机构的努力,把法庭转变成了一个考量社会和道德的公共舞台。因此,当大众传媒承担了裁决的功能时,法庭本身也变成了一个上演奇观、情节剧和公共辩论的平台,这反过来使得更广大的庶民观众在紧迫的社会问题的辩论中取得发言的机会,包括关于女性问题和现代性问题的公共讨论。尽管评论家和知识分子利用更为精英的社论、政治和小说等平台来发表他们的意见,公众却从法庭审判,特别是那些对

---

① 对新女性情感的怀疑与对刘景桂案的批评性言论结合在一起,前者被后者作为例子证明现代青年横冲直撞的感情主义。刘景桂案如何推动了人们关于新女性(在这个案子中,新女性的代表就是女学生刘景桂)过度情感主义的公共讨论,以及这个讨论如何表明了人们对新出现的情感化的大众的普遍焦虑,见林郁沁 2004。

激情妇女罪案的审判中找到了发表言论的渠道。公众在女性罪犯的美德动机或充满激情的英勇行为是否应得到司法豁免这些问题上倾注了强烈的感情,并且对裁判的过程造成了影响。最后,公众同情不只影响了法庭,还吸引了国民党政权的注意。我们接下来将会看到,政府的行政部门对施剑翘案产生了兴趣,并通过它的赦免机制回应了大众情感,从而规训了社会并"党化"了司法领域。

第五章　国家特赦——国民党统治下被认可的暴力

> 后来虽然由国民政府予以特赦，但特赦之效力不过是免除"刑之执行"，并非根本宣告无罪……那末特赦之办法是不能答覆圆满了……我们将何以自解于人民正义观念上之怀疑？假使这个案件用党义来判决，便不难寻出一个名正言顺的办法了。
>
> ——顽生,《民生》1935

1936 年 10 月 14 日,下午两点,国民党政府宣布给予施剑翘特赦。这并不是中央政府第一次决定对此类罪行给予特赦。南京政府曾经给郑继成签发了一个相似的死缓信。郑继成 1932 年曾因为相似的罪行而引起公众的注意。像施剑翘一样,郑曾经为了给父辈报仇而杀死一个下野军阀。施剑翘杀的是前江南军阀头子孙传芳,郑继成杀的则是北方军阀张宗昌。施是给父亲报仇,郑是为叔叔报仇。在两个案子中,公众对凶手的支持都是巨大的。对于两个凶手来说,中央政权都是在案子被法院审理后不久,就发布了令人瞩目的特赦令。

很难找到明显的证据解释为什么政府在两个不同的案子中给予特赦。尽管公众同情非常普遍,并且两个杀人犯的动机也都很高尚,但这些行为仍然属于谋杀。中央政府如果赦免这两个人,就会削弱自己法典的权威性，而这一法典是主张对所有杀人案都予以惩罚的。对于一个声称是"现代"的政府来说，认可以"孝"为动机的传统复仇不是一个自然的选择。然而南京政府很快下决定赦免这两个凶犯，认为传统伦理复仇的暴力行为在现代国家里确实是允许的，并且在两个案件中公开响应公众对国家支持的呼吁。由此，这两个特赦引发我们思考如下几个问题：为什么国家支持暴力复仇？为什么它以如此高调的方式这样做？为什么它把公众同情和看似早已过时的"孝"的动机放在一个如此显著的位置上？

对这些问题的回答可以从官方特赦、公众团体请求国家恩典的电报以及一系列社评和政治评论中找到答案。这些文件表明，国民党政权发布特赦令是为了扩张和巩固中央的控制，尽管它带来了矛盾的后果。到了30年代，国民党政府领导人蒋介石已经把党的组织和国家官僚机器结合起来置于他的控制之下，并建立起了一个社团主义的、党国一体的国民党政权，并且把它的影响力延伸到了社会。① 然而，虽然有着这些试图延伸党国权力的努力，但国民党政权实际上仍然只是诸多政治力量的一支，这些不同的政治力量都试图争夺对与正义谋杀相关的意义的控制权。在这些杀人案发生的时期存在着一幅由不同社会和政治力量构成的复杂的政治版图。其中有广泛的公众同情认为这两位孝情刺客即使略显草莽也是当仁不让的高尚英雄；也有在20世纪前25年地位逐渐巩

---

① 傅士卓（1985，第6章）在对民国时期商业精英和国民党政府的研究中，对国民党政府的两个组成部分即国民党和国家进行了仔细的并且对我们的研究来说非常有用的甄别。对于傅士卓来说，国家指的是行政上的官僚机器、军队，以及与蒋介石相联系的一大片私人关系网络，所有这些成为1928年后蒋介石个人威权的来源。国民党指的是整个20年代与国家机器同时存在的政党组织。政党的自主性在20年代末期的衰微，伴随着动员民众参加国民革命的策略的失效，使蒋介石得以获得对整个政权，包括对官僚和政党两个部分的威权控制。傅士卓更倾向于使用"国党"而不是"党国"一词来说明蒋介石在权力上的上升标志着自主的政党权力的衰落。然而考虑到"党国"一词在当今学术研究中作为一个描述30年代政府的常规术语而被普遍使用，我还是继续使用"党国政权"一词，但同时把傅士卓对两个概念的区分牢记于心。

固的法律改革者试图在对两个凶犯的审判中继续捍卫他们的立场；还有咄咄逼人地请求政府恩典的市民协会试图施展自己的体制力量；最后还有个体地方政客卷入了这些凶案的阴谋中试图对抗中央并保持他们的自主性。在某一层面上，这些赦免是国民党政府试图解决这些凶杀案所暴露出来的、既存在于国民党政权内部又存在于国民党和社会上各种力量之间的矛盾冲突的一个方案。然而，在另一个层面上，这些赦免只能使这些矛盾冲突变得更加明显，并引发了一个关于政府对暴力的支持是否合理的激烈辩论。

在审视隐藏在复仇行为和凶杀案背后的复杂政治关系时，我的书建立在学术界对中国30年代暴力的通行处理方法上，但又与之有所区别。对30年代感兴趣的人早已发现国民党政府对30年代中国政治界的暴力文化持有默许认可的态度，并把国家与暴力的关系当作蒋介石统治下私人政治与派系纷争之关系的延伸。政治谋杀是惯常使用的恐吓方式之一，蒋介石通过它来恫吓政治上的敌对者和民众并使他们屈服。在这一时期发生了好几起著名的谋杀案，包括对中国民权保障同盟成员杨杏佛的暗杀，对经常批评国民党政权的《申报》编辑、另一名中国民权保障同盟成员史量才的暗杀，还有尽管未成功却极具轰动性的、对蒋介石在党内的头号政治对手汪精卫的暗杀。在所有这些案件中，怀疑的目标都指向了蒋介石本人。在关于蒋介石的特务机关头子戴笠的传记中，魏斐德指出这些怀疑并不是没有根据的。他描述道，蒋介石个人命令了戴笠来负责这些暗杀行动，并且那一时期的政治恐怖已经制度化为了国民党政府的标准政策。戴笠领导着特务处的暗杀单元并使用特务小队和集体训练单元的现代手段来暗杀政治上的异见者，组成这一部门的男男女女，尽管自诩为侠义大盗和孤胆英雄，但他们本质上是"杀人技工"（魏斐德2003，第173页）。

尽管作为我研究之核心的暴力行为与魏斐德所描述的以"政治"为动机的国家恐怖行为有某些相似之处，但它们在重要的方面却有着显著的不同。政治暗杀引起恐怖的原因在于它们的幽暗、秘密和非法的性质，但我这里所要讨论的暴力行为却显然是公众性的，并且在凶犯、政府尤其是公众看来是完全合法的。30年代的舆论谴责戴笠的特务机关所制造的"政治恐怖"给中国社会带来了不稳定。比如，魏斐德（2003，第176—179页）讨论了公众对此的强烈抵制，以及轰动性的凶杀案如何激起了国内外的公众愤慨和对政权过度使用暴力的谴责。与此形成鲜明对比，施剑翘和郑继成的杀人事件却被广泛地认为是对秩序的重建而非破坏。它们被媒体描述为因果报应，通过暗杀恶名昭彰的军阀而实现了公共正义。这两种不同形式的政治暴力也以不同的方式塑造了国家的合法性。蒋介石所依赖的政治暗杀在南京时期的政治世界中制造了普遍的恐怖，使得政权跨过了法律领域的界限而进入了非法领域，从倚赖道德的统治变成了不道德的权宜之计。与之对比，政权在认可这两桩凶杀行为时，试图把这两种可能是非法的私人暴力行为纳入法律的领域，宣称它充满仁慈的统治，并展示它的权力是如何公正地施展于司法权威和道德权威的领域中。

我将在本章开头介绍郑继成的案子，然后我将通过审视这两个特赦令辨识出政权调用了哪些不同的权威力量来使自己对暴力行为的认可具有合法性。在第二部分我将审视由国家认可的复仇被赋予的象征意义。由市民协会、妇女团体和其他公众教育机构和军事组织发出的请求政府特赦的电报组成了一种有力的叙述，即，有美德的复仇构成了国家真实性的一种形式，并且国家的特赦将给国民党政权提供一个千载难逢的机会来推崇民族主义的"新生活"的理念。在这个语境下，我们可以把政府对施剑翘和郑继成的特赦理解为政权企图把处于这些复仇案件核心的正义感引导为对国家统治的忠诚的努力。特赦的过程也影响了政治关系。特别是，它影响到了中央与不同的政治力量之间的妥协，包括市民团体、司法领域和难以驾驭的由军阀转变而来的政客。

1932—1933 年的郑继成案

1932 年 9 月 3 日,一个名叫郑继成的青年男子为了给叔父郑金声报仇而枪杀了北方军阀张宗昌。张宗昌于 1926—1928 年任山东军务督办,并同时担任直隶的总司令,享有"狗肉将军"的绰号。[1] 他的统治是出了名的腐败,他本人的声名也同样的臭名昭著。除了众所周知的喜欢吃狗肉的嗜好之外,张也因为他的一米九的身高和他从世界各地网罗而来的情妇(每个情妇的洗脸盆都插着一面标识着其国籍的国旗)而闻名。张宗昌在任直鲁联军总司令期间杀了郑继成的叔父。[2] 郑继成通过在日本和英国避难而逃脱了追捕。当 1928 年国民党成功结束北伐并统一中国后,郑继成回到了中国。

1932 年,郑继成找到了复仇的机会。那是北伐后张宗昌将军第一次来到山东。在国民革命后,张宗昌首先在大连隐居,然后躲到日本,在那里发生了第一次针对他的暗杀。1931 年,在国民党政府通过的特赦政策下,张宗昌得以回到北平。有传闻说他过着挥霍无度的生活并秘密策划着复出。1932 年 9 月,山东省政府主席韩复榘邀请张宗昌来山东省探望。张便到了省会济南,但他在得知年迈母亲生病这一突如其来的消息后缩短了行程。因此张于 1932 年 9 月 3 日到火车站等候开回北平的202 号火车。陪同他的有 20 来个旧友和同僚、一大群新闻记者,以及山东省政府的几位高级官员,包括韩复榘的得力助手石友三。其时为傍晚将近六点,张宗昌结束离别讲演后不多久,郑继成就从月台上拥挤的人

---

[1] 关于张宗昌的更多介绍,见包华德、理查德·霍华德 1967—1971,第 1 章,第 122—127 页。
[2] 张宗昌杀了郑金声是在他知道郑曾参加过北伐运动之后。见《山东民国日报》(济南),1932年 9 月 5 日第 5 版;《申报》(上海),1932 年 9 月 7 日第 10—11 版。

群中冒了出来并开枪杀死了这位下野军阀。①

刺张事件引起了巨大的媒体轰动。像施剑翘一样,郑继成富有制造戏剧效果的天分。像孝女施剑翘一样,孝侄郑继成十分聪明地选择了一个人群拥挤的场所来对他的牺牲品下手,这样一来就使凶案本身成为奇观。施剑翘选择的是拥挤的佛堂,郑选择的则是作为交通要道的济南火车站。他也十分清醒地知道在犯罪现场的第一时间自首,并在这一点上赢得了公众的支持。媒体迅速报道了刺张事件。新闻说两个凶手(郑继成有一个忠实的同伴)没能马上杀死张宗昌,并用丰富的语言描述了张是如何穿过火车车厢跳到了铁轨上,而两个杀手紧追其后,张的保镖则追在杀手后面跑。报道提到,此时射出了第二梭子弹,张在倒地之前被击中了三次。他随即被送往山东省医院救治,并在那里最终死去。②

像施剑翘一样,刺杀事件产生了轰动性的报道。一些报道甚至极度失实。比如作为犯罪现场的目击者的苏柯仁(A. de C. Sowerby)提供的报道就是如此。作为全英文的《北华捷报》的特别报道,这条新闻描述了凶手在犯罪现场被拘捕:

> 马上,人群朝四下散开。我的同伴说:"一定是炸弹,也许是旅行中的官员放的。"然后好似地狱之门打开……正当我拾级而上时,我看见一个英俊的、衣着整洁穿着灰色长袍的中国人……但警察和士兵咆哮一声朝他猛扑了上去,从他身上夺走一枝手枪,然后我目睹了我毕生见过的

---

① 《大公报》(天津),1932 年 9 月 4 日第 5 版。报道详细地描述了张的离别讲演。一些报道特别指出事件的讽刺意味:张在讲演中说宁可在家乡作为一个英雄而死,也不愿在日本作为卖国贼而苟活,而张宗昌在发表这些演讲时恰恰是他生命中最后的时刻。为了表示他的爱国心,他宣称日本人给了他三千万元和两万枝枪,让他在山东发动兵变,他拒绝了此事。他还列举了好几项关乎国家大事的个人抱负。他激励华北勇敢而正义的士兵们做好长期抵抗日本的准备,呼吁政府投身到对日本的战斗中而不是仅仅停留于空洞的口号,并且呼吁解决内部的纷争。张在结束讲话时,呼唤现任山东政府官员继续他在任时的各项事业,亦即,团结起来抵抗帝国主义的侵略,而不给山东人民带来任何伤害。对于这次演讲的报道,见《申报》(上海),1932 年 9 月 6 日第 11 版。

② 见《大公报》(天津),1932 年 9 月 4 日第 5 版。

最恐怖的情形。整个人群冲他扑了上去，撕下他的衣服，用步枪的枪托打他，而发了疯似的苦力们撕扯着他的脸。那非常恐怖，我感到自己在向他们尖叫让他们停下，但是当然，我们没能做任何事情。①

尽管这段描述非常吸引人，并且作为论据证明了西方世界所抱有的对中国社会的"野蛮的人群"和"混乱"的想象，但苏柯仁的报道对于谁是主谋和究竟发生了什么事，并没有提供多少具体的信息。事实上，她的报道中的一部分——包括私自处决那个"英俊的中国人"——根本是子虚乌有。这家报纸的一封读者来信直接驳斥了她的戏剧化的描述："像某家外国报纸所说的那件事，即愤怒的人群企图私自处决凶犯，这并不是真的。"②尽管此事的真实性值得怀疑，但这则新闻故事还是说明了公众对于这起杀人案有着极大的兴趣。在众目睽睽之下，难怪国民党政府对此案表示出热切的兴趣，对于几年后的施剑翘案也同样如此。

特　赦

新政权对个人复仇行为的赦免并不是一个理所当然的抉择。南京政府对于孙传芳和张宗昌的死亡并没有过于沮丧。孙和张两人都曾经是国民党的反对者。两人都曾于1928年与北方军阀张作霖联合，建立起了"安国军"这个短暂的军事同盟以反对北伐，而北伐恰恰是国民党借以对中国东部沿海加以集中控制的手段。③ 当这两个军阀于1928年被迫"下野"后，他们没有许诺给蒋介石以完全的支持，并且在30年代初期

---

① 见苏柯仁《刺杀军阀，上海太太口中的济南杀人案：站台上的一幕（Assassination of War-lord, Shanghai Lady's Story of Tsinan Murder: Scene on Platform）》，《北华捷报》，1932年9月14日，第409页，原文为英文。
② 见《刺客平静的表现（Assassins' Calm Behavior）》，《北华捷报》，1932年9月14日，第409页。
③ 张作霖任命张宗昌、孙传芳、吴佩孚和阎锡山为安国军副总司令，尽管吴佩孚和阎锡山并没有起多大的作用。张作霖统治了华北18个月，其间这一军事同盟的力量曾因严重的内讧而大为削弱。更多的讨论见麦科马克（McCormack）1997，第209—215页。

一直是人们猜疑的对象。四处有谣言说孙或张正在计划复出，并与日本人勾结策划华北自治。比如，张宗昌1931年从日本返回中国就引起了关于他重返政坛的无尽猜测，并且，正如第三章所提到的，孙传芳1928年退隐并皈依佛门，其信仰的真诚一直受到很深的怀疑。

然而，他们两个当中最终没有一个人对蒋介石造成了严重的威胁，蒋的注意力被引向了别的地方。30年代中期，蒋介石的注意力被一堆更为紧迫的政治问题所占据。1931年日本侵占了满洲并继续侵蚀着华北。蒋介石把精力放在对城市和乡村的共产党的清剿上，而拒绝对日本的进犯作出坚决的抵抗。其造成的结果是学生们上街游行抗议。堆积如山的债务、不同派系之间的内讧，以及十年军阀内战之后亟待统一的社会，这些都是这个政权无法放任忽视的事务。对两个凶犯的赦免看起来远不值得政府作出如此关注和努力。

最后，赦免孝义复仇将给政权的统治带来典型的两难困境：既要动员起正义的暴力力量，又要遏制这种暴力可能带来的混乱失序。政府对美德复仇的赦免在中国历史上并不新鲜。尽管事情的细节情形在朝代和朝代之间各有不同，但帝制时代古已有之的传统是把特定形式的暴力行为视作对儒家美德的极端表达和典范，而非对法律的僭越。早在汉代，为了"孝"而复仇和妇女为保持"贞"而自杀的行为不仅被宽恕，而且也被弘扬为理想的行为模式（陆威仪1990；伊懋可[Elvin]1984）。正义的复仇背后的"孝"，妇女自杀行为背后的"贞"，成了政治忠诚的有力隐喻，这种政治忠诚对于巩固等级化的儒家社会政治秩序至关重要。这些行为令人叹为观止的暴力本质更进一步表明了它们所承载的理想道德的深意。

然而，虽然历代政府试图调动以暴力形式表达出来的美德情感，但它们也必须与"认可残暴行为"这一并不理想的内涵作斗争。比如汉代的官员一直努力在儒家理想和法家条令两者之间作出协调：儒家理想要求正义必须得到补偿，而法家则认为在国家法律之下即使是美德的凶杀也仍然是谋杀行为(陆威仪 1990；程艾蓝 2004，第 34—36 页)。政府所面临的这一两难困境一直持续到了清朝。正如第四章所说，当清朝政府试图借用孝义复仇强大的象征意义时，它担心官方对报复的认可会鼓励暴力和混乱。为了解决这两种冲动，清朝的法典明确规定只有在得知双亲被不公地杀害后立即采取的复仇行为才能够得到司法的宽恕。[①] 同样，在为守贞而自杀的案子中，雍正时期的清政府为美德自杀制定了所谓"贞洁"的标准，为的是防止任意自残的暴力行为(戴真兰 2001)。

像几个世纪前被这一经典两难困境所困扰的汉代官员一样，南京政府的官员们必须小心谨慎地处理郑继成和施剑翘的案子。一方面，凶犯英勇的孝行对于一个正在为"新生活运动"而推崇儒家价值理念的政权来说无疑是极具吸引力的，1934 年由蒋介石发起的"新生活运动"通过强调精神-道德上的复兴和以军事纪律对社会进行约束而增进国力。另一方面，国民党政府却承受不起鼓励法外惩凶这一行为所带来的严重后果。面对着重建政府威信和社会制度(包括一套行之有效的司法体系)的重大任务，对法外行为(不管它多么富有美德)的准许都必定会给其羽翼未丰的法院和新改革的法典造成力量的削弱。

在这一背景下，对这两个赦免令的批准表明，国民政府承认了"为孝复仇"这一有益的道德与坚持国家法律这一必要性两者之间的矛盾，并试图用赦免令来解决这一矛盾。这一证据在特赦令的文本中体现了出来。郑继成在 1933 年被赦免，施剑翘在 1936 年被赦免。对郑继成的特赦令如下：

> 据司法院[②]呈称：郑继成因其继父郑金声被张宗昌杀害，乘机刺杀张于车站，事后遂向执法官兵自首，束手就缚，是因为为父报仇，触犯刑章，其情不无可原，现据各省市县党部各民众团体纷纷请求

---

① 见薛允生 1970，第 962 页，参见《读例存疑》中"复仇"这一条款。
② 司法院是民国政府的司法分支。国民党政府由五个分支机构组成：行政、立法、司法、监察和考试。

特赦，所有该犯原判之刑，拟请依法准免执行等语，应即照准，特依修正中华民国国民政府组织法第六条之规定，宣告将原判处有期徒刑七年之郑继成，准予特赦，免其执行，以示矜恤，此令。①

三年后签署的对施剑翘的特赦令几乎是与此类似的：

> 据司法院呈称，施剑翘因其父施从滨曩年为孙传芳所残害，痛切父仇，乘机行刺，并即时坦然自陈，听候惩处，论其杀人行为，固属触犯刑法，而以一女子发于孝思，奋身不顾，其志可哀，其情有可原。现据各学校各民众团体纷请特赦，所有该施剑翘原判徒刑，拟请依法准免执行等语。兹依中华民国训政时期约法第六十八条之规定，宣告将原判处有期徒刑七年之施剑翘特予赦，以示矜恤，此令。②

要确认这两个案子中国民党特赦背后的具体动机为何是困难的。我们无法接触到那些揭示这些特赦令出台的幕后原因的文件，官方的声明文件本身也简短得令人失望；此外，它们在使用语言、格式和传达的信息类型上惊人地相似。然而，尽管它们很简短，但如果我们仔细地阅读这两个声明，还是可以发现它们传递出了相当多的信息。实际上，正是从这些似乎是公式套话的文本中，我们可以看到政府援引了法典和美德情操的权威两者来为它的行政权力辩护，由此掩盖了法律规定和道德情感两者间的明显冲突。换句话说，行政上的赦免——它只有当法律上的正当程序全部执行之后才能做出——成为调和上文所说的两难困境的手段。

为了调动法律的权威，特赦令的文本强调了这一政权有权宽恕的法律基础。两个特赦令的声明都引用了特定的法律或宪法条款作为作出赦免的基础。早些时候的文本引用了《修正中华民国国民政府组织法》的第6条，而1936年的赦免声明则使用了《中华民国训政时期约法》第

---

① 《国民政府公报》第 1079 号（1933 年 3 月 14 日）。
② 《国民政府公报》第 2177 号（1936 年 10 月 14 日）。

68条。由于第二部法典是建立在第一部的基础之上,条款的语言用了同一套语汇:"国民政府得宣告大赦、特赦、减刑。"①当作为国民党政府主席的林森和作为司法院院长的居正签署了这两个特赦令时,行政力量和司法力量便联合起来结成了统一战线。②

赦免的请求还诉诸了书面法律之外的其他形式的权威。首先,特赦令明确地陈述道,一直以来都极具道德和政治价值的"孝"构成了值得豁免的特殊条件。文本还极力说明,两个案犯都向当局自首了。这一事实的陈述使凶犯的孝行显得纯洁无瑕,显示出他们为了履行他们复仇的使命而宁可接受严酷无情的法律惩罚。其次,两个文本都明确地提到了不同种类的公共组织纷纷请求官方特赦,从而诉诸了公众情感的权威。尽管以"孝"作为认可暴力的借口在帝制时期就有先例,但这里以公众同情为依凭的做法却是全新的。国家的认可因而既尊重了法律和司法程序,又照顾到了广为流行的对正义复仇的道德诉求。

传统英雄、孝义复仇、"新生活"的国粹

国民党政权并不是唯一一个为国家认可的暴力而辩护的力量。市民团体、学校和其他组织的反应也说明了官方对孝义复仇的许可在政治上对于一个推行"新生活运动"的政权是多么有效。为了迅速地达到说

---

① 两部法律都在《中华民国现行法律大全》(1934)中出版。法律条文的简短也许是有意为之,因为在程序上指示的缺失会给行政机关在实际操作中留出相当大的灵活处理的余地。

② 尽管林森和居正签署了这两个文件,但我们并不清楚他们究竟是赦免令的主要决策者,还是他们仅仅在执蒋介石的命令。林森1931年成为国民政府主席并一直担任这一职位直到他1943年逝世,然而从一开始他就仅仅是个有名无实的国家领导人,几乎不拥有实际的责任和权力。他在赦免令上出现的名字掩盖了真正的事实:他的签名比一个橡皮图章好不了多少(包华德、理查德·霍华德1967—1971,第2章,第382页)。当时,居正是由中央任命的司法院院长,他的职位和林非常相像。他们的签名仅仅表明了,这些由行政力量下达的赦免令具有法律的效力并由正当的权威所支持和认可。这种合法性的表明是十分重要的,尤其是后来政权被控告把行政权力延伸至司法领域内时,对于它的自我辩护尤其重要。我将在下文讨论这种指控和政权为自己进行的辩护。

服政府的目的，这些群体给中央政府拍电报要求对罪犯予以宽恕。为了动员起公众对他们行动的支持，他们还把电文发表在各大城市的报纸上。虽然国家在特赦令中强调了对暴力行为予以国家认可在法律和道德上的双重基础，但这些电文却极少关注行政赦免的法律前提，而更多地关注它的道德和政治内涵。当中国对外面临着与日本即将交战的外在忧患、对内面临着动荡不安的国内局势之时，这些请求有力地构成了一个令人信服的案例，说明英雄性的道德主体能够成为构建国家主体的基础。人们并不把这两个杀人犯看成是代表着反国家的另类正义的异端人物，而把他们看成是正派的英雄——他们的道德动机赢得公众的支持，并代表了某种形式的国家真实性，与一个"新生活"的国家相适应。

国民政府的话语中频繁地显露出两种需要之间的特殊冲突——民族国家既要随着时间的推进而持续不断地发展和前进并最终达到自我实现的历史目的，又要把这个不断发展进化的实体落实在一个恒常不变的、永久的本质中。巴沙·查特吉（Partha Chatterjee 1993）讨论了被殖民的国家中普遍存在的一种倾向，即，把民族国家既看成一个在领土主权和政治定义上"现代的"国家，又看成一个在本质性的民族性格上"传统"的国家。查特吉以印度为中心，描述了男性民族主义者如何把真实的、纯洁的印度妇女变成了国家本质的典型象征。这些"纯洁的"印度妇女象征了一个内在的、精神性的领域，它隔绝于殖民者的存在并且不受他们的玷污。受这些理论家的启发，中国学者开始研究中国民族主义和性别之间的关系，他们认为中国的意识形态家们也把现代国家的进步和不变的永恒本质二者之间的紧张关系放置在了女性的身体中（比如杜赞奇 1998）。尽管他们不像印度的民族主义者那样把"家"和"家庭"神圣化，但他们确实对中国的妇女予以认可和褒扬，因为她们将自我牺牲的女性美德重新定位并导向了为民族国家服务的公共事业中。

尽管中国的历史学家们在阐释民族国家时一直关注女性身体所具有的象征意义，但很少有人意识到某些暴力的形式也有着同样的效果。

可以肯定的是,在民族主义话语中的一般象征主义成为学者们探究的对象。比如,沈艾娣(1998)审视了在建立国家的过程中将暴力加以神圣化这一行为背后复杂的文化政治。她指出,持续不断地在中国大陆和台湾举行的,对辛亥革命、革命烈士和英雄将领的纪念活动提供了大量的例证,说明暴力是如何被纪念和建构为中华民族建国运动的一个标签的。然而,暴力作为某种形式的国粹,却是一个很少被严肃探讨的问题。在这里,我将展现这些电文如何把孝义复仇认可为代表着永恒的中国真实性的标志,并把它与对革命暴力的纪念活动相区别开,从而填补这一空缺。施案和郑案中由国家认可的复仇症候性地说明了,当时人们更关心如何巩固国家,而不是担忧暴力所带来的革命和颠覆,这种由国家所认可的复仇既象征着永恒性,又象征着现代性。这两个负载着道德意义的凶犯更传达出这样一种意义:它隐喻性地符合了中国作为一个强壮的、善战的现代民族国家的形象。

　　将孝义复仇认可为中国真实性的形式之一的辩护词汲取了"国粹"这一更为广泛的话语。"国粹"这一术语在晚清的时候开始流行。1905年,以张之洞为代表的学者和社会活动家成立了"国学保存会"及其刊物《国粹学报》。这一刊物的编辑宣称,"文明既有脆弱的物质性面向('国'),又有持久的精神性面向('粹'),这一精神性的'粹'能够在文明在物质层面上濒临死亡或被摧毁之后,起到重振文明的作用"(劳伦斯·施奈德[Laurence Schneider]1971,第35页)。20年代,"学衡派"(一个围绕着1922—1933年间的同名杂志《学衡》而发展起来的文学和文化运动)的成员一直援引着"国粹"这一概念,虽然这一概念的意义经历了重大的转变。① 在30年代,一些人试图在中国建立起文化的延续性,因为

---

① 尽管晚清的"国粹"运动参与者们对西方抱有矛盾的态度,并经常与反满主义和汉族身份的理论阐释联系起来,但学衡派的成员却把"国粹"当作中国文化所内含的普世主义、人道主义的内核,而这正是植根于西方人道主义传统中的,并与哈佛大学的白璧德教授(Irving Babbitt 1865—1933)有着最为紧密的联系。"学衡派"把"新儒教"作为一种手段,借此建立起一个普遍的人道主义立场,在这里东方和西方的精髓得以融合。见刘禾1995,第9章。

他们认为这个国家面临着失去根基的危险，对于他们来说，"国粹"是一个含义丰富的术语：它可以指一种精神性的因素，有着虽然并不普遍却是永恒的品质，它能够帮助建立现代的民族国家并保证国家力量。

在这样的语境下，蒋介石对譬如"孝"的儒家价值观的推崇，可以被认为是试图描述"国粹"的一个努力。蒋介石在1934年发起的新生活运动阐释了一种本土民族主义。这一运动并不是要回到过去或者说企图"复辟"（这一术语很长时间以来暗示着分毫不差地返回曾经被尊敬的中国古代制度）。相反，它指的是一种复活、复兴，或者说，不是通过对古老社会的重建而是对作为古老社会之根基的永恒美德的重建来达到民族的重生（德里克1975）。孝顺在这种民族的新生中起到了关键的作用。一篇发表在国民党宣传刊物《中山文化教育馆季刊》上的文章说，由于孙中山认为民族力量储藏于作为中国本质的家庭道德制度中，孝顺这一永恒的德性成了一个强大的、向前发展的中华民族的道德基础的最根本因素（杨1936）。

由此，这两个凶犯的孝心被认为代表了本质性的中国品格，正如许多向南京国民政府发的要求释放施剑翘和郑继成的电文中所表明的那样。这些电文把凶犯饱含激情的行动与更大的中国利益联系了起来，赞扬他们杀了卖国贼，认为他们不仅是为个人复仇也是为民族复仇，赞扬他们具有孝顺和勇敢的民族美德。对施的支持尤为广泛，这样的支持来自许多省份的各种类型的组织团体。一封又一封的电报吵着要求释放施剑翘，盛赞她的勇敢，并对这么一个年轻的女子能够凭一己之力杀死像孙传芳这样的民族恶棍表示出极大的惊讶。来自施剑翘的家乡安徽的组织和妇女团体是游说请愿最为强烈的团体之一。安徽同乡会对于这位家乡的女儿抱以极大的赞赏，在电报中声明"施剑翘以一弱女子为国锄奸，为父报仇"①。南京妇女会控告孙传芳背叛了党和国家，是一

---

① 《新闻报》（上海），1935年12月14日第7版。来自安徽本地，包括从桐城、舒城、淮宁等县的法律组织也发出了强烈的声音，在电报中强调郑继成案件并把它作为法律先例来援引，见《大公报》（天津），1936年2月6日第5版。

个革命的罪人,危及了平民百姓的生命。其后,它称赞施剑翘,作为一个弱女子,却不只会为父报仇,而能"为民除害"。这份请愿书把她的个人行动与它对于国家集体的意义联系了起来,结论说她并不仅仅是在为个人的悲痛而报仇,而是在为千百万同志报仇。[①] 东海妇女协会回应了南京的组织,发表了一个详细的请愿书,把施剑翘为父亲的报仇视为"为国除害"。[②]

三年前对郑继成的公众支持同样地强烈,并且也一直表达着对于郑的个人仇杀行为的更深远意义的赞赏。[③]《申报》的"自由谈"专栏的一位投稿者评论,由于军阀张宗昌如此贪婪,又在根本上背叛了国家,因此中国人民听到他的死讯后无不快意。[④] 另一位山东编辑详细地回忆了张宗昌的残暴,说社会各界都在称赞郑的勇敢,赞扬他代表全省报仇。[⑤] 郑本人写道:"余冒险击杀之,一为党国增光,二为革命增荣,三为山东除害,四为叔父报仇。"[⑥]郑继成通过强调他的复仇之于党国的意义,明确无疑地求助于中央政府的力量。

好几封电文认为南京国民政府应该赞赏凶犯的孝心,因为它具有独特的中国性。安徽奉阳师范学校的电报坚持认为,古老的孝心证实了国家的真实性,因为儒家经典《春秋》特别赞扬了那些为了美德而复仇的

---

① 《中央日报》(南京),1936 年 3 月 18 日第 3 版。
② 《申报》(上海),1936 年 3 月 13 日第 7 版。另一个女子团体,扬州妇女会要求全国妇女联合会把郑继成的案子作为先例向当局请求把施剑翘从这桩"政治罪行"中解救出来。见《申报》(上海),1935 年 12 月 2 日第 9 版。
③ 不同市民团体和个人为郑继成所发的电报的清单,见《山东民国日报》(济南),1932 年 9 月 14日第 5 版。郑案中发表的这些电文里,有大量电文来自国民党组织。根据司法院院长居正所述,要求赦免郑继成的电报来自山东、江西、天津等省、市的国民党组织,山东每一个县的党组织,山东不同的市民团体,以及其他一些人。见居正 1935,第 18 页,脚注 1。
④ 《申报》(上海),1932 年 9 月 13 日第 10 版。
⑤ 《山东民国日报》(济南),1932 年 9 月 6 日第 5 版。
⑥ 《申报》(上海),1932 年 9 月 13 日第 10 版。郑的这种语言既用在了他谋杀之后的自我辩护上,又用在了回忆录和自传文章中。关于他自首的叙述,见《北华捷报》,1932 年 9 月 7 日,第369 页。关于他在谋杀后对事件的个人叙述,见《申报》(上海),1932 年 9 月 7 日第 10 版。关于郑后来的叙述,见郑 1936、1994 年的著作。

人,因此中央也应该这样做。① 安徽同乡会说得更为直接:"吾国数千年来以忠孝立国精神,为国家民族留一点正气,在法律范围内,以轻处置,以张公道而慰舆情。"②根据这封电文,"孝"并不是古老过时的事物,而是一个持久的、与当下息息相关的民族美德。孝心是"国粹"的一部分,因为它的永恒属性经受住了时间的考验,它是历经岁月变迁而亘古不变的、永久的中国人民之根本精神。

有些电报中直接建立起了对孝义复仇之宽恕与新生活运动之间的联系。湖北省国民军训全体军事教官认为当一个人的父亲被不合法地杀害时,在这样的案件中应该宽恕孝义复仇。电文首先引用了一段来自《公羊传》的话,那是常被引证、用以说明正义复仇所具有的道德权威的章句。③ 接下来它宣告:"施剑翘之杀人,纯系激于孝义……当此实行新生活,提倡旧道德之际,尤宜褒扬嘉许,以慰舍宪。"这一观点是很明晰的。正当蒋介石致力于推广新生活的民族美德和现代宪政之时,南京国民政府应该像几个世纪以前的古人所做的那样,遵守礼制并对杀人犯给予同情。美德被褒扬为宪政的正确基础。

杀人犯的孝心动机并不是美德复仇中唯一有意义的方面。道德理想所预设的暴力形式也是同样重要的,杀人行为本身很容易被视为中国"国粹"的一部分,从而被赋予了传统的永恒性和现代的价值。杀人行为的"永恒性"建立在贯穿于中国历史中的、自古以来对美德暴力的赞赏。早在司马迁写《史记》之时,孤独的杀手,即"刺客",就以其精湛的武艺、勇气和无与伦比的正义感而备受赞赏。此类刺客经常不顾个人安危和个人利益而行动,是一个卓越的自我牺牲的烈士,他的复仇和杀人是对美德和自我牺牲的至高无上的表达。他的暴力并不是对秩序的僭越,相

---

① 《大公报》(天津),1936年3月11日第6版。
② 《新闻报》(上海),1935年12月14日第7版。
③ 《晨报》(北平),1936年3月28日第6版。关于《公羊传》这段引文的更多信息,参见我在第四章的讨论。

反却展示了他愿意为美德和原则而牺牲的品质。

我们很容易看到，郑继成和施剑翘正是自我牺牲的刺客的漫长脉络中最晚近的代表。郑和施诠释并更新了孤独刺客这一典型所具有的勇气和正义感，把古代的美德与民族英雄主义和现代爱国主义联系了起来。比如，对施剑翘的赦免以及好几封支持性的电文明确地把施剑翘呈现为"一个弱女子"，这个"弱女子"却能够通过自我转变而成为一个强大的复仇者并杀死残暴的军阀。这样一种描述回应着在无数小说和传奇中被不断纪念的中国古代女侠的英雄美德。然而，同时，施剑翘所体现的这一英雄的又带有救赎意味的美德，使她成了现代儒教国家的完美符号，这个国家尽管面临着重重问题，却依然希望通过自我转变而成为一个强有力的国度。

如果说道德复仇的古代传统给这些 20 世纪的暴力行为灌注了意义，那么关于"暗杀"的整个现代话语也由此获得了新的意义。"暗杀"并不是陈旧过时的古代遗迹，而是对新事物的有力象征。这种暴力模式所蕴含的现代性首先是在晚清的无政府主义话语中牢固地树立起来的，它把暴力呈现为一种进步的、充满活力的参与现代政治的方式。晚清的散文家和革命者们，从梁启超到汪精卫，都对群众运动抱有深深的怀疑，他们转而从俄国民粹运动的虚无主义和无政府主义理想中汲取资源。[①] 相应地，他们把刺杀称赏为一种有益于反清革命的标准现代技能。他们组织暗杀团，并参加到成功与失败不一的各种个人暗杀行动中。暗杀的现代性在对炸药和炸弹的拜物迷恋中被赋予了实体形式（高谔［Krebs］1981）。晚清时，刺客不再像古典的侠客那样挥舞着剑或匕首，而是投掷炸弹。

到了南京时期，暗杀仍然被认为是现代形式的暴力，尽管与晚清相

---

① 沙培德 1990。与之形成对比的是，五四时期的第二代无政府主义者更多地受到了俄国和其他地方社会主义革命的成功范例的鼓舞，因此更偏爱群众运动，而不是把个人的刺杀行为作为革命的手段。

比暗杀有了显著的不同——与暗杀相关的技术不再是炸弹，而是勃朗宁手枪，这是施剑翘和郑继成一致选择的武器。尽管晚清时期的现代暗杀明确地指向清朝的国家政权，但到了民国时期，这一行为却有着截然相反的象征意义。政治暗杀不再有反国家的意义，而与政权自身联系了起来。学者们很早就发现，蒋介石有意识仿效着欧洲强大的法西斯政权来塑造国民党政权，这类政权都明里推行军国主义，暗中则制造着国家恐怖（比如方德万［Van de Ven］1997）。像它的欧洲同伴一样，中国的政权试图制造恐怖的气氛，展览国家的控制力和暴力，并把它作为引人注目的权力的标志。它毫不犹豫地指使特务去暗杀那些它认为是阻碍了强有力的国家统治的政治敌人。

自不必说，中央的政治杀戮招来了批评界的严厉抨击。[1] 人们把政治暗杀与20年代的政治混乱和军阀倾轧、30年代由国家权力认可的右翼恐怖联系了起来。好几位评论家大胆地批评政府对这种残暴行为的支持。在由胡适所创办的自由主义改革派周刊《独立评论》中，蒋廷黻控诉政府对暗杀的依赖正表明了它实际上的软弱无力（蒋1933）。在山东一家报纸上，召南也认为对国民政府外交部副部长唐有任的暗杀和对汪精卫的未遂暗杀都是国民党派系斗争混乱无序的标志。根据召南，尽管关于谁策划了这些暗杀事件尚不大清楚，但可以肯定的是，唐和汪之所以成为暗杀的目标是因为他们与日本的亲善关系。召南指出，传言认为国民党特务机关头子戴笠，曾经奉蒋介石本人之命指挥了这些暗杀行动，并在结论处说，在这两个暗杀事件中信息的可疑缺乏表明总体上不透明的党派政治所带来的混乱和困惑。[2]

一些作家努力在美德暗杀和政治暗杀之间作出区别。山东作家召

---

[1] 正如上文提到的，魏斐德（2003，特别是第176—179页）讨论了一些公众的反对之声以及更为瞩目的轰动性案件是如何引起了国内国际公众对政权的抗议和谴责。

[2] 召1935。唐有任于1935年12月25日被暗杀在上海的法租界内。如前文所交代的，对行政院院长汪精卫的未遂暗杀发生在1935年11月1日。

南对比了唐有任、汪精卫的被暗杀和张宗昌、孙传芳的被暗杀。他认为，唐和汪是政治目的所驱动的谋杀的牺牲品，而张和孙的被杀则是值得尊敬的光明正大的激情复仇。召在可疑的政治处决和真诚的复仇之间作出了鲜明的划分，却因此而掩盖了人们对所谓的"美德暗杀"所持有的越来越暧昧不明的态度。汪漱碧就是其中之一，他认为复仇是古代英雄和武艺的传统，却在现代中国延续并繁荣，这带来了矛盾的后果（汪1935）。发表在重要杂志《读书生活》上的文章《暗杀》，追溯了中国的暗杀的历史脉络，从战国时期的荆轲刺秦，到晚清时期革命党人的暗杀行动，后者还包括汪精卫受俄国无政府主义者暗杀沙皇的启发而对摄政王的行刺。然而，尽管有着这样的遗产，作者对发生在现代时期的暗杀仍抱有保留的态度，他特别提到施剑翘的案子，他说，尽管施所声称的"孝心"的杀人动机是超越而崇高的，但暗杀却算不上光明正大的行为，它背后的政治比表面上显示出来的要复杂得多。[1]

　　尽管人们对暗杀抱有矛盾的态度，但把这两起仇杀案诠释为"国粹"的表现形式的说法最可能对国民党政权有着极大的吸引力。在某种程度上，作为民族英雄的复仇暗杀者提供了一种强有力的、与通俗小说对反国家的"侠客"的解读方式相反的叙述——郑继成和施剑翘不仅仅是为国家复仇的英雄，还赢得了公众对"侠客"即勇敢的法外刺客的支持，这种诠释方式使人们联想到一种悠久的古代传统，即背叛秩序的法外英雄和英勇的强盗在国家衰落无能的情况下弘扬正义。正如第二章讨论过的，施剑翘被称赞为"侠女"，用几发子弹便实现了中央政权迟迟未能实现的民族正义。郑继成案的评论家们也含蓄地承认，把刺客郑继成褒奖为"侠"有着反国家的内涵。比如，一篇文章把郑继成与南宋有名的刺客游侠郑虎臣相比较，郑虎臣之所以深受人们的怀念，是因为他除掉了

---

① 见《暗杀》，《读书生活》1935年第3卷第2期，第74页。我将在下文更深入地讨论复仇背后的复杂政治。

南宋臭名昭著的卖国权奸贾似道,这个举动对于当时未能成功驱逐北方
野蛮民族的南宋政权来说有着巨大的意义。①

　　将刺客褒奖为民族英雄的特赦令给国民政府提供了绝佳的机会来
控制事件的陈述,并压抑不那么利于他们的阐释方式。两个复仇行为成
为南京国民政府的政治功能的有力隐喻。正如一位评论家提到的,孙传
芳不公正地处决了施剑翘的父亲并把头砍下来钉在木桩上的行为是一
种信号,说明了20年代的道德和政治混乱。② 往大处说,施剑翘的复仇
戏剧性地使事物回到了原来的秩序,就像国民革命和其后的统治恢复了
全国的秩序一样。同样的,虽然张宗昌的贪婪统治代表了早年野蛮的军
阀混战,郑继成的报复却标志了南京国民政府时期对正常秩序的回归。
简而言之,当国民党政权急切地对中华民族加以重新定义时,这两个案
子中构成"正义复仇"的一切因素——孝心、"因果报应"、以"仇"的形式
表现出来的最高美德——都具有了极大的吸引力。两个复仇行为成为
"真实性"之所在,巩固了政权作为一个强大、善战而现代的民族国家的
自我形象。两个案子都使国家得以利用刺客的孝情作为手段,为"新生
活"民族主义召集起公众同情。由勇敢的复仇者来匡扶正义,正代表了
国民党政权为中国作出的贡献。

协会的力量:司法独立和党义

　　尽管赦免这些暴力行为至为重要地开启了孝义复仇的象征意义,但
我们必须注意到特赦令同时也是"实权政治"(realpolitik)的具体表达形
式,而"实权政治"正是这一时期政治文化的重要特色。对施剑翘和郑继
成的特赦使我们看到国家和社会之间的具体关系是如何在30年代被重

---

① 《姓郑的刺客》1932。
② 《晶报》编辑妙微认为,孙传芳在安徽蚌埠火车站枭首施从滨是残忍至极的,而孙把施的首级
　　钉在木桩上的行为更是非常羞辱性的,它作为一个信号表明了那个时代的混乱。见《晶报》
　　(上海),1935年11月22日第2版。

整协调的。特别是,政权在特赦的过程中动员起公众同情的权威,以便使政府对社会和司法领域的控制合法化,并借此协调国家与盘踞在各地方的精明政治家和下野军阀之间的关系。以这种方式利用特赦的尝试最终会带来自相矛盾的结果。即使事实证明特赦的过程能够成为国民党当局巩固它们对社会和政治支脉之控制的机会,但它同时也揭示出政权无法完全实现它的全盘控制。

党义与法律之冲突

事实证明,特赦令是国民党中央借以协调它与作为其自身分支的司法部门之间关系的一个机会。30年代产生了关于如何界定适合于现代社会的“正义”原则的激烈辩论。法制改革者们提倡把法律作为现代社会的根基。然而正像这两个复仇案件所显示的那样,大众情绪满怀热情地认可了孝义复仇在道德上的正义性,由此对法典所规定的“杀人偿命”原则提出了挑战。政权通过操纵成文法典和大众情绪两者之间的冲突,借机为它将权力扩张到司法领域提供了合法的依据。自从1928年国民党崛起并掌控全国权力伊始,新政权便对日益增强的司法独立性感到忧虑,并迅速地转向了对司法领域的遏制或者说“党化”。① 这种“党化”包括持续不断地保证行政部门的权威凌驾于司法部门和改革派力量之上;还包括对律师和法官这一新兴职业群体施加来自国家的控制,而这一群体在过去的十年里已经建立起了脆弱的司法独立的表象。通过使政权有机会宣称它能够解决法律和大众情感之间的矛盾,特赦令成了政权借以实现“党化”司法领域这一更大规划的另一种途径。

政府的赦免权于1912年作为共和制的一部分而建立起来。当年的《中华民国临时约法》赋予中华民国总统宣告特赦、大赦和其他形式的减刑的权力。1931年6月1日的临时宪法第68条赋予了国民政府相似的

① 更多关于国民党对司法领域的侵噬,见徐小群2001,特别是第9章。

权力。尽管条款本身非常简洁,仅仅陈述了政权有权给予特赦和大赦,但一份更为详细的关于条款的诠释由上海法政学出版社出版的《中华民国训政时期约法详解》(朱 1936)一书提供了出来。根据这本书,特赦与大赦的不同之处在于它针对的是一个罪犯而非一群罪犯。[1] 它并不是要消解某一罪行的罪责,而仅仅是使罪犯个人免于司法的惩处。书中更解释道,法律规定,特赦令只有在法庭审判全部完成时才能颁发,因此它是一种对法典的补充手段。在程序上是由司法院与行政部门一起批准特赦令。必须先由司法院院长建议特赦,然后行政部门才是操作它的最后权威。

一种观点认为特赦是行政院用来纠正司法系统的局限性的手段,这一观念在 1935 年上海商业出版社的《中国大赦考》(徐 1935)中得到了更广泛的传播。这本书提倡特赦,并考证了特赦在中国的发源。为了证明中国有着首领有权减刑的古老传统,这本薄薄的册子的大部分篇幅都放在了古代的宽恕和颁布大赦、特赦和减刑的历史先例上。在"起源"这一部分中,书里解释道,从古至今,法律一般被认为是具有局限性的,它无法一一处理人类所遭遇到的所有处境;因此,特赦、大赦和减刑这些机制允许行政部门在必要的时候对司法过程进行弥补或修正。书中说,"从战国时代起,中国就有这样的先例:一旦刑事管理不再合适,领袖就利用减免刑罚的权力发挥作用"(徐 1935,第 2 页)。虽然这本书试图把现代特赦的起源放置在中国历史中,但现代政府的特赦权力当然并不是中华民国政府特有的。在上文提到的《中华民国训政时期约法详解》(朱 1936)中关于"特赦"这一词条的解释明确地提到,在所有的现代国家中,包括欧洲、北美和日本,特赦属于国家元首的权限之内。

可以肯定的是,特赦的权力是当时许多现代政府共享的。然而,民国时期的特赦的独特之处在于,它们与国民党政权试图扩张政党权威并

---

[1] 更多关于宋代法律中的大赦的历史,见马伯良(McKnight)1981。

使之凌驾于法律之上的计划紧密地联系起来。在法院做出最终判决之后还能以行政力量进行干涉这一事实传达出了一个明确无误的信息，即司法系统并不能充分解释犯罪背后的情形的特殊性质。然而，对于一些国民党的官员来说，在临时宪法中作为行政特权的特赦机制，由于其并没有推翻罪名而仅仅是准予缓刑，因此并不足以保证真正的正义。两个特赦令成为一些人对有关法与情之关系、国民党与司法界之关系以及"党义"在评判正义的标准中的地位等更大问题进行重新评价的理由。

比如，一篇学识渊博的、为"司法党化"进行激烈辩护的文章刊登在了 1935 年 5 月的《东方杂志》和《中华法学》上。这篇文章由国民党委任的司法院院长居正执笔，以郑继成案为例证明党义具有独一无二的能力来调和法律和大众情感。① 居正写道，郑继成案特别富有启发性，因为它暴露出人民正义与国家法律亦即三民主义的刑法之间的显著冲突。一方面，公众相信刺杀行为绝不是犯罪而是对公共正义的最高表达，因为郑的孝心是富有美德的，而张宗昌是个贪婪的卖国贼。然而，另一方面，根据民国法律，复仇是一种蓄意谋杀的行为。不仅如此，居正认为行政特赦仅仅是使罪犯本人免于惩罚，而并不是对这一罪责做出判决上的推翻，因此不足以填众人之义愤。他认为，党义是弥合集体情感和法律条文两者之根本冲突的唯一手段，因此应该成为这个案子中的最后权威。他进一步解释说，党义是为"国家自由"这一国民革命的根本原则而服务的。这一原则并不在于对个人财产进行保护或者对现代法律的关切上，而在于促进共和国全体国民之自由。在这样的角度下，由于张宗昌过往

---

① 见居正 1935。这篇文章是为了 1935 年 9 月在南京召开的全国司法会议而写的。在 1931 年之前，居正曾有几年的时间与蒋介石十分疏远，甚至蒋介石曾一度因为他在华北组建了一个与蒋相抗衡的政府和党而逮捕他。然而到了 1931 年，居正作为司法院副院长进入南京国民政府任职。1932 年 3 月，当院长辞职时，作为副院长的居正不能不为了压制各种政治异议而出任院长。因此我们必须了解的是，居正对党义的推崇是与他作为国民党司法院院长的地位密不可分的。关于居正更多的生平信息，可见包华德、理查德·霍华德 1967—1971，第 1 卷，第 473 页。

的作为侵犯到了人民群体的权利,他在法律保护之下的个人权利也就不再有效。郑继成杀死卖国的军阀促进了全国的自由,应当被承认为最高的自由宗旨,因此不应该根据成文法典对之提起控诉。

认为党义是最能够带来正义的这一观点在施剑翘案子中也得到了回响。1935 年 11 月,在施剑翘刺孙事件刚刚发生后出版的南京刊物《民生》上,作者顽生重新回顾了居正此前的评论,并原文引用了居正对"党义"的合理化解释(顽 1935)。虽然我没能查明顽生为何许人,但他选择将文章发表在以传播国民党政策和观点而著称的《民生》杂志上,这一事实清楚地表明他提倡的是与国民党政权一致的观点。① 在提到由施剑翘案引发的争议时,顽生提醒读者注意国民党司法院院长在早先的郑继成案中就已经为党义作过辩护。这一提醒的用意是十分清楚的。同样在施剑翘的案子中,党义必须成为最终的裁决力量,并且应该将国民党政权提升到成文法和行政特赦的宪法定义之上,以推翻对罪责的判决。尽管没有证据表明在这两个案子中有任何这方面的实际行动,但这些事件还是作为一个论坛发挥了功能,使国民党当局和其他作家能够把党义推崇为弥合公众情感和法典的首要手段,从而保证了国家的集体利益,并确保正义能够真正地实现。

市民组织的规范性力量

除了揭示出党与司法界的关系之外,这些特赦令的意义还在于揭示了国家对市民组织的规范性权威的日益承认以及这种权威是如何在与国家权力的讨价还价中获得的。比如,值得注意的是,在这些特赦令中,国民党政府把公众的支持放在一个受到承认的社会群体的位置中。对施剑翘的特赦令明确地提到"各学校各民众团体"请求释放罪犯,对郑继

---

① "民生"这一词条在《中国报刊辞典》中的解释明确地提到了《民生》杂志宣传的是国民党的观点和政策(王、朱 1992)。

成的特赦令也提到了"各民众团体纷纷请求特赦"。这些字句表明了在国民党对于社会的构想中，在它看来社会的成员不是"大众"而是"团体"（如一个个协会和组织等）。然而，就算这些特赦令中使用的语言是为了给国民党对于"社会"的界定提供合法化的依据，这样的修辞策略也会带来风险和意料不到的后果。市民组织本身能够从这种修辞中获得一种制度上的合法性。其他那些并不完全与政权的计划合作的社会势力，包括地方军阀在内，也能够调动"协会力量"来追求他们自身的、独立的利益。

国民党长期以来一直担心一个独立的协会力量的崛起。晚清时的中央政府缺乏条理和连贯性，各种市民的团体和协会获得了极大的权力和自主性，并与中央或集权化的势力发展起了复杂的关系（比如，见全大伟 1989；徐小群 2001）。地方同乡会、劳工组织和其他市民团体经常发现，就算他们的独立性得到增强，他们试图建立民族国家的兴趣和尝试也经常与一个集权化力量的规划彼此重合或互相加强（顾德曼 1995；钱曾瑗 1999）。然而，尽管与国家规划相重叠，国民党仍然为这些协会日益增长的独立性和权力而感到不安，这种担忧从 20 年代就开始了（钱曾瑗 1999）。在广东国民政府时期，孙中山就采取了一系列措施使国民党既动员、又约束这些团体的权威。孙中山通过建立宣传机器，与学校团体、妇女组织和商会建立起联系，并用他关于集团主义、政党统治的理论为这些行动提供依据，从而保证国民党对社会领域的联系。①

到了 1928 年，新的国民党政权希望把独立的市民团体更稳固地纳入南京政权中的愿望更加强烈。蒋介石迅速地把一个原本相当独立的国民党巩固成为国家机器，以便建立起一个比以往任何政权都更为集团主义的党国政权。把政党置于他的控制之下后，蒋介石开始试图带有侵

---

① 更多关于 20 年代广东国民政府时期党派统治的扩大，见费约翰 1996，特别是第五、六章。又见钱曾瑗 1999，他认为虽然广东国民政府咄咄逼人地试图动员起社会力量，但实际上并没能有效地做到。

略性地"党化"市民社会,他通过把政权的影响力扩张到商会、市民团体、职业协会和社会各圈子来达到这一目的。[1] 蒋介石汲取了孙中山的三民主义和"三阶段革命论",提出,对内巩固政权和建立集团主义的党国,是从国民革命第一阶段即军政阶段迈向训政阶段,在训政阶段,国民党代表人民执行国家权力,实行"一党治国"。为了保证对职业团体的控制,新政权要求所有的团体必须注册登记并纳入由新订立的规章制度和控制机制组成的一张大网中。

学者们最近的研究表明,南京国民政府在试图动员和控制社会时,反而经常产生令他们意想不到的后果,即把权力和合法性让渡给它试图驾驭的这些组织和社团。徐小群在讨论南京国民政府对市民组织的监控时,展示了用来对这些团体施加控制的法律认可和行政规章同时也强化了这些团体的制度性界限。正如他说的,"参加到集团主义的社会规划中,南京国民政府试图把社会组织纳入到由党国监督的功能性的团体中。然而,这些由国民党设立、用于控制市民协会的法规和章程同时也使这些协会获得了合法性"(徐 2001,第 80 页)。在一篇讨论南京国民政府时期请愿的作用的文章中,张倩雯和梁弘明(Rebecca Nedostup and Liang Hongming)也认为,请愿成了市民团体甚至公民个人"用(国民党的宣传机器)来反对它自身的创造者"的机会(2001,第 207 页)。他们指出,请愿者们响应了国民政府让他们参加民国建设的号召,当他们认为国民政府并没有很好地履行自己的职责时,就通过请愿的方式来矫正问题。请愿还意味着去灌输一种建立在"民主和家长制之间的微妙平衡"之上的训政观念(第 185 页)。但它经常作为请愿者们的工具被用来指出训政携带的权力和职责往往超过了政府的预想。

---

[1] 关于南京国民政府对商人的吸收,见傅士卓 1985,对职业协会的吸收,见徐小群 2001。费约翰 1996 年的著作曾经讨论过国民党从 20 年代起就试图把影响力扩大到社会组织的倾向。徐小群指出,国民党政权在 30 年代要求所有的社会组织必须在各国民党机关和国家机构处登记注册(2001,第 95—106 页)。

对施剑翘和郑继成的特赦也会造成同样的风险,即把比原来预期的更多的权力让渡给被调动起来的公众团体。通过明确指出许多公众组织要求官方的宽大处理,特赦令试图编造出中央政府与分布广泛的市民群体之间相互联合的表象。在这样做的同时,特赦令试图推广国民党关于社会的构想,即,社会能够被划分成可供管理、调控的一个个团体。特赦令更声明道,政权是代表公众感情对罪犯给予宽大处理。政府用这样一种修辞姿态把自己呈现为社会组织的代言人,也因此实现了对它们的控制,而这些团体组织正是它试图获取权威的来源。

然而,对于发表电报的市民协会来说,特赦的过程是一次借以维护它们由国家赋予的、在体制上的存在理由的机会。公共组织和市民团体蜂拥而至各县、市、省,乃至全国性的政府机关和国民党机构,以及各种形式的媒体,发出要求官方赦免的电报。电文来自不同的省份、不同的行政级别(当地县、市、省、全国),来自不同种类的协会和组织(从妇女协会、学生校友会,到工会、农会、商会,甚至军队机关)。单河南一省,支持施剑翘的组织就包括开封的中央工会、县农民协会、商会、妇女协会、联合商会和河南省妇女组织。每一个组织不仅向中央发出请愿书,而且还向其他省份和城市的政府以及其他市民组织发出请愿,以鼓励他们支持这位年轻的刺客。[1] 通过请求宽大处理,他们使他们的体制性和政治性存在为人所知晓。并不令人奇怪的,媒体很快便承认这些组织的力量。在施案中,上海《时报》明确地赞赏这些组织团体的呼吁,并把它们与国民政府内部一些资深政治家的意见放在一起,催促政府尽快采取行动。[2]

可以肯定的是,也许并不是所有这些呼吁都是自发的行为。就像我

---

[1]《晨报》(北平),1935 年 11 月 23 日第 5 版。有趣的是,先前对郑继成的特赦令特别把国民党组织也列入与其他市民团体并列的名单,然而在施剑翘的特赦令中却并没有这样做。在对郑的特赦中提及党的组织,并不意味着中央政府比在施案中更积极地为郑搜集支持性的电文。它也许反映了这样一个事实,即 30 年代早期,政权希望像拉拢其他的市民组织一样,同化原本具有独立性的党组织(傅士卓 1985)。

[2]《时报》(上海),1936 年 10 月 17 日第 5 版。

在下一部分即将讨论到的,像韩复榘和冯玉祥这样的军阀曾经调动起各种市民团体向政府请愿,要求对这两个案子加以特赦。这一事实表明,这些电文中有不少是以上级命令征集的,但是这并不能驳倒这样一种可能性,即这些作为公共文件的电报仍然赋予了作为电报签发者的公众团体以体制上的合法性。实际上,来自上级的动员正是诉求于市民协会日益增长的规范性影响力。中央政府在试图合法化它对暴力的认可时,也试图调动协会的权威,而希望利用特赦令来与中央的政治规划讨价还价的军阀们同样也在这样做。

流言、军阀和同谋

要明白这两个特赦令如何促使国家与其他政治势力讨价还价,也许最明白不过的方法就是去考察两个声名狼藉的政客在这两起事件中的作用。韩复榘,一个特立独行的山东省政府官员;冯玉祥,一个顽固地保持独立性的政要,利用刺杀事件推进他们的个人利益并与政权对抗。韩复榘在策划郑继成事件中的作用和冯玉祥在两个刺杀事件中的角色都被谣言的疑云笼罩着。这种混乱也许正中两人下怀,因为他们试图通过争取把原本是政治暗杀的行为界定为道德报应并予以认可的官方特赦,来掩盖事件背后的政治阴谋。此外两人还调动起人们的政治情绪来达到这一目的。反过来,特赦令也给政权提供了机会对这些特立独行的政客作出回应。通过准予宽大处理,政权在某种程度上抚慰了这些政客。但在另一个层面上,特赦令还使得政府重申自己的权威,并作出这样的声明:它能比任何政治家个人更好地代表公众情绪并实现民族正义。

蒋介石面临着失去控制的华北局势。虽然他希望从半自治的军阀政治家手中夺取对华北的控制权,但蒋介石所拥有的军事实力却并不足以做到这些。不仅如此,日本的进犯也越发明显。各处有传言说地方军阀虽然名义上对南京国民政府表示忠诚,但实际上却在与日本人暗中勾结。这样的局势下,中央政府无疑会认为由地方军阀自主实施的政治暴力是有损于政府声名的。然而这两个案子中也充斥着此类谣言。人们广泛地猜测,这两起复仇事件会不会实际上属于政治暗杀,这种猜测进一步凸显了此前社会上对于半自治军阀和处于中央控制之外私自操纵的政治家的焦虑情绪。

两起事件都卷入了诡计与猜测的迷雾中。在郑继成案子中,一种广泛流传的说法曾经引起轩然大波,这种说法认为韩复榘是刺杀行动的幕后指使者。众所周知韩复榘一直与中央政府对着干。蒋介石在北伐后曾用山东省政府主席的职位贿赂韩以换取他对冯玉祥的背叛,而韩对南京国民政府的拥护也仅仅是名义上的。他的合作很少包含着对南京政权的考虑,这使得他与蒋的关系更加紧张。因此,这种特殊关系和韩复榘的动机很容易成为流言和猜测的目标。

很快有流言认为郑继成的孝义复仇仅仅是韩复榘对狗肉将军张宗昌的政治暗杀。据说,韩复榘对于张宗昌 1931 年突然返回华北以及他有可能策划政变的传闻感到十分不安。流言说,曾经身为军阀冯玉祥亲密部下的韩复榘一度向冯玉祥寻求建议;其时,冯组建“国民军”并借此重返权力中心的计划流产后,正暂时隐居泰山。冯、韩两人的再度联系使日本人传出了二人策划推翻蒋介石的说法(柯博文[Coble]1991,第 64 页)。接着很快便传出了这样的流言:两人密谋着暗杀张宗昌。据说冯玉祥推荐了曾在其国民军中的郑继成承担暗杀任务,并把暗杀设计为一场孝义复仇以赢得公众同情。郑继成的叔父、为张宗昌所杀的郑金声,与冯玉祥从辛亥革命时起就有交情,他们一起建立了新民山东同乡会(柴 1957,第 334 页)。许多人认为冯个人也非常希望看到张宗昌本人死亡。

许多新闻报道都参与进这种猜测中。比如,上海出版的首家英文报纸《北华捷报》马上对张宗昌将军被刺一事提出了疑问。一名记者说,他很奇怪为什么张宗昌明明知道山东政敌四布还要踏上这块土地。记者转述了张宗昌访问山东期间的一些诡异传闻。比如,当张宗昌得知韩复榘不来参加特地为他庆祝的宴会时,举止反常并且大为不安。据说,三个神情紧张的歌女令张宗昌更加警惕,张突然在宴会进行到一半时宣布他必须马上返回北平。而最令记者感到不正常的是郑继成和他的同伴在火车站被逮捕的方式。根据情报提供者所言,警察被命令放下武器去执行逮捕,而刺客在流露出要暗杀张的动机后竟然还获许停留在月台上。他写道:"在射杀前后的这段时间里,没有看到任何一点要去制止凶手的努力,凶手继续镇静且不受阻拦地近距离向张宗昌开枪,直到他们打空子弹。在那之后,他们才被逮捕。"[1]作为一家西方报纸,《北华捷报》倾向于以一种专注于挖掘秘闻的"窥私"方式去描述中国政治世界里正在发生的动向。对张宗昌案的上述描述便是这样一篇报道,这反映并加深了围绕着这一事件的总体谜团。[2]

　　根据韩复榘最近的一本传记,这些谣言确实是真的,韩复榘和冯玉祥不遗余力地想要杀死狗肉将军(吕伟俊 1997,第 96—104 页)。这些真实的谣言说明了这一时期地方军阀确实享有很大程度的自治性,这也是学者们早就发现的。然而,这里有意思的是,韩复榘还关注着公众的情绪,并希望政权能把暗杀事件展示为一个道德上合法的孝义复仇。因此,他介入了与蒋介石的协商中。就我们这里讨论的问题而言,谣言是否属实并不重要,重要的是这种充满猜测的氛围促成了韩复榘和中央政府之间的讨价还价。在流言和怀疑的氛围中,韩复榘找到了推进他与南

---

① 《北华捷报》,1932 年 9 月 14 日,第 409 页。

② 有关这一事件的谣言仍然席卷着 1949 年以后的文章。王慰农(1960)回忆道,他曾经代人撰写《英雄的小传》,这本小册子在郑继成接受审判期间广为流传。他承认,他完全按照有利于郑继成的方式美化了暗杀事件的事实。他还回忆,他发现郑继成的辩护词中有一个显著的破绽。具体而言,在辩护律师的陈述中,一方面,郑继成是一个英雄的刺客;然而另一方面,郑又不是真正的杀手,因为杀死张宗昌的那颗子弹来自步枪而不是手枪,当他向郑的律师指出这一逻辑上的漏洞时,律师完全是一副漠不关心的样子。正是这种漠不关心的可疑态度使得王开始怀疑整个审判是被人操纵的。

京国民政府的合作的机会。

从一开始，韩复榘和山东省政府就发动了咄咄逼人的运动，调动山东公众的情绪来支持他们，试图赢得迅速的特赦。国民党山东省党部书记长张苇村带头进行了这一系列的活动，在他的努力下，如何争取特赦成了国民党山东省委员会 1932 年 9 月 5 日举行的第 167 次会议上的中心议题。① 这一会议的讨论结果在山东的主要报纸上发表，其结论是，郑的复仇为国家除掉了卖国贼张宗昌，因此是英雄的行为。这一会议的成员还得出结论，法律固然必须被弘扬，但也必须承认道德情理。市民团体向南京不断地发出电报，好几位有着全国影响的省级要人也声明了他们对郑的支持。② 正如政府最终用市民团体的电报来为它赦免郑对张宗昌的刺杀辩护一样，山东省内各协会的活动成了韩复榘借以推动政府行动的工具。

面对着如此强势的请愿和广泛的猜测，蒋介石必须面对人们对特赦的要求，但他又不能表现成仅仅是因为屈从于韩复榘的压力才这样做。因此当韩公开要求南京政府放弃审判而直接签发特赦令时，中央坚持案子必须遵从司法程序。蒋介石给山东省政府发了一封电报，日期标注为 1932 年 9 月 9 日，在里面他说："刺张人犯，宜俟法院判决后，如科罪过重，再授特赦条例办理，庶于国法舆论，两能兼顾也。"③ 这封发表在《申报》上的电报建立起这样一个观念：司法界的权威必须被尊重，并且只有中央政府而不是军阀个人才能在正当的法律程序之后根据舆情使用特赦机制。蒋介石强调，尽管法律和舆论可能互相冲突，但它们是同等重

---

① 《山东民国日报》（济南），1932 年 9 月 10 日第 5 版。
② 市民团体发出的电文，见《山东民国日报》（济南），1932 年 9 月 9 日第 5 版。关于省级要人的信息，见《山东民国日报》（济南），1932 年 9 月 10 日第 5 版。关于张苇村发给蒋介石的电文，见《东海日报》（济南），1932 年 9 月 7 日第 2 版。北平中央研究院历史语言研究所所长傅斯年和教育界的另一位著名人物毛准均也请求宽大处理。见《山东民国日报》（济南），1932 年 9 月 13 日第 5 版。全国性的名人也是如此，1932 年时任南京国民政府顾问的李烈钧，也发了电报支持对郑继成的宽恕。见《东海日报》（济南），1932 年 9 月 13 日第 3 版。
③ 《申报》（上海），1932 年 9 月 10 日第 4 版。

要的,并且只有政府的行政部门才能够使它们得到充分的注意。尽管他并没有像居正三年后所做的那样征引"党义",但蒋仍然同意作为司法院院长的居正的逻辑,即只有中央政府才有权协调法律和大众情感之间的关系。

韩复榘显然收到了这一信号。9月10日,国民党山东省委员会提出请求的第二天,韩复榘突然改变了山东省政府的立场,恭敬地同意了中央政府认为审判必要的意见。上海的《申报》报道了山东和南京政权之间正在进行的合作与让步,它引用了山东省政府的声明:"省政府对于张案没有异议。我们将尊重中央政府和社会的意愿。"①然而,这样的让步仅仅是暂时的。在没有争取到第一时间的特赦后,韩确保了各种支持郑继成的电报的继续发出,并且在七年有期徒刑的初审判决下达之后,国民党山东省党部再次提出了官方特赦的请求。1932年11月下旬,韩的坚韧不拔终于得到了回报。中央政府里的几个高级官员也援引舆情请求蒋介石给予特赦,并且得到了成功。② 1933年3月,特赦终于被批准了。

韩复榘和蒋介石的上述交锋证明了,在特赦的过程中存在着使双方都能达到他们的目的的空间。对于山东省政府来说,郑继成最终获得了特赦,从而,一个处心积虑的政治暗杀事件经由国家的最高政治权威而被合法化,变为正义的复仇。对于中央政府来说,一场程序完整的审判维护了法院的合法性,同时也显示了政府的宽宏大量,并把政府的形象树立为案件的最终裁决者。此外,官方的特赦为政权控制像韩复榘这样的政治暴发户提供了手段。因为尽管韩实现了他自己的目标,杀掉了对其有威胁性的敌人,并最终通过讨价还价而为他雇的

---

① 《申报》(上海),1932年9月23日,南京国民政府行政院发了一份官方电函要求山东省政府把案子移交给法院。关于这封电报的内容,见《山东民国日报》(济南),1932年9月24日第5版。
② 《山东民国日报》(济南),1932年11月20日第5版。

刺客赢得了官方的宽恕,但在这个过程中他仍然被迫承认中央政府的最终权威性。

三年后,与施剑翘案有关的流言和异端邪说加剧了早已存在的对于国民党统一性和合法性的怀疑。一股怀疑的总体气氛包围了1935年的这桩谋杀案。这样一种猜测流行着:孙传芳被刺是更大的阴谋和政治的一部分,其中有着20年代上海地区政治角逐者的介入。① 还有流言说施剑翘实际上是一名军统局特务,她杀死孙传芳是奉命行事。② 关于官方在幕后策划了这起谋杀事件的怀疑,最鲜明地体现在《清华周刊》的愤世嫉俗的评论上。《清华周刊》是一家定期发表社会评论和政治观察的周刊。在官方的特赦声明发表后,一位作者怀疑施剑翘事件是从一开始便被策划好的。作者发现,施剑翘刚刚被释放,就被一辆政府的小车接走,接到来自南京的支持她的电报,又赢得媒体对她重返北平的持续报道,从这些事件判断,难怪凶手能够在审判期间自始至终都保持着勇敢镇定的外表。作者说道:"我想希望猫子放开老鼠这事恐怕不太容易。但如果猫口里含着的原来只是自己的小猫,则玩玩一定是可以放去的。"这句话是根据"猫鼠同眠"这个俚语发挥的,它比喻腐败的官员与罪犯勾结。这句话清楚地表明,作者认为施剑翘的获释是因为她与政府的关系网:如果施剑翘是一只老鼠,她决不可能获得特赦;但作为一只猫宝宝,也就是政权自身的血脉,她当然能够获得特殊待遇(古1936)。

与郑继成案子相比,没有证据表明施获得特殊待遇的谣言属实。然而,猜疑的氛围仍然具有值得注意的历史意义,特别是因为它牵涉到这样一种怀疑:时任国民党军事委员会副委员长的冯玉祥究竟在多大程度上服从于蒋介石的意志。换句话说,如果说郑继成案让人们怀疑蒋介石是否有能力控制韩复榘和华北局势,那么施剑翘案则让人们怀疑政权除

---

① 见《前军阀祈祷时被射杀》,《北华捷报》,1935年11月20日,第308页。
② 见魏斐德2003,第477页,脚注34。这里被引用的作者说,他没有找到证明这些谣言属实的证据。

了对地方军阀的控制之外,是否有能力控制与中央政府自身息息相关的事务。那么冯玉祥在这个事件中究竟扮演了怎样的角色呢? 在郑案中,冯从一开始就一直在幕后给韩复榘提供参谋,但在施案中,他似乎扮演了一个更为人所知也更具体的角色——使女凶犯重获自由。比如,在冯玉祥过世后出版的他的日记中,并没有提到他从一开始便策划了施剑翘事件,而仅仅提到了他曾在刺杀事件发生后,以中间人的身份做了很多幕后工作,劝说蒋介石给予施剑翘特赦(冯 1992,第 3—5 卷)。

特别的是,冯玉祥的日记有意思地表明,即便在某些程序性步骤倾向于给施剑翘特赦时,冯个人的拥护也在事件中起了至关重要的作用。根据他的日记,1935 年 11 月 14 日,刺杀事件发生的第二天,施剑翘的弟弟施则凡和堂弟施仲达与他进行联系。虽然简短的日记中仅仅提到两人前来拜访,并没有透露更多的信息,但是从他们拜访的日期来看,我们可以合理地推测他们是来讨论为姐姐争取特赦的可能性的。11 月 30 日的日记也确实显示了冯已经在为争取施剑翘的特赦而进行活动,他与最高法院院长蒋揖唐和司法院院长居正进行了会见。1935 年 12 月 21 日,冯玉祥会见了蒋介石,提起了关于特赦的问题。1936 年 1 月 27 日,他再次与蒋碰面,提醒他施剑翘获得了巨大的人心。不过,正如在郑继成案中没有特赦的真正可能,施剑翘的案子也必须经过法院系统的审理。冯因此必须等到 1936 年 9 月法律审判完结之时,才能开始进行特赦的游说。9 月 21 日,他重新跟蒋揖唐、居正和司法院副院长覃振联系。他一得到他们对特赦的支持,就赶往国民政府委员会。在 9 月 27 日的日记里,他记录了他如何起草了声援特赦的信,让八位德高望重的老参议员在上面签字,并交到国民政府主席林森手里。[1] 冯的毅力换来了对特赦令的投票表决,表决在 1936 年 10 月 12 日上午 11 点在国民政府委员会

---

[1] 冯玉祥曾对国民党的高级官员们进行极力劝说,包括辛亥革命时在滦州起义的元老张之江,以及另一位同盟会元老于右任。而张继、李烈钧则与蒋揖唐一起以个人身份为施剑翘进行游说。

举行。会议一开始,特赦的提案就被摆上桌面,冯的声援信被宣读,这时林森主席说,如果没有异议的话,特赦将被批准。53 位成员投票同意了这个提案。特赦令宣布后,施剑翘在一次访谈中承认她的特赦在很大程度上得益于冯玉祥在幕后的游说。①

冯玉祥之所以决定充当施剑翘的保护人,与他希望巩固他在辛亥革命中的地位的个人计划是密不可分的,往大里说,这也关系到他与蒋介石的复杂关系。冯与蒋的关系在整个民国时期一直众所周知地紧张。作为国民党政权最强大、最持久的敌人,冯是在十分紧张的情况下加入国民政府的。1935 年秋季,蒋个人说服冯从隐居的泰山中复出,回到南京国民政府。冯玉祥的复出闹得沸沸扬扬。② 媒体集中报道了冯如何脱下隐居的布衣、换上与他国民党议员的新职位相适应的装束的。③ 然而,尽管有这种着装上的变化,冯对蒋的义务仍然是暧昧不明的(谢里登[Sheridan]1966,第 273—280 页)。他对蒋的效忠从来都不完全可靠,冯也毫不犹豫地利用他在国民政府中的新职位来推进他个人的利益,并把他自己描述成一个比蒋介石更为爱国的将领。比如,他坚持于自己的抗日活动,这对于蒋介石来说是十分令人恼怒的,因为蒋当时正在推行着很不得人心的亲日政策。

冯在争取施剑翘释放过程中所起的作用,与他希望展示他更高形式的爱国主义这一更大的个人企图有关。冯玉祥对公众声明他对施剑翘特赦的兴趣最初源于他对施剑翘之叔施从云的忠诚,施从云是他的老朋友,也是 1911 年辛亥革命中的同僚。冯和施从云都曾是北洋军阀军官

① 引自史 1987,第 221—225 页。
② 冯曾经在 1931 年恢复了作为国民党中央执行委员会委员的职位,并且成为政务院成员。但 1932 年 10 月,他撤销了正式职位,并在 1933 年组建了察哈尔民众抗日同盟军并自任司令。面对着来自南京和东京的压力,冯从 1933 年末起被迫进入半退隐状态,直到他在 1935 年下半年进入南京国民政府任职(包华德、理查德·霍查德 1967—1971,第 2 卷,第 42 页)。
③ 见《北华捷报》1935 年 8 月 13 日和 1935 年 8 月 21 日关于他的复出和他着装之变化的报道。报道全文可见简 1982,第 359—360 页。

集团中一个军官小组的成员,并曾一起参加过发动于 1910 年 12 月 29 日、后来遭到悲剧性失败的滦州起义,这次起义只持续了几天,后来变成一场彻底的灾难。起义者被内部成员所背叛,被逮捕并处决。冯玉祥因为印刷非法的革命传单而在起义当天被逮捕,因此他错过了起义并逃脱了落到他同志们身上的命运。①

冯把他为施剑翘争取特赦的行为展示成他对滦州起义的纪念。根据冯的日记,1936 年初,冯争取特赦的活动是与他纪念滦州起义的活动同时的。② 二月份的几则日记描述了他与当地政府共同制造纪念牌匾和墓园的过程。3 月 3 日,施剑翘之叔施从云被官方授予革命烈士的称号。正是在这段时间前后,冯在日记里记录了他为施剑翘争取官方宽恕的活动,他在 2 月 14 日的日记中提到他与蒋介石讨论特赦的可能性。到了 1936 年秋季,滦州起义的纪念活动已经组织得差不多了,而施剑翘的特赦也得到了宣布。③ 10 月 16 日,冯写道,来到南京后,他已经为"大众革命"办了好几件事,包括纪念滦州起义和施剑翘的特赦。那么对于冯来说,对烈士施从云的侄女施剑翘的特赦可谓正逢其时,给他的纪念滦州起义的活动带来了公众的关注。这双重的规划是带有政治深意的。当蒋介石的爱国主义正遭到公众的猛烈质疑时,冯玉祥对他在辛亥革命中的角色的纪念和他为施剑翘积极争取特赦的行动很容易就获得明显的意义,并且也进一步引起关于他效忠中央政府的真实本质为何的猜测。④

最后,冯玉祥对这两个暗杀事件的参与显示出中国 20 世纪早期"人情"在推动政治关系上的重要性。萧邦奇(R. Keith. Schoppa 1995)讨

---

① 对滦州起义及其悲剧性结局的详细中文记载,见赵、马 2003。对起义概况的英文的简要介绍,见谢里登 1966,第 44—48 页。
② 这里提到的日记内容见冯 1992,第 4—5 卷。
③ 实际上纪念活动直到 1937 年 5 月 26 日才举行。对纪念活动的事件报道见 1937 年 5 月 21—31 日的北平《晨报》和其他各大报纸。
④ 有趣的是,独立不羁的韩复榘公开加入冯纪念滦州起义的活动中,而当时蒋的最大政治对手汪精卫也发电报表示支持,见《晨报》,1937 年 5 月 26 日第 3 版。

论了中国 20 世纪早期的地域和社会网络在发动革命中的作用。他发现民国早期的政治网络和政治联系在很大程度上建基于个人友谊、学校纽带、同乡纽带和共同的革命经验之上。所有这些纽带在建构冯玉祥与这两个暗杀案之间的复杂关系时起了极为重要的作用。冯玉祥曾经在辛亥革命时期参加"新民山东同乡会"的革命活动,这个组织表面上是一个军事学习的社团,但暗地里则参与着革命活动。冯玉祥的这一经历特别决定了他对郑继成和施剑翘命运如此尽心尽力。这个协会的参与者还有施剑翘的叔父施从云、郑继成的叔父郑金声,以及国民党最重要的元老之一张之江,他曾帮助冯玉祥争取施剑翘的特赦(柴 1957,第 334 页)。这些"人情"的联系是冯推进其政治规划的基础。利用这些与郑继成、施剑翘有关的关系,他帮韩复榘除掉了山东的张宗昌,并建立起他个人的、与蒋介石截然不同的革命声望,即便他参加了国民党政权。

结论:徐道邻案

我们已经看到,对这两个道德暴力案件的赦免最终对于政权来说是一把双刃剑。在一个层面上,国民党政权能够在特赦中施展它的行政力量,主张它新生活政权的地位,这一政权的合法性不是建立在法治的基础上,而是建立在道德权威和武侠精神的基础上。政权利用特赦,把复仇者阐释为象征着"国粹"的新生活的英雄,他们的暴力复仇的行为能够给国家带来秩序。这些特赦还成了政权用以展示其更高权威的"党义"的机会,并借此把自己描述成能够最好地传达大众情感、最能确保对正义的追求和国家机器的顺利运转的力量。

然而,虽然这两个案子给政权提供了巩固权力的机会,但另一方面,国家权力对这些暴力的认可也产生了也许令政权意想不到的后果。特赦的过程显示,凶杀案给政权内外的各种团体和组织提供了机会,让他们追求自己的目标,而这往往以牺牲中央政府为代价。市民团体把特赦作为申张他们自己的体制性影响力的机会。而表面上顺从南京国民政府的政客个人也抓住这次机会为他们达到个人目的创造空间。由于这些特赦令承认了公众团体所发出的请求的权威性,它们无疑给舆情赋予了力量,并使之与国家权威相区别开来。

1945 年的徐道邻案也值得我们作简短的讨论。徐道邻是一个孝子,他并不通过暴力复仇而是通过法律的途径来为父亲的死讨回公道。前面的案例已经让我们近距离地观察到,国民党政权如何利用赦免道德暴力的过程来协调它与市民组织、司法界、地方军阀甚至高级将领冯玉祥的关系。尽管这里要讨论的案例并不与暗杀或国家特赦有关,但通过把它与郑继成、施剑翘的案子作比较,我们可以后退一步更清楚地看到民国时期在追求正义的过程中权力政治、暴力、孝的道德权威以及公众之间错综复杂的关系。

1945 年 12 月,徐道邻,一个国民党高级政府官员和一个有名望的、曾在德国受过教育并在美国任教几年的法律学者,由于对冯玉祥提起诉讼而吸引了媒体的注意力。1925 年,冯玉祥暗杀了徐道邻之父徐树铮。被称为“小徐”的徐树铮,1912—1920 年间一直担任段祺瑞最有力的副手并且协同一起建立了“安福系”的军事集团。[1] 1925 年 12 月 30 日,徐树铮在其火车途经廊坊时被谋杀,廊坊是位于北京和天津之间的一个城市,当时被冯玉祥的国民军所占领。在谋杀事件发生后,一封公开发表的电报声明陆承武为其父陆建章报仇而杀了徐树铮。[2] 不久,另一种猜测迅速地蔓延开来,认为陆承武并不是凶手,事实上,当徐树铮被杀时他

---

[1] 徐树铮(1880—1925 年)的更多生平事迹和他如何被杀死,见包华德、理查德·霍华德书中关于他的词条,1967—1971 年,第 2 卷,143—146 页。

[2] 徐树铮曾经于 1918 年枪杀陆建章,当时陆建章与冯玉祥联合起来共同反对段祺瑞和他的集团。流言说陆和冯正在进逼并给安徽带来威胁。关于 1918 年的政治局势的更多信息,见谢里登 1966,第 67—73 页。谢里登指出,冯对于当时陆遭到暗杀感到十分沮丧,但他得到了段的安抚。在陆的“处决”被宣布两天后,段签发了总统令,恢复冯的军衔。作为回报,冯在段控告陆建章煽动叛乱并与匪寇有联系的总统令上签了字(谢里登 1966,第 72—73 页,脚注 73)。

根本不在廊坊。① 许多人,包括徐树铮之子徐道邻,都认为冯玉祥对这个事情负有责任,并指责他以陆承武做幌子。虽然冯拒绝承认自己与此事有关,但人们普遍认为他具有复仇的个人理由。陆建章曾经是他的庇护人和亲戚,冯为他在 1918 年的死感到十分痛心。也有传言说冯在 1925 年杀徐是有具体的政治动机的,尽管并没有证据证明这一猜测属实。② 再一次地,正如在施案和郑案中一样,关于冯玉祥是否参与了对徐树铮的谋杀笼罩着种种谣言。

尽管徐道邻认为冯对他父亲的死负有责任,但徐道邻等了好几年才采取行动。在 60 年代初在台湾出版的纪念父亲的文集中,徐道邻宣称,由于他父亲死的时候冯正权势熏天,因此他打消了立即采取行动的念头。③ 到了 40 年代,徐道邻成为著名的法学学者,并晋升为了国民政府的行政院政务处处长。当 1945 年日本从中国撤出时,徐从他的职位上辞退下来,并以普通公民的身份将冯玉祥告上法院。最后,他在司法上的努力失败了。国民党法院驳回了诉讼。徐圈子中的人认为之所以不受理此案是因为当时国民党政府忙于参加内战,而冯玉祥是不可或缺的一支重要力量,这一结果的出现是对正义的嘲弄。④

这场失败的诉讼由于牵涉到了民国时期最重要的法学家之一而受到了巨大的关注。众所周知,徐一直为其未能亲手为父报仇和在法庭上讨回公道而深深自责。这成了终其一生的烙印。在他为纪念父亲而编

---

① 见谢里登 1966,脚注 186。在里面谢里登提到有传言说徐树铮被杀时陆承武正在上海。
② 见谢里登 1966,脚注 186。徐提供了另一种对暗杀背后复杂的军阀政治的解释,他认为这其中包含了徐的靠山段祺瑞、张作霖、冯玉祥之间变幻不定的冲突,因为他们都在争夺对北京的控制权。徐 1962,第 326—327 页。
③ 见徐 1962,第 329 页。徐道邻转而专注于学业,期望自己能够获得有权势的位置从而为父亲复仇。他还说,从他父亲死亡那天起,直到他最后把冯玉祥告上法院,这段时间内他绝口不提冯的名字(第 329 页)。70 年代早期徐道邻死时出版的纪念文集中,朋友和家人写道,他一直勉为其难地等待着复仇的时机,因为其时中国一直处于对日本的战争中。比如,见《徐道邻先生纪念集》1975,第 21、27 页。
④《徐道邻先生纪念集》里几篇文章谈到,徐之所以在法庭上失败是因为冯的政治地位。

的《徐树铮先生文集年谱合刊》一书中，他在最后一页写道："只是含冤二十年，既未能手刃父仇，也未能使犯人正法，终不免抱恨终天，惟有祷告和希望历史的制裁。"（1962，第331页）在徐道邻死后出版的《徐道邻先生纪念集》，通过收录以这场失败的复仇为题的文章，也以相似的方式把这一事件和他的悔恨鲜明地记录了下来。

综合来说，徐道邻、施剑翘和郑继成的案子跨越了20—40年代这段时期，共同为我们揭示了关于民国时期司法和暴力的理论化思考。具体来说，这三个案子使人们怀疑司法系统究竟是不是最好的追求正义的途径，抑或道德复仇是更可行的办法？他们还使我们得以审视对道德复仇的公众同情在何种程度上能有效地医治司法领域中的权力政治和腐败。乍一看，这些案件的结果似乎都表明，最终的决定因素是冯玉祥个人的政治影响力。在施剑翘和郑继成案中，冯是这些正义使者的保护人，他的影响对于赢得对这两个案犯的官方特赦至关重要。在郑案中，他从头至尾策划了这起复仇事件，而在徐案中，这个名声显赫的军阀成为司法复仇的对象，人们普遍认为他在国民政府中的位高权重的地位是阻挠司法行动的重要因素。

然而，把这些案件的结果归因于冯玉祥个人的权力和政治运作是远远不够的。我们还必须考虑到"孝"的道德权威和舆情在其中所起的作用。在三个案件中，这两者是许多人普遍诉诸的手段，并且以复杂的方式不断地调和着权力之间的关系。比如，冯玉祥全面运用了极受大众欢迎的孝义复仇。即使在权力分散的20年代，当他的独立军事力量达到鼎盛时期时，冯玉祥也认为把政治暗杀包装在正义复仇的外表下是有必要的。即使1925年在暗杀徐道邻之父徐树铮时，冯玉祥也花了很大的力气在他的部下中寻找出于孝心而对徐树铮怀有憎恨的人。在1932年的郑继成案中，冯玉祥再次操纵起孝的道德权威来赢得公众同情，并掩饰对张宗昌的政治暗杀。在1935—1936年的施剑翘案中，当他以博弈的方式进入国民政府任职后，冯玉祥再次采用了孝义复仇的政治策略并诉诸公众同情来巩固他与蒋介石相对峙的政治地位。

　　徐道邻案对于我们的讨论特别有意思,因为它鲜明地揭示出在其他两个案子中冯玉祥操纵孝义复仇的伎俩是如何被用来反对他自己的,进而,是如何用来反对与他有着紧密联系(即使是并不那么和谐的联系)的中央政府的。[①] 正如在对施案和郑案中讨论的,冯玉祥并不是唯一一个重视与孝义复仇相关的公众同情的力量的人。中央政府和公共团体也在与冯玉祥、韩复榘这样的军阀政治家争夺着正义复仇及其引起的舆情的权威,用以推进它们各自的规划。40年代中期,徐道邻同样通过与冯玉祥相似的手段赢得了巨大的公众支持。徐把他在法庭上的行为呈现为真挚的孝心,并且当他的案子败诉时,他的孝顺的美名更加远播了。他以一个普通公民的身份诉诸法律的帮助,这一不可能完成的任务更引起了热情的公众的激情。他从一个具有显赫的权力和名望的职位上退下,向法院提起诉讼,从而把他追求正义的意图表现得高尚而纯粹。这一姿态与屈服于政治的法院审理过程形成鲜明对比。公众对徐道邻的孝心的同情与他在法庭上遭遇到的逆境成了对法律体系的尖锐的道德批评,许多人认为这是对政治的屈服。

　　这三个孝行的案子也使当代的观察家们有机会去处理20年代遗留下来的混乱和暴力问题。有关复仇的道德行为的新闻迅速传遍了各大城市日报,因为它们在隐喻的层面上修正了20年代军阀所犯下的集体罪行。更进一步说,这样的案子暴露出国民政府没能彻底切断它与前十年遗留下来的暴力政治的联系,相反,它正是在这种暴力政治的基础上诞生的。这三个案件突出了国民党统治中的一个潜在矛盾:国民党一方面试图遏制军阀时代残存的暴力,并建立起一个威权的法院系统;另一方面,又把国民党的统治和行政控制力量延伸到司法领域,甚至更广泛地延伸到社会中,这种控制是通过对暴力的赦免和默许来实现的。

[①] 即使冯玉祥与蒋的关系在40年代审判期间极为紧张,公众在此案中仍视冯玉祥为中央政府的代表。徐道邻自己就提到审判期间冯玉祥和蒋介石之间的矛盾(徐1962,第330页)。又见谢里登对冯在40年代中期日益被孤立的情形的讨论(1966,第276—280页)。

更显著的是，这三个案子都是以冯玉祥为主角的。冯玉祥可以说比其他政治人物更好地体现了 20 年代沿袭下来的暴力策略与 30 年代希望通过成立市民组织谋求政治合法性的愿望之间的矛盾。从军阀时代起，冯玉祥作为在法律之外的、暴力的孝义复仇行为的庇护人的身份就广为人们所知。进入 30 年代后，冯仍在继续支持孝顺的复仇行为，并通过这样做把前一个时代的暴力策略贯穿到了 30 年代。他在施剑翘案中的庇护人身份强有力地让人想起他曾在军阀时代公然参与的政治暗箱操作和阴谋诡计。这样一种庇护和随之引起的流言和怀疑给政权的政治合法性投上了阴影。正如前面讨论过的，冯在施案幕后的政治操纵使政权处于一个十分不利的位置。政权虽然极力摆脱它的过去并把自己建立成一个新的合法的中国政府，但由于它亲身参与进了政治暴力和暗箱操作（这些行径很容易使人想起相似的军阀时期）而受到人们的批评。在 40 年代的徐道邻案中，徐道邻讽刺地把矛头转向了冯，并通过这样做而赢得了公众同情，这使得政权的自相矛盾更加明显。

最后，通过把徐道邻的案子与郑继成、施剑翘的案子放在一起审视，我们可以更清楚地看到，历史传统和记忆如何成为追求正义的场所。前面提到，通过将他父亲的文章编纂成集，徐道邻把他父亲遭受的不公待遇鲜活地保存下来，并让历史审判他的案子。同样地，在徐道邻去世的 70 年代出版的一本纪念性的文集中，他的姐姐、女儿和朋友们在他诉讼失败 30 年之后，试图重拾他的精神遗产，并把他刻画为一个具有道德优越性的形象，他与腐败的冯玉祥和国民党法庭形成了鲜明的对比。[①] 徐

---

① 这一文集在 1975 年出版，与当时台湾内外发生的政治事件形成了呼应。国际方面，70 年代后期，美国放弃了台湾国民党的中华民国政权，而转向与中国大陆的共产党政权结盟。内政方面，地下的民主运动和反对党们正在获得越来越大的能量，开始向国民党施加压力，要求其取消戒严令。尽管直到 1979 年高雄举行民主示威游行之后，才出现台湾政治上的转折点，但对国民党戒严令的不满情绪在整个 70 年代中期都一直清晰可感。正是在这样的背景下，这本书获得了意义。通过把 40 年代徐道邻控告冯玉祥、进而控告国民党政权的诉讼案重新加以宣传，这本纪念性的文集也许可以被解读为对任何一个时期国民党合法性的批评。

的女儿徐小虎在对父亲的回忆中,鲜明地赞颂了他极大的孝心:

> ……提起爷爷您的碎心的悲痛,都完全的,深深的印在我心深处! 同时也更使我深一层敬爱我的父母! ……您升官了,行政院的政务处长,重庆市就有了您的官邸……忽然间又看到电灯了,又看到自来水了……生活将近改善,您忽然辞去高官……因为您不敢依赖职权,要以平民身份为您父亲申诉二十载沉冤! 我那时已到南京的中学。我真吃惊,见几乎全城的人都为您的孝心孝行而震惊! 大家都向我说:"你爸爸可了不得。你现在当然不懂,等将来成人才会知道你爸爸的伟大!"说完了他们都长长的叹息! 当时的人都知道,您自己也知道,那时的情形无异于卵石之举,而且是一个毫无结果的公案。(《徐道邻先生纪念集》,1975 年,第 81—82 页)

就算这段引文出自一个无限美化的文本,它仍然富有启示性。徐的女儿不断把他非暴力的孝行描绘成令人尊敬的。他从高官职位上退下的行为,被赞扬为纯粹的孝心的表现。这在案子发生的当时是一个有力的姿态,对于历史评判的重新审视来说也是值得重述的。①

在徐道邻的案子中,历史传统持续推动着公众对他孝行和追求正义的行为的同情。同样在施剑翘的案子中,历史传统在审判后和特赦过程中仍被证明是有意义的。我们在下一章将会看到,就在获得特赦后,施剑翘立刻把这一精神财富运用到抗日战争的政治中,利用她的"情"的名声来动员战时爱国主义的情绪。

---

① 这部文集中的其他作者也提到了这一点。比如端木恺的文章(《徐道邻先生纪念集》1975,第50 页)。

第六章 30年代之后——从战时爱国主义到反革命的情感

> 我们目击寇机滥炸的惨状,我们义愤,我们要替同胞报仇,我们
> 要"予轰炸者以轰炸",因此我们有献机的运动。
>
> ——施则凡,合川献机运动的宣传材料,1941年

在最后一章中,我将讨论施剑翘获赦后的生涯,以探讨"情"在30年代后的命运,并简短地探讨关于历史记忆的问题。在回顾施剑翘参加的抗日救亡活动时,我提出几点思考,即,施剑翘女性化的道德情感如何在30年代末40年代初日本侵华期间激发了现代的爱国集体情感。施剑翘是领导地方抗日运动的完美候选人,也是中国的爱国主义情感的完美代表。在日本于1938—1941年间对中国内陆进行持续不断的轰炸后,中国的爱国主义开始极大地借助"正义复仇"这一概念,而施剑翘作为广为人知的勇敢、有激情、为正义复仇而自我牺牲的女性,成为爱国主义的完美代表。本章的第二部分从施剑翘抗战时期的经验转向对她在1949年以后的命运的讨论。我将通过回顾她写于60年代的两部自传,来考察1949年后的政治如何使她对"情"的代表变得高度可疑。

女性的"情"和爱国主义在抗日战争中

对施剑翘在抗日战争期间的救济活动的审视揭示了,在30年代复仇案中处于中心位置的女性情感和集体情感之间的关系在南京国民政府时期之后仍然有着重要的意义。作为一个公众人物和救济活动的领袖,施剑翘成了抗日的楷模,她能够在普通百姓中激发起爱国主义的情感。特别是,施在仇杀案中所建立起来的自我牺牲、激情、勇气的名声,使她特别适于象征爱国主义和对战火中的民族的无私的爱。尽管施剑翘代表的仍是集体情感,但在情感动员的环境和它所获得的政治内涵等方面,与先前存在着许多差异。40年代不再是一个以媒体炒作和情节剧把个人的"情"加以普遍化的时代,这个时期的集体情感兴起于抗日运动,它调动了戏剧、媒体和奇观来争取人们对抗日的支持。此外,由于战争时期的戒令和外部敌人的存在,40年代的集体爱国主义情感失去了对中央政府的批判锋芒,尽管这种锋芒曾是施案中公众同情的一部分。

施剑翘在抗日战争时期参加募款运动,不仅表明妇女为中国的战争作出了贡献,更表明妇女的工作本身成了现代民族国家参加爱国战争的标志。正如二战期间的美国一样,妇女们活动的舞台极大地扩展了。在中国,妇女们被鼓励去支援抗日救亡运动和参加战时工作。在这样的背景下,施剑翘的情感英雄主义十分适于动员和象征广泛的爱国情感。她领导了一场为全国所认可的、为飞机募款的民间运动,这个运动的成功表明这位有名的复仇女成功地象征了抗日复仇的国家愿望。

1936年10月21日,施剑翘从狱中释放。在她实际获得释放的前几天,就有好几家报纸错误性地放出了她即将获释的消息。天津《益世报》1936年10月20日说,施剑翘将在那一天被释放。而她实际上是在次日下午两点出狱的,出狱后,便被三辆汽车急速送走了。根据上海《申报》几天后的报道,早先放出的消息是为了制造烟幕弹以保护这位声名显赫的牢犯。冯玉祥是透露假消息的幕后推手，而身为平津卫戍司令兼北平市市长的宋哲元和天津公安局局长程希贤则批准了这一决定。南京国民政府时期面临着十分真实的、被绑架的威胁，因此这样的预防措施是常用的手段。

施剑翘出狱后第一件事便是去拜访在天津的母亲。在尽孝之后，她乘车前往北平，并去南京。在那里，她向冯玉祥、张继、蒋揖唐、于右任、李烈钧、张之江等曾经帮她争取特赦的国民党元老表示了个人感谢（陈、凌1986，第223—224页）。她对在决定她命运上起了至关重要的作用的人们表达了亏欠他们的感激之情。

在她出狱几年后，施剑翘过着远比过去低调的生活，然而她并没有完全从公共舞台上退出。在抗日战争期间，施剑翘由于对战争的显著贡献而吸引了公众的目光。从监狱中释放后不久，施剑翘便与她的家人和母亲一起随着国民党退到了内陆以逃避日本人的侵略，并参加了一系列的救济运动。1937年在长沙，国民党政府湖南省主席张治中任命她为湖南省抗敌后援总会慰劳组主任，负责后勤支援。搬到四川之后，在1941到1942年期间，施剑翘和弟弟则凡在合川县组织了一次空前成功的运动，为购买当时急需的飞机而募集资金。她在合川县的战时动员中的领导作用把她再一次置于全国的聚光灯下。

抗日战争爆发于1937年7月，它始于日本对中国的侵略。接下来，中国被划分为日本占领的沦陷区、国民党统治的国统区和共产党治下的解放区三个区域。战争的第一个阶段是最为残酷的，它持续了16个月，直到1938年10月随着武汉和广州的沦陷才结束。但事实证明，第二个阶段对于中国爱国主义的动员来说才更为重要。在这个阶段中，日本人控制了各大沿海城市和主要的铁路干线。日本优越的空军力量和武装部队迫使蒋介石采取了"焦土政策"，牺牲空间以换取更多的时间。蒋介石先退到了汉口，然后是重庆，他希望日本能够在中国广大的内陆地区过分拉长战线。其结果，便是进入了一段漫长而痛苦的对峙阶段。蒋介石固然不能驱逐日本军队,但日本也同样不能成功地延伸到中国内陆地区,它只能通过傀儡政权来巩固对华东和华北的控制,比如汪精卫在南京建立的所谓的新国民政府。日本还对内陆城市发动了持续不断的空袭。重庆和其他大城市一直没有受到来自陆地的进攻,但日本利用优越的空军力量对重庆等城市进行的空中轰炸却造成了严重的生命和财产损失。①

日本的空袭猛烈地打击了内陆城市,并且给国民党政府造成了持续的压力,这种进犯激发了前所未有的高涨的爱国热情,这种热情随着美国1941年12月由于珍珠港的受袭而加入太平洋战场而得到进一步鼓舞。国家统一的热望和爱国主义再度复兴,抗日运动迅速地传播开来。国共第二次合作,正式结成了抗日民族统一战线,共同抵御日本,虽然这只持续了一个短暂的时期。在这一时期,一大批跟随国民党政府撤退的知识分子、艺术家和剧作家,从开战伊始,就以饱满的爱国热情参与进了通俗话剧和舞台表演的创作中,以鼓舞士气(洪1994,第6页)。普通市民团体也组织并参与了各种各样的抗日活动。

在这个爱国主义重新高涨的时期,作为中国现代女性楷模的爱国女性是一个有力的形象,动员妇女参加抗日运动成为抗日战争的一个重要方面。试图激发爱国主义感情并在民众中鼓舞士气的国民党,把动员妇女放到了其战争规划中十分重要的位置。蒋介石的夫人宋美龄亲自带领政府对中国妇女进行动员和组织,她被视为这个国家的精神上和行动上的母亲。1938年5月20日,宋召开了桂林会议,把新生活运动转变为妇女战时动员的平台。这个会议明确地提出中国妇女在抗日战争中将起到辅助性的但十分关键的作用。她们的职责包括照顾战争孤儿、提供医疗救护以及在救济机构工作。妇女也要参加重建国家的工作。她们要保障军队的后勤供应,充当工厂里的妇女劳动力,还要训练和教育农

---

① 对于抗日战争的更多介绍,见易劳逸1986,或熊玠、斯蒂芬・列文(Hsiung and Levine)1992。日本像轰炸重庆那样,以同样的方式袭击了桂林、昆明、西安,但这个战时陪都和它的周边区域是遭受攻击最为惨重的。重庆在1938—1941年间被轰炸了268次。

民发挥在农村组织中的职责等。①

虽然在妇女战时工作的动员背后有着其他实际的考虑,但国家之所以组织妇女救济工作,其兴趣还主要在于强化并维持对社会救济组织的集中控制,使大众的集体情感与政府的战时规划相契合。宋美龄1938年组织的桂林会议使政权能够整合起零星分散的妇女工作,置于它的控制之下,并像报道中所说的,"使中国妇女各条战线上的工作协调起来"②。新生活运动促进总会妇女工作指导委员会作为中央委员会而发挥作用,其他所有妇女组织都隶属于它。这个由蒋介石夫人领导的委员会,其成员俱为政府中最有名望的领导人的夫人,包括冯玉祥夫人和宋美龄的姐姐、上海金融家和财政部部长孔祥熙的夫人宋霭龄。

战争和移民浪潮极大地拓展了妇女们能够担任的角色。妇女工作指导委员会积极地重建着"贤妻良母"的意识形态,对妇女们新的公共活动加以限制。许多中产阶级妇女的战时工作仍然发挥着母亲和妻子的功能,女性在"大后方"的职能不过是她们在家务领域的职责的延伸。妇女工作队继续做着她们在民国新生活运动中就被要求从事的道德和卫生保健方面的战役,只不过在战争时期这一要求更为紧迫了。这些组织中的妇女们遍布在中国内陆各地区,教她们的姐妹如何抚养孩子,与灰尘斗争,以更为科学、进步的方式与封建迷信作斗争。她们的使命与战略、理性规划、效率这样的军事上的辞藻融合在一起,以便与战争时期的运作相适应。

宋美龄和国民政府的妇女团体利用新闻媒体来界定"正确"的女性行为。大多数全国性报纸处于相当严格的战时控制之下,许多处在国民

①《中国的妇女工作》(Women's Work in China),1940年,第72页。海伦·施奈德(Helen Schneider)认为,宋美龄在30年代末卷入了三个各不相同又互有重叠的社会服务组织中,但"新生活运动促进总会妇女工作指导委员会"是主要组织,协调着其下的另外两个组织,"中国妇女慰劳自卫抗战将士总会"和"中国战时儿童保育会"(海伦·施奈德2004,第6—7页)。
②《中国的妇女工作》1940,第68页。又见戴安蒙(Diamond)1975。

党控制之外的媒体也愿意服从政权并对它关于妇女救济运动的政策表示了充分的支持。战争期间,由于新近迁到内陆的读者公众群体而繁荣起来的当地报纸和杂志,表现出与政府相呼应的高昂的爱国基调(洪1994,第181—185页)。在物资匮乏的战争时期,各种杂志和报纸都在用珍贵的纸张鼓励普通妇女积极参加战时动员。[①] 有些杂志,如汉口的《战时妇女》、重庆的《战时妇女月刊》,全部篇幅都致力于弘扬妇女正确的爱国主义行为。诸如《慰劳组工作概述》《战时妇女应走的路线》《战时妇女应该怎么样》这类文章鼓励妇女以特定的方式表达她们的爱国热情。[②]

随着妇女的公开活动以救济活动为基准,1940 年末到达四川的施剑翘立刻投入了抗日救亡的运动,特别致力于帮助建立中国的空军力量。她打算援助中国空军并不是贸然作出的决定。日本对中国内陆的不断轰炸,使得空军力量对于中国的国家存亡来说至为关键,而为空军供应物资对于人们来说是最受人尊敬的抗日行为。大量以飞行和空军为主题的期刊和文章,也揭示了空军力量的重要性。在重庆出版的《航空杂志》频频刊登诸如此类的文章,如《从纳粹的称霸一事说到空军的建立和运用》《中国空军的国际性和民族性》(周 1941a,1941b)。两篇文章的作者周至柔,明确地把一个强大的空军与中国的民族和国际地位联系起来。大量关于飞行技术的文章以及杂志封面上的飞机形象都说明了空军力量的紧迫性。

妇女杂志对于妇女从事与飞机相关的工作尤其推崇。诸如《妇女共鸣》这样的杂志,刊登了以其他国家空军中的女飞行员为主题的文章。一篇文章列举了英国、苏联、美国、法国、意大利、德国、土耳其、奥地利等国家的女飞行员模范甚至是女飞行员团队,认为在空军这一最重要的军事方面上的两性平等是中国作为一个现代国家所应当努力争取的(山

---

① 关于战争的危急状态如何在各个方面(从印刷的质量、每一卷的容量,到刊物的内容)影响到了媒体,这一讨论可见《战时中国的媒体》("The Press in Wartime China"),1940 年。
② 见《慰劳组工作概述》1941;李 1938;刘 1938。

1941)。这篇文章还批评道,自从蒋介石夫人从空军这个领域中退出后,中国便错过了发展妇女对空军的兴趣的最佳机会。文章结尾呼吁这件事情必须得到新的、刻不容缓的关注。① 1940 年 6 月《妇女生活》的封面上是全副装备、面带微笑的苏联飞行员宝琳娜(Paulina)在飞机前的一张照片,这一封面也强调着英雄的女飞行员所具有的重要地位。对于那些不愿意成为飞行员的人来说,其他与飞行有关的妇女战时工作也是备受推崇的。诸如《为献机运动勉全国妇女》等文章鼓励妇女为建设中国战时空军力量而筹募资金(云 1941)。

正是在这样的背景下,施剑翘与弟弟施则凡发起了"合川献机运动"。合川是四川省东部的一个小县城,在 1940—1941 年间被日本轰炸了四次。施剑翘和弟弟在 1940 年 7 月到达合川,那正是它遭受过日本的轰炸的一天后,施家姐弟筹募款项的动机便部分地来自他们所目睹的轰炸所造成的严重损毁。在这一运动的宣传性文章、《献机专刊》的序言中,施则凡描述了 7 月 22 日的第二次轰炸所造成的尤其严重的破坏(施 1941,第 3 页)。108 架日本飞机扔了五百枚炸弹,造成两千多人受伤、七百多人死亡。4000 个家庭和 90 艘

图十　合川抗日运动。上图:施剑翘和合川县县长袁雪崖在主持庆典。下图:人们在观看着被捐献的飞机飞过上空。摘自《战时中国》(*China at War*),第 7 卷第 1 期(1941 年 7 月)。

① 在 1937 年左右,作为航空委员会主任的宋美龄曾经负责重新组建中国空军力量,但 1938 年转向关注"更多的战争社会问题"而放弃了这一职责(海伦·施奈德 2004,第 6 页)。

船被摧毁。① 根据英文杂志《战时中国》(*China at War*)的报道,日本的爆破弹和燃烧弹夷平了四分之三多的城市。②

面对着这种毁坏,施剑翘和弟弟不得不采取行动。1940年9月全国防空日那天,他们召集了合川县不同团体和社会各界成员,提出了为战斗机募款的主张。1940年12月7日,有名望的市民代表,包括合川县县长、合川县商会主席、中国银行合川分行行长、国民党合川县委书记和其他人,共同建立了委员会,为合川战斗机发起募捐。到了1941年4月,这一运动已经筹募了三架飞机的款项,到了5月底,合川献机运动已经得到了全国的关注。1941年5月30日,蒋介石派国民党空军少将陈庆云为国民政府代表,出席了飞机捐赠仪式,合川县把三架飞机正式捐赠给中国空军。③ 蒋介石拨了15万元,将合川飞机从成都开到合川领空并参加了空中表演,让陈庆云以大张旗鼓的方式接受了捐赠的飞机。④

尽管飞机只有几架,但它们仍然极富象征意义。合川县县长、献机运动的共同组织者袁雪崖,把这一规模不大的捐赠活动与爱国防御这一更宏大的目的联系了起来。他的理由很明显:无航空即无国防,惟有以轰炸还轰炸,才能保卫自己(袁1941)。在一则关于此事的短评中,蒋介石写道,合川的行为是对敌人最有力的回应;他接着写道,他希望合川献机运动中的激情能够传播到四川所有城市,甚至传遍自由中国的每个角落(蒋1941)。

合川献机运动的大部分成功归功于施剑翘。在一开始,这个有名的孝女就把她卓越的组织和筹款能力运用到了这次运动中。在她的指引下,合川的团体使用好几种方法募集款项。首先,他们去找富裕的地主,请他们作出特别的贡献。这个方法使一个合川的农民把一块价值24000

---

① 见题为《日机历次轰炸我县城区情况记录报表》的图表,郑1988,第141页。这一图表表明整理这些数据的是合川地方志办公室。
②《合川捐了三架飞机》("Hochwan Gives Three Planes"),1941年。
③《中央日报》(重庆),1941年5月31日第3版。
④ 蒋介石的文章,见唐1982,第129页。

元的土地捐献了出来，而其他人也捐钱或捐米。① 第二种方法是"一元钱"运动，鼓励每个合川县居民至少为这个活动捐出一元钱。最后一种方法是组织戏剧表演，演出的收入用以购买战斗机。由于合川是一个小城镇，它并没有精致的戏剧文化，因此施剑翘利用她在重庆的社会关系召集了一批重庆演员，包括著名的京剧演员李凤楼、陶善庭等，牺牲他们的时间，前往合川为当地观众进行义演。表演从2月6日到2月8日，持续了三个晚上。根据一篇对这个活动的报道，座位一售而空，共募集了五万多元。报道进一步指出，"观众情绪异常热闹，以为为艺术而来已很值得，何况还是输财救国"（翼1941，第19页）。

如果施剑翘的组织才能对于这场运动来说是无价之宝，那么她声名显赫的过去就更是如此。虽然这个组织是她和弟弟一起建立的，但施剑翘是公开的领袖，而弟弟主要是在幕后活动。在1941年7月四川省为百架战斗机筹款运动的宣言中，国民党援引合川献机运动为榜样，特别挑选人尽皆知的施剑翘与合川县县长袁雪崖作为使合川运动成功的重要人物。② 施剑翘还作为这一运动的公开代表出现在刊物上。《中央日报》对合川捐赠战机仪式的报道中，收录了施剑翘的一篇文章、负责接收战机的国民党官员陈庆云的一篇文章、冯玉祥为纪念此次活动而写的一首长诗，以及上文提及的蒋介石为这个活动写的贺词。③ 最后，施剑翘与政权的实际关系无疑是促成这个运动成功及保证官方对此事认可的重要因素。报道收录了作为施剑翘长期保护人的冯玉祥的贺诗，表明对合川捐机运动的全国性关注至少部分地来源于施剑翘与冯玉祥的关系。

施剑翘过去的名声使她成为合川捐机运动的强有力的发言人，更成为中华民族爱国主义的代表。她英勇地献身于道德事业，为了它愿意去行动和报仇，这一英雄的行为象征了中华民族的抗日爱国主义是如何被

---

① 《合川捐了三架飞机》，1941年。
② 《中国航空建设协会总会公函》，1941年。
③ 见《中央日报》（重庆），1941年5月31日第3版。

定义和阐释的。日本对重庆和内陆城市进行轰炸,本来是想削弱中国人民对政府的支持,实际上却起到了相反的作用。残酷无情、不加区别的肆意轰炸,使得中国人民的决心更加坚定,并激起了要求报仇的呼声。不奇怪的是,"报仇"这一概念把抗日运动、爱国主义这些修辞与合川运动联系了起来。在合川运动的宣传手册的序言上,施则凡写道:"我们目击寇机滥炸的惨状,我们义愤,我们要替同胞报仇,我们要'予轰炸者以轰炸',因此我们有献机的运动。'合川号'一架飞机或三架飞机,我们相信力量还是很小……不过我们认为'合川号'的献机应该从他的意义上着想……全国同胞,盍兴乎来!"①

这段话挟带着强烈的感情,并且带着明确的动员全国人民的目的。值得注意的是这里使用的语言,"报仇"和"义愤"。正如"义愤"一词曾经被用在法庭上为施剑翘1935年杀孙传芳的行为辩护一样,在这里,正义的愤慨被用来调动爱国主义激情和向日本人报仇的愿望。另一方面,施则凡写道:"我们觉得对付敌人,应该是'以牙还牙','以打击对付打击','予轰炸者以轰炸'……这真是'爱国之心'。"②由于抗日战争期间,爱国主义用"义愤"的语汇表达出来,施剑翘便成了抗日运动的完美代表。

在《响应合川的战机》这首关于合川抗日运动的纪念诗中,冯玉祥也采取了急迫的口吻和复仇的修辞。整首诗刊发在纪念合川捐机仪式那天的《中央日报》上,诗的一部分摘抄如下:

> 日本强盗,……
>
> 天天空袭,……
>
> 仇比海深,
>
> 耻比天大……

---

① 见《献机专刊》,1941年,第6页。

② 同上书,第4页。

> 施氏剑翘和则凡
>
> 募捐献机在合川
>
> 一县献三架，
>
> 一省三百架……
>
> 强大空军建，
>
> 立向东京炸，
>
> 雪耻报大仇，
>
> 救国救自家！
>
> 大家都是中国人，
>
> 牺牲奋斗争生存，……
>
> 快快奋起来响应！①

冯玉祥选择诗歌这种形式来唤起公众的激情并非偶然。诗被当作唤醒中国大众并灌输爱国主义意识的普遍手段。江克平（John Crespi）在对"诗朗诵"（抗日战争时期的一种诗歌亚类型）的研究中发现，那个时代的大部分诗歌都带有某种"演讲性"（talkiness），这样保证了诗歌与接受发言的人之间有一种紧密的联系，正是这种"带停顿的直接称呼询唤了一个想象性的、全国性的读者"（江克平2001，第131页）。在这首诗中，冯玉祥采用了这种"演讲性"直接向他的读者发言，鼓励他们行动起来，让他们"立向东京炸"，为中国雪耻报仇。对深仇大恨、民族复仇这种语言的运用是为了唤起公众的情感、鼓舞爱国的抵抗。他在诗中明确提到施剑翘，无疑使得这种复仇的诉求更为有力。因为对于冯玉祥的诗歌读者来说，许多人是从上海和其他沿海城市转移过来的，他们对施剑翘杀孙传芳的事件记忆犹新，他们很容易就会在一个为了父亲和国家杀死军阀的英勇的复仇者的形象和一个40年代初抗日爱国者的形象之间建立起联系。

---

① 《中央日报》（重庆），1941年5月31日第3版。又见冯玉祥书中的诗稿，冯1941。

关于冯玉祥对施剑翘的爱国主义和道德英雄主义的激赏,一些参与者和观察家作出了回应。在英语杂志《战时中国》中,一个记者写道:"一个年青的妇女在'献机运动'中点燃了合川县县长和全县人民的希望。早在抗日战争爆发前几年,施剑翘小姐就曾经由于为父报仇和刺杀孙传芳而成为中国新闻的头条人物。这个案子引起了如此大的公众同情,以至于她被准予了特赦。"①这段文字同时提到了她在战争期间激励合川人民和她 30 年代在大众媒体中引起反响并获得公众同情的能力,通过这样做,这段文字还证明了施剑翘作为一个能唤起同情的复仇者的名声并没有被忘记。合川县县长、献机运动中的政府代表袁雪崖,也许对这一点知道得最清楚。在《大公报》的一篇文章中,他说,作为一个曾经为父亲报仇、获得国家特赦并代表了坚定地为祖国服务之精神的人,施剑翘在合川运动中有着独一无二的精神感召力。②

如果说施剑翘作为道德复仇者的名声对于鼓舞中国普通民众起来反抗是重要的,那么同样重要的还有她激情充沛的名声。40 年代,施剑翘的"情"指的不再仅仅是她的"孝情"而更宽泛地指她深刻的感受力。一位作家描述施剑翘富有极大的激励力量,因为她"恨人恨极,爱人爱极"(郑 1988,第 109 页)。她能够真诚地体验各种情感,因此她对国家的爱被认为是真实可信的。真正的爱国者就应该像施剑翘那样,对日本人恨之入骨,而对中国则满怀激情去爱。

就像施剑翘曾经在民国时期赢得公众同情一样,在抗日战争时期她唤起的爱国情感也被定义为是"女性的"。并不偶然的是,作为一个能够如此有效地激发起爱国主义热情的女爱国者,施剑翘被与其他真实的或虚构的、唤起人们爱国热情的女性人物一起相提并论。比如谢冰莹就是一个特别有名的爱国女性。她曾经参加北伐并在抗日战争爆发之初就

---

①《合川捐了三架飞机》,1941 年。
②《大公报》(重庆),1941 年 5 月 29 日第 4 版。

组织了湖南妇女战地服务团,而她描写北伐期间当女兵的痛苦经历的自传性文章在抗日战争中广为流传。洪长泰(Chang-tai Hung)说,谢冰莹的写作"绝不仅仅是爱国主义的宣传性文章……相反,它们常常充满了泪水与痛苦"(洪长泰1994,第75页)。很明显,这种写作能够取悦读者,激发他们的感情,并把他们融合成一个爱国的集体。洪长泰详细地说道,抗战时期话剧中的女英雄们与她们五四时期的姐妹有着显著的不同。五四女性是个人主体性和浪漫恋爱的先锋,但30年代末至40年代的战争女英雄们则代表着献身于国家的集体事业和热爱祖国(第76页)。谢冰莹的自传《女兵自传》讲的正是她的个人转变历程:五四时期,她是一个迷恋着流行爱情的女学生,20年代末觉醒并投身革命,最后在抗日战争中成为一个热爱祖国的爱国者。①

除了真实的女性,小说中的女性人物也用于动员爱国主义情感。在对抗战时期的话剧的研究中,洪长泰(1994)记载了戏剧家们如何生产出女性爱国主义的象征性力量。战时戏剧家们把话剧从城市的舞台带到内陆城市的街道上以争取大众支持,他们发现长期以来为中国民众所熟悉的女英雄的形象能够成为抗日运动的有力象征。正如施剑翘30年代明白要为她的复仇争取大众感情上的支持一样,40年代的剧作家们也明白,女战士和爱国妓女最适于调动大众对抗日运动的支持。由欧阳予倩创作的、以中国古代的女英雄花木兰为题材的《木兰从军》,是抗战时期最受欢迎的话剧之一。洪长泰认为,话剧中抵抗外族入侵的感情和孝顺双亲的主题思想很容易转变成抗日的感情和对中华民族的忠诚。②

爱国主义被定义为女性情感,不仅仅因为像施剑翘这样的女性有效

---

① 自传见谢1994。

② 傅葆石(Poshek Fu)讨论了电影《木兰从军》和它在上海沦陷区引起的强烈反响。他还指出了"力量""权力"的现代品质与"孝"和"真诚"的古典美德二者在影片主人公花木兰以及花木兰的扮演者、电影明星陈云裳身上的融合,这两种品质的融合是至关重要的,它是使这部电影流行的重要原因,因为它复活了"过去的传奇人物,使其成为当前的民族危机的寓言"(傅2003,第15页)。

地代表了"情",还因为她所激励的对象也被想象为以女性为主。一个回忆录中曾回忆,施剑翘在合川运动中的领导作用是如何激励了合川第二女子中学的女学生们。在到学校参观之后,施剑翘鼓励年轻的女孩们勤奋学习,热爱国家,加入抗日爱国运动(郑1988,第109页)。而这些女学生们也认为施剑翘是"勇敢的女中豪杰"。如果说施剑翘在民国时期所唤起的公众同情体现为在法庭的台阶上排起长队的女学生,那么她在抗日救亡运动中对爱国情感的感召力则体现为这些准备投身于战争的女学生。

　　尽管30年代的公众同情和40年代的集体主义的爱国情感都被认为是女性化的,但它们有着重要的不同。如前所说,30年代的作家批评女学生中普遍存在的对凶手施剑翘的同情。一些人甚至发出严正的警告,认为这种女性化的同情是中国现代教育失败的症状。与之对比,40年代的作家们则为爱国者施剑翘所获得的公众支持而欢呼。女性的集体情感不再是被质疑的东西,而变成了战争时代国家力量的基础。另一个显著的区别在于这两种形式的集体情感与中央政府的关系。30年代对施剑翘的公众同情认为施剑翘是主持正义的复仇者、是一个女侠,她的存在是对国民党政权的含蓄批评。而40年代的爱国主义虽然也算得上是侠义的一种表达形式,但它并不作为与中央政府相对峙的另一种权威而存在。毋宁说,战时爱国主义成了为国民党领导下的国家的抵抗日本侵略凝聚大众支持的一种正面力量。简而言之,如果施剑翘的女性的"情"在30年代曾经一度是批判性的公众同情,那么在40年代,它已经变成了爱国主义的基石,为促进政权的战时规划而服务。

施剑翘晚年的命运

　　施剑翘背负着好几重"原罪"进入了新政权。首先,她代表着"孝",这越来越被认为是封建的,甚至是反革命的。其次,她曾被国民党政府高调予以赦免。第三，她曾受过身为军阀的国民政府成员冯玉祥的庇护。然而，在50年代，施剑翘过着平静的生活。1946—1952年期间，她在苏州主持着为贫困儿童开办的从云小学，在那之后，她回到北京养病。1957年，她当选为北京市政协委员。一直到了60年代，她的个人历史才成为一个问题。在这高度政治化的十年间，施剑翘遭受着被指认为曾经的"反动阶级"成员并因此沦为"阶级斗争"对象的危险。为了纠正这种情况、树立她的革命资历，施剑翘尽可能地展示出改写过的个人历史。她写了两部自传——一个写于1963年，一个写于1966年——在里面她继续把自己的行动以一种在政治和道德上正确的叙述阐释出来。在60年代，以正确的术语澄清她的过去并不是权宜之计，而更可能是为了她自己和家人的安全。然而，尽管她在两部自传中以机灵的方式展示了自己，但她在前一个阶段获得的成功在充满高度政治紧张的60年代并没有奏效。

施剑翘清楚地意识到，60年代早期最受赞赏的政治美德之一便是觉察出政治压迫并与封建势力作斗争。因此，虽然她曾在此前本土主义的新生活运动时期借用了儒家关于"英雄"的传统话语，但到了革命的60年代，她却小心翼翼地避免提及儒家"殉道"的古典传统。她远离了"孝"的动机，却仍然从更为通俗的"侠"的传统中汲取着资源。在古代强调着"行动"和"报仇"的"侠义"传统当然与"革命""牺牲""反抗"这些现代概念更为呼应。对于许多人来说，富有美德的传统侠客的形象和伦理象征着革命的美德，共产党更是经常借用"侠"的修辞。毛泽东本人就经常引用古典小说《水浒传》来证明中国历史上存在农民起义。

因此，当施剑翘决定在1963年写作《帖报簿》时，她是有自己的策略的。她决定强调她早先名声中"侠"的一面，把她30年代的行为展现为在本质上是真正革命的。在这篇文章里，她重新讲述了1935—1936年间的省级法庭审判的故事，详细地讲述了她与河北高级法院的一位法官的正面冲突。

施剑翘把自己描述成曾经是一个与封建势力抗争的牺牲品，这使她也成了在当下有政治资本的人。为了达到这一目的，她把民国时期描述成封建和腐败的，指斥当时的政治当局为"反动"。这样一种形象正与当时宣传的并极为流行的国民党的腐败形象相符合。比如，她说南京国民政府时期的法官无一例外都是邪恶的，并且欺压弱者。有权有势的孙家用权势和金钱践踏正义，因而是腐败的。当问及为什么她对审判法官的反抗从未在媒体中得到报道时，施剑翘解释道："我今天认识到旧社会的报纸，也是为反动阶级服务的，在旧社会被屈含冤者，不可胜数。"她的这番解释既扫除了对她的宣言的诚实性的怀疑，又指控了民国报纸。在南京十年时期施剑翘曾竭尽全力讨好的新闻媒体，在她 1963 年的叙述中，成了与其他反动集团勾结起来压迫被冤枉的无辜人们的团体。

在许多这种修改过的叙述中，我们可以探察到她极力想撤销她过去曾得到国民党官员的支持这一罪名。如上文所说，在 1950 年代到 1960 年代的政治环境中，施剑翘所获的国家特赦对她来说不啻一个沉重的十字架。50 年代初有过一段短暂的、进行国力恢复和经济巩固的阶段，在这期间各种性质的企业曾被动员起来为恢复国力作贡献；此后，从 1951 年开始，便针对那些政治上有问题的人们发动了运动。除了有计划地对知识分子进行改造之外，还有 1952 年发动的、针对着腐败和效率低下的官僚的"三反"运动，以及针对着中国的"资产阶级"即那些中国实业家和商人的"五反"运动，他们当中的许多人与国民党有着密切的联系，但仍然决定留在中国大陆。60 年代，全面的政治迫害和针对着与国民党政权有过关联的人的运动有增无减。正是在这样的环境下，施剑翘试图明确地切断她与民国政权的任何联系。比如，1963 年的《帖报簿》以这样的宣言作为全书结语："旧社会的人含冤莫伸者岂止千万！事前我如有伪政府作后台，又焉能至此？今日思之，犹有余痛！"（史 1986，第 197 页）。对于施剑翘，这全书末尾的宣言是为了扫清国民党曾经在民国时期的审判中暗中作出有利于她的判决以及她本身曾经与"封建"势力合谋的谣言。

为了表明她与国民党的关系决不像表面上显示出来的那样牢固,施剑翘不仅试图修改公众对她的审判的理解,还重新讲述了她在抗日战争时期的故事。[①] 在 1966 年 11 月所写的一个自传性质的年表中,施剑翘十分详细地讲述了她如何礼貌地拒绝了蒋介石夫人、时任中国妇女慰劳总会会长的宋美龄的请求。她说,宋美龄十分欣赏她在合川献机运动中的成就,并让冯玉祥邀请施剑翘领导全国性的、为百架战机募款的重庆运动。施说,尽管这份邀请具有极大的荣誉和声望,但她最后还是下决心拒绝了宋美龄的请求。施剑翘的儿子在回忆中说,这一决定赢得了人们的尊敬,甚至包括冯玉祥,据说他称赞"剑翘有骨气"(施 1985)。施剑翘婉拒了宋美龄的邀请一事,在施剑翘本人和施剑翘儿子的叙述中都得到了强调,这并不是没有深意的,为的就是把她和右翼的国民党政权分离开。

施剑翘对她抗战时期活动的改写也是为了证明她早在 1949 年大陆解放以前就跟著名的共产党领导人建立起了联系。40 年代早期,许多重要的中共领导人还并未加入毛泽东在延安的政权,虽然国民党和共产党第二次合作结成的抗日民族统一战线早在 1941 年就已分崩离析了,但两党之间的关系并没有恶化到要打内战的程度,这种恶化是到 1945 年日本投降时才发生的。许多中共领导人和党员仍然活动在重庆和重庆周边的地区。那段时期,凭借着她的名声和社会关系,施剑翘得以和他们当中的一些人接触。比如,上文所说的她 1966 年写的自传中提到,陶行知——施剑翘的安徽同乡、著名的教育家、宣传家和抗战积极分子,将施剑翘介绍给了几个重要的中国左派领导人。他们包括中共资深党员董必武、周恩来、周恩来夫人邓颖超(她本身即是一位著名的女革命家)、

---

① 我没能获得自传的原始文章,但像《帖报簿》一样,它曾经在史 1986 年的书中被重新刊载,第 197—198 页。与施剑翘并没有明显的亲戚关系的史鹏,从施剑翘的儿子施羽尧那里获得了这一材料。

以及曾经参加过长征的30位女红军当中的一个成员。① 文章还记载,施剑翘会见了其他几个著名的在40年代同情中共的人。这里面提到的人还包括史良,一位有名的左翼女律师,她是中共执政后最重要的几位党外人士之一。此外还有宋庆龄,宋氏姐妹中唯一同情共产党的人。它甚至还提到,施剑翘曾在1956年直接向毛泽东本人写信,反映当时的社会问题,那年的6月3日,毛泽东在回信的同时也让人给她带了一些钱,并让正在北京养病的她保重身体。

显然,仅仅展示她在四五十年代如何积极与著名左翼人士建立联系是不够的。在1966年的回忆录中,施剑翘觉得应当更进一步解释自己为什么没有跟随周恩来和其他中共革命者前往延安根据地。文章由此偏离了原来的主题解释道,在听到周恩来号召要保护党内工人的小孩后,她决定留在国统区建立苏州从云小学。表面上,从云小学是一个合法的教育机构,招收工人和其他城市贫民的孩子以及孤儿入学(陈1991)。在冯玉祥和陶行知的帮助下,施剑翘为这个小学筹集钱款。一个作家回忆,在由安徽同乡会组织的、为学校募款的宴会上,曾遇到了施剑翘,并发现她全身心地投入到给穷困的学生筹集学费的事业中(郑1992)。另一位作家写道,当一位醉醺醺的客人问她在1935年的暗杀事件中有政治后台这一传言是否属实时,她斩钉截铁地予以否认,而她那因为失去父亲而流露出来的悲戚的神情给人留下了深刻的印象,甚至使她筹到了比她原本可能募到的更多的钱(狷1967)。

除了为贫困儿童建立小学这一值得钦佩的行为外,还有证据表明,这个学校实际上暗中发挥着掩护革命活动的功能。一些在1949年后支持施剑翘的人回忆,学校实际上是一个地下组织,施剑翘通过这个组织

---

① 史1987,第515—517页。更多关于陶行知的信息,见王和朱一书中关于他的词条(1992)。邓颖超也是一个在五四时期宣传进步的婚姻爱情观念的知名人物。她在40年代是派驻在国民党重庆政权中的中共代表,是中共中央委员会成员,1949年后担任中华全国妇女联合会副主席。更多关于邓的信息,见钱1950,第36—37页。

来帮助革命者逃出国统区。对进步青年进行革命训练、共产党的地下刊物《光明报》的出版，以及在解放战争中收容苏州地下共产党的情报员，据说都是在从云小学这一机构中进行的。[1]

更进一步地，施剑翘还宣称，她能够把自己与国民党的紧密联系用于为革命服务。在 1966 年的回忆录中，她写道，正因为她与冯玉祥的关系，才使得从云小学没有被国民党拉入黑名单，而上述地下活动才得以展开。一篇同情性的回忆文章也赞同地认为，施剑翘特殊的名声和社会关系使她在这个时期能够做到其他普通人所不能做的事。陈锦（1991）写道，当她在国统区内为中国共产党服务时，施剑翘知道她能够利用她的特殊地位来发挥独一无二的作用。作者写道，施与冯玉祥的关系使她能够来去自如而不受怀疑，从而使她能够参加中共的地下活动。承认她与冯玉祥的关系也许是施在改写她的历史时在修辞上所面临的最困难的任务，而用为革命服务来描述这种关系也确实是非常聪明的。

最后，施剑翘曾对投诚中共的国民党飞行员刘善本的家人给予保护，这是另一个经常被引用的、证明她虽住在国统区却有着共产党员的真正本色的证据（比如，见陈 1991）。1946 年 6 月 26 日，国民党空军的一名飞行员刘善本驾驶着一架 B-24 轰炸机飞往延安，他是历史上第一个向中共投诚的国民党飞行员（陈、凌 1986，第 235 页）。由于这个夏天，蒋介石正准备发动屠杀共产党员的全面进攻，刘善本的投诚引起了巨大的轰动。[2] 施剑翘也介入到这次投诚行动中，传记作家后来强调了她对此事的参与。他们发现，她曾经在刘善本投诚之后，保证其留在后方上海的妻子和家人有充足的供应。在追述其母亲高尚言行的传记中，施剑翘之子施羽尧宣称，周恩来亲自委托施剑翘这一任务，因为施剑翘与空军的上层人物有关系，能够借到军用吉普车从而给刘善本一家提供经济保

---

[1] 更多关于这个小学及其革命活动的资料，以及周恩来认为施剑翘留在国统区为中共服务是最佳选择这一传言，见施 1982 和陈 1991。
[2] 更多关于刘善本的资料，见李 1981。

障(施1982,第10—11页)。

在"文化大革命"期间,施剑翘改写个人历史的努力没起到多少作用。虽然关于施剑翘在十年动乱中的政治活动和生活没有多少书面记载可追循,但有证据证明她遭受了惨重的攻击。仅从她在1963年、1966年两次试图通过自传叙述而改写历史的努力就可以看出,她面临着不愉快的政治气候。此外,在重庆市档案馆中存放着合川献机运动的文献,在"施剑翘"的目录卡上的"政治性质"一栏里写着"反革命"。这一文件是在1969年夏归入档案的,这一性质的界定是一个明确无误的信号,表明施剑翘在"文化大革命"期间中是被斗争的对象。

然而,到了70年代,施剑翘和同情她的人们得到了补偿。施在临死前被平反昭雪。她最后的岁月是在北京度过的,她在那里担任北京市政协委员。1979年8月27日,73岁的施剑翘死于直肠癌。她的追悼会是由北京市政协举办的,悼词中把施剑翘在抗战时期的活动描述为英勇的、倾向共产主义的。根据悼词,施剑翘对于推进中国共产党的抗日民族统一战线起到了非常积极的作用,她参加了湖南长沙的援军的慰劳工作,而她顶住国民党的压力、保证共产党的八路军急需物资的供给更是受到特别的称赞,这篇悼词谈到周恩来曾经称赞施剑翘40年代初期在重庆做的工作,说她抗战结束、进入教育行业后,在从云小学帮助了共产党,并且冒着危险为中共英雄刘善本的家人提供了救济和帮助。简而言之,到她去世之时,她的政治资本再一次得到了确立,她从40年代起就忠于中国共产党,她更被描述为即使临死仍是一个真正的爱国者,她表示她最后的遗愿是看到台湾和大陆的最终统一(陈1991)。悼词里没有提到她曾经参加国民党组织的合川献机运动,也没有提到她在60年代被打为"反革命"的事情。

结 论

即使在她1979年病逝之后,施剑翘案仍在继续激发着公众的想象力。这种社会的关注超过了国界,有关这一案子的回忆性文章在中国大陆、台湾、香港等地出版。它也跨越了一般的分类。这个故事出现在了回忆录、电影、名人传记、地方志、通俗历史、非正式的"野史"、插图漫画书,以及更晚近的互联网上。① 值得注意的是,对施剑翘故事的重新讲述经常紧紧追随着施剑翘本人在民国时期向媒体提供的版本。好几篇文章仅仅收集了几幅当时关于1935—1936年案子的新闻报道的剪报并加以刊印。这种遵从于原始叙述的做法表明,关于"孝"和"英勇的女性复仇"的叙述在当下仍然发挥着作用。即便如此,在这些文章中也仍然存在着对不同重点的强调和细微的修改。这些差异有些是受文学类型的影响,更多的则表明,每一次对施剑翘故事的不同讲述,都是在处理现实问题和为当下的规划服务。

比如,1985年出版的《女杰施剑翘》是由施剑翘之子施羽尧和沈渝丽写的传记(施、沈 1985)。这本书是政治平反的浪潮中的一部分。1978年,中央政府开始对前一个时代的极端的理想主义和激进主义进行反拨。1978年12月的十一届三中全会提出大范围"拨乱反正"并为好几个毛从前的敌人平反,包括彭德怀,这位深受爱戴、被毛泽东时代的极端主义所冤枉并于1959年被撤销职务的将军。曾经在毛时代晚期被打为"右派"和"走资派"的人被推崇备至,在各大城市占据了极高的文化和政治地位。对"四人帮"的审判于1980年11月20日开始,成为或许是最轰动的"拨乱反正"。这场审判在电视上四处转播,在毛泽东庇护下最有权势的激进集团的四个成员必须对"文化大革命"负责,这不啻对过去激进主义的严厉控诉。

这种"拨乱反正"并不仅仅发生在政治中心。作家们也通过作品来

---

① 我将在下文讨论一些记载了此案的回忆录、传记、通俗野史。插图漫画书,可见《刺杀孙传芳》1987年,里面提供了此书封面。柏右铭(Yomi Braester)和高彦颐在中国的二手书市场各自找到了一本这样的漫画,并且他们都极为热心地帮我买了一本。施剑翘案子也可以在网上找到。随便在Google上一搜就能搜出不计其数的关于施剑翘的故事。

反映"文革"期间遭遇到的暴力的个人创伤。许多文学作品带有反思性。"伤痕文学"的出版,正如它的名字启示的那样,为的是要疗伤,并实现这样一种过渡:从毛时代的理想主义过渡到邓小平领导下的新的、更为务实的社会主义时代。另一种文学类型报告文学则审视过去的极端主义的危害并敦促读者们参与到对一个更为理性的社会的创造中。正是在这样重新处理"文革"极端主义、补偿前一个时代牺牲者的背景下,《女杰施剑翘》出版了。施剑翘之子施羽尧与另一个作者沈渝丽一起,力图通过歌颂性的传记来恢复施剑翘的盛名。它不仅重新回顾了1935—1936年间的复仇案,还追忆了施剑翘40年代的地下活动。为了证明施剑翘确实曾经帮助过中国共产党,传记中详细地描述了她如何建立从云小学并把它作为中共地下活动的阵地,以及她在刘善本逃离国民党空军向中共投诚一事中所起到的重要的协调作用。①

更多的关于施剑翘案子的通俗历史读物接踵而至。随着70年代后政治局势的稳定、意识形态桎梏的松动、经济的私有化和对经济的重新强调,中国城镇居民的购买力在80年代有了显著提高,通俗的休闲生活方式和以娱乐为主的大众读物的市场迅速增长。金介甫(Jeffrey Kinkley)在他最近一本探讨犯罪小说的书中,探讨了通俗文学产品所具有的日益扩大的市场。他发现,1984年是一个重要的年

图十一　传记《女杰施剑翘》一书的封面,此书由施剑翘之子施羽尧和沈渝丽合著(1985年)。

---

① 其他叙述只是重复出版施剑翘自己写过的文章,从而实现她死后的平反昭雪。1980年的《文史资料选编》中合辑中,收入了她的文章《为报生父仇,手刃孙传芳》(施1980)。

份。1980—1981 年,在邓小平的"文化解冻"的政策下,翻译过来的柯南·道尔和阿加莎·克里斯蒂的破案小说极为流行,尤其是在中国人还不适合去书写中国所犯下的罪行的时候更是如此。但 1984 年是一个转折点,并且在这个时期,中国犯罪小说跃入人们的视野。金介甫发现,这种小说经常是程式化的、炒作的,也没有多少文学价值可言,并且对许多社会问题没有进行深入探讨,但即使这样,它仍然搅乱了中国人的现状。他写道:"1984 年后书籍报刊的更为自由的买卖交易,使得一切文类的作家们既像原告和被告那样'竞争'——既相互竞争,也与国家竞争——又使他们能够不断地在不同的时候发起针对不同问题的论战。"(金介甫2000,第 15 页)这些文类成为通俗作者们和读者们讨论并判断当下局势的手段。

施剑翘的谋杀案虽然不是虚构的小说,却是一段关于法庭案件的通俗历史,这与金介甫讨论的犯罪小说有很多共同点。施剑翘的案子在关于民国的许多通俗历史中被讨论,这使得读者们能够旁敲侧击地去处理当下时代的不公正。实际上,在 80 年代末至 90 年代的中国,关于 1949年之前的中国的性、宗教、暴力等议题被认为是耸人听闻而又引人入胜的话题。对 1949 年之前的历史时期的社会兴趣包括"寻根文学"中对乡土的留恋和对历史的追寻,以及如《红高粱》这样的"第五代"电影。与对过去的乡土社会的着迷相伴随的,是人们开始对民国时期的城市传奇和政治阴谋产生的新胃口,诸如《民国秘史》和《民国司法黑幕》这类书在书店的架上赫然出现。好些书名聚焦在著名的谋杀和奇特的案子上,包括《刀光剑影:民国暗杀记录》、《民国暗杀要案》(经 1996)、《民国大案纪实》(经 1997)、《近世中国十大社会新闻》(史 1987)、《酒醉美人鱼:民国奇案》(朱 1986)。这类对凶杀案的编纂中都会收入施剑翘的案子。《民国杀手春秋》包括了施剑翘本人的文章(施 1994)。

尽管许多这类的标题暗示着民国历史中一段骇人听闻的故事,但书本身并不一定是负面的。一些书十分关心微小的细节,并且试图通过这样的小细节吸引读者进入各种离奇事件的阴谋和机关中,就像施剑翘自述的故事和民国时期媒体对凶杀案的详尽报道所做的那样。另一些书则把案子当作爱国主义的一个范例。在《刺客史》的部分章节中,作者对施剑翘的复仇行为予以了爱国主义的积极评价。"施剑翘行刺孙传芳在客观上是一次爱国行动。"(戈1999,第176页)作为论据,作者把孙传芳描述成一个卖国贼,重复着关于这个下野军阀在30年代与日本人秘密策划着山东的兵变的传言,控告他参与了日本人组织的宗教活动。由于两种传言的真实性都令人怀疑,这些章节的最后评价缺乏客观性,这表明了施剑翘的案子是如何被赞赏的。在1989年天安门事件后中国民族主义的复兴时期,施剑翘的"情"被认为是引人注目的爱国之情的表达。

尽管有些人赞扬这一著名的案子,但另一些人则把它当成当下时代的丰富多彩的陪衬。80年代晚期,一部根据施剑翘案改编的电影《刺杀孙传芳》被拍摄出来。这部由导演蔡继渭执导的影片中,由岳红扮演施剑翘,由曾经扮演过蒋介石的孙飞虎扮演孙传芳。可惜的是,我没能找到这部影片的复本。①女主演岳红在1988年的一期《大众电影》上发表了一篇简短却极有启发的文章,谈她是怎样扮演施剑翘的。文章伊始她便把自己与真实生活的施剑翘区别开来,她说,许多人劝她不要冒险扮演一个具有"大家闺秀"性格气质的角

图十二　施剑翘射杀孙传芳,选自1986年出版的一本关于民国要案的书中。(朱秋枫,1986年)

---

① 中国电影档案馆也没有这个电影的拷贝。

色，"闺秀"在80年代会引起人们关于1949年以前的中国贵族士绅妇女这种封建角色的联想。她解释，为了"自我发现"，她仍然决定扮演一个与她自己有着极大性格差异的人。她描述了自己如何试图表现出复仇所必需的愤怒的激情的经历，并说她在向作为她同事和前辈的孙传芳扮演者开枪（即使那只是把道具枪）时是十分困难并且害怕的。然而她发现，在孙飞虎的指导下，她学会了怎样去扮演愤怒并勤学苦练。她写道，"我第一次当了凶手"（岳1988）。甚至在施剑翘第一次以她的激情调动公众之后的半个世纪，施剑翘的"情"对于演员体验由刺杀而引起的强烈感情仍然是有效的工具。

结　论

　　由于我们当下处在一个由全球性的消费文化和媒体经济所包围的世界,因此回头审视一下大众媒体如何开始影响一个全球范围内新出现的市民公众群体的政治参与,是很有意思的。19 世纪末 20 世纪初,世界各地正处在转型期的社会中,轰动性的犯罪审判和媒体炒作成为舞台,社会和道德议题在这里处于众目睽睽的监测和审视之下。30 年代的中国也不例外。在崛起的大众媒体,一个咄咄逼人试图集权化的国家,和羽翼未丰的、试图建立制度独立性的司法系统的共同作用下,30 年代的中国涌现了一系列轰动性的案件,它们的主角大多是充满激情的男人和女人。以一个不同寻常的、熟稔媒体的女杀手施剑翘为主角的施剑翘杀人案是其中最轰动的一件。

　　本书把她的案子作为一个有效的视角,来追问包含了道德和情感在内的现代自我的私密结构如何与民国时期更大的集体认同的塑造联系起来。特别是,这个案子充分揭示了激情和道德的孝女如何制造了一种"情"的集体形式。媒体大众,在同情凶犯的情感约束下,形成了一种批判性的、畅所欲言的实体存在——"公众同情",他们有别于以前的市民公众,他们是情感性的消费者。一旦形成,这个新的公众群体便开始影响司法审判，影响国民党建立政治合法性的策略，并使得日益关注社会事务的城市公众和作为品味、政治和道德之裁决者的精英集团之间的裂痕越来越大。

本书使我们超越制度化的范畴来拓展我们对参与性政治的理解，并且为我们重新审视消费主义和政治之间的关系提供了新的框架。它揭示了政治参与是如何在媒体炒作的舞台上发生和扩张的。作为一个媒体事件，施剑翘案成了公共辩论的一个平台，催生着关于女性在公共场合的角色以及人们构想国家的方式的活跃对话，为现代正义界定了参数，影响到了暴力在社会中的地位、合法的政治统治以及性别的现代性等一系列问题。处在这些讨论的核心的是有关"情"的现代意义的问题——这里的"情"既指女刺客个人的"情"，也指"公众同情"这种集体性的回应。不同的群体和个人热情地公开发表他们对此事的意见。甚至传统中在政治上没有权利的人也能就这个案子引发的社会热点问题发表有分量的意见，即便是作为感情冲动的消费者而发表。

不同的群体对这个案子的反应各不一样。作为媒体消费者的公众和中央政府都认为施剑翘应当得到宽恕。在这个时期，当建立在理性的法治和国家建设之上的国家统一似乎遥遥无期时，施剑翘勇毅的孝心和她所象征的侠的精神代表了一种国家正义。然而，尽管这两个群体赞赏她的英勇，但他们对这一事件的解读却渗透着不同的政治立场。市民观众把施剑翘的英勇侠义之举作为对治理无方的国民党政权的含蓄批评。据此案改编的戏剧和小说则把手刃军阀的施剑翘变成一个大受欢迎的侠女，她能够弘扬公共正义，而这对于无效的国民党政权不啻一剂强大的道德解药。随着施剑翘的侠义行为在大众媒体中的不断重述，对这位女英雄的集体同情不断强化，并展现出日益增长的政治和道德权威。与之对比，对一个正在试图合法化它的道德及政治合法性和威权力量的政权来说，对复仇女的特赦可以招降叛逆的英雄，以便实行扼制并将她代表的公共正义和英雄情感据为己有。

当然,还存在着批评家。与那些赞扬施剑翘的"情"的道德力量的人不同,大多数改革派的知识分子和城市职业人士认为她的"孝情"和她所激发的公众同情是应当谴责的。由于新的掌管官方文化和意识形态制度的中央政权和一个消费着商业媒体和流行娱乐方式的、见多识广的市民公众的存在,知识分子的权威在30年代显著地减弱了。知识分子们和批评家们不再是女性规范、法治、现代国家等一系列事务的最高仲裁者,因此他们试图通过反抗咄咄逼人的新政权和日益壮大的大众来重申他们自己的道德和思想权威。他们渴望保持他们对现代中国何去何从这一大方向的决定权的垄断,因此他们对此案中的"情"(既指施剑翘个人的情,也指以集体形式表达出来的公众同情)抱有敌意,认为它是过度女性化的。他们把"情"作为过时的道德准则的危险表达,它妨碍了更为理性的、增强国力的方案,包括建立在科学马克思主义和法治之上的方案。

最后,本书用施剑翘这一轰动性的案子来提供另一种不同于以往的观点,即公众的情感是如何卷入了国家和社会、法律事务的。集体同情成了一种新的、影响深刻的道德和政治权威,它能影响司法程序并决定现代中国法律何去何从。更广泛地说,这个新的公众群体代表了一种正义,这种正义比腐败、无能的政府所提供的正义更为优越。因此,通过这个特殊的案例,被告律师、原告、法官和被告施剑翘就"情"和"礼"在现代正义的界定中扮演了怎样的角色这一更大的问题进行了辩论。法学家们警惕着赋予公众同情太多的权力会影响到施案的司法程序,而被告的辩护律师则试图利用公众同情来对审判施加影响。

尽管公众投入的感情在类似施剑翘这样的轰动性案子中能够获得批判性的、反国家的意义,这一群体的批判性力量根本上还是不稳定的。公众同情的独立性从未通过法律或官方的手段被制度化或成为法典而固定下来。事实上,如果我们认为公众同情的力量实际上存在于这一信念,即"公众"的本质是"侠",那么根据定义,这个建基于"情"的公众是不能通过法律或制度的手段而被系统地生产出来或被保护的。它的道德力量恰恰在于它的自发性和它的"情"的根基。此外，在消费社会兴起的公众同情一直处于易被媒体操纵的潜在危险中，因为这一公众群体本身正是媒体所创造的。

我们前面讨论到，国民党政权试图运用它特赦的权力来收编对道德复仇的公众同情，以便使自己的统治合法化，这一企图也证明了这个新的公众群体的独立性实际上是非常脆弱的。政府的特赦令中引用了人们写给中央政府的信件，这表明，为孝复仇的行为不管如何极端和暴力，对于一个正在集权化的"新生活"政权都具有巨大的象征意义。就这点而言，这些特赦给国民党提供了"党化"司法界和扼制公众的机会，虽然政府声称是代表公众。政权宽恕了这些暴力行为，为的是把最终正义落实到政党而不是成文法典、法律职业或是公众中。然而同时，这些特赦令不经意间却暴露出党—国威权四分五裂的脆弱本质。它们揭示出：这些复仇案实际上被山东军阀韩复榘和半退隐军阀冯玉祥这样的桀骜不羁的政府官员的阴谋诡计所影响着。特赦的过程是中央政府和这些个人之间持续不断的妥协的一部分，在这个过程中，双方都竞相争夺着公众的支持。简而言之，公众同情虽然作为一种政治力量正在渐渐获得权威，但它仍然不时有沦于被操纵的危险。

集体情感的"独立性"随着一个更为强大的国家的崛起而变得更为脆弱。如第六章讨论的，在抗日战争的名义下，国民党政府获得了对战时新闻界的绝对控制。相应地，战时政府得以动员起女性化的集体情感，并把它作为抗日运动和爱国主义的基础。在抗日战争中，爱国主义继承了"侠"的特点，它把人们的感情与一个对抗外敌的政府凝聚了起来。"侠"的公共正义不再指向国民党统治，而与国家正义合而为一。

我将用一点关于以"同情"为根基的公众的简短思考来结束全书，这一公众在本质上与"制度化"相抵触。30年代中期，国民党政府试图以道德暴力为手段来激发和引导公众激情，以扩张党—国权威，这与许多源自 20 年代政治文化的列宁主义策略十分相似。包括鲍罗廷(Mikhail Borodin)在内的、来自苏联共产党的共产国际代表,曾经深刻地影响这一政治文化,并长期以来与共产党和国民党共事。国民党第一次运用这种动员大众和宣传的策略便是在 20 年代的广东(费约翰 1996)。共产党也采取了此类策略。首先是江西的苏维埃政权,然后是延安这个从长征结束后到 1947 年内战期间作为共产党根据地的偏僻的小镇。共产党显然比国民党在诉诸爱国主义和抗日情感来动员个体和大众方面做得更为有效。

革命大众的情感在1949 年之后的政治中更多地与农村群众或革命青年的情感相联系而非与城市的、作为媒体消费者的公众的情感相联系,尽管后者曾在施剑翘的案子中具有显著的影响力。然而,我在这里简短地表明,它们之间存在着重要的共同点。大众的革命情感像民国时期的公众同情一样,成了一种强大的道德解药,挑战了地主精英、政府机构甚至法律制度的权力。从延安和内战时期直到 50 年代,针对地主和社会上其他"反革命"因素的"自发"的批斗会点燃了强烈的大众感情。虽然这些批斗经常被左翼组织者们标榜为自发性的,但是实际上它们被仔细地加以组织,并且遵循着中国白话说书和戏剧传统中历史悠久、为人们熟知的善恶分明的道德叙述(Apter and Saich 1994)。尽管中国古代的儒家礼仪长期以来被认为是对现代社会无用的东西从而被搁置,但参与针对少数人的批斗却具有高度的仪式性。这种参与极大地唤起并引导了那些卷入其中的人们的集体激情。农民刚开始时是犹豫和谨慎的,不敢反抗长期以来在村里掌权的地主,但他们随即采用了相关概念工具来思考他们受到的剥削,并认为他们有权拥有这些土地并掌握权力。

大众情感的政治力量以及它易受操纵的特性,也许在"文化大革命"中体现得最显著也最具有悲剧性。这一全新的集体情感不再建立在消费主义上,而建立在"生产性"或者参与性的、表演性的政治上。革命电影和革命歌剧,广场的群众集会,以及自我批评的仪式等,都使得大众情感转变成革命的狂热,群众政治因此充满了一种强大的、具有破坏性的、情感性的品质。

因此,在本书中,我不再追问中国是否存在市民社会这一问题,而转向探究这样一个问题:中国的批判性的政治参与是以什么形式发生的?我试图说明,历史地来说,情感的道德真实性往往成了比哈贝马斯所说的现代西方市民社会的理性沟通方式更为强大的规范性力量,驱动着集体的政治参与。在20世纪中国,集体情感主义被证明是一种有力的然而没有保障的、对于威权主义统治的解药。公众同情,特别是当它被自发地表达出来时,经常能成功地唤起对社会政治秩序的有力批评。然而同时,他们也容易被操纵,并以一种可能导致灾难的方式爆发出来。就这些矛盾而又深刻的后果而言,对30年代城市消费社会中兴起的、建立在"情"之上的公众进行历史审视,对于我们理解道德情感如何塑造了进入21世纪的中国的政治参与方式仍是有意义的。

通过指出以"情"为根基的公众在现代中国的兴起,我并不是要表明中国对于西方的规范来说是一个特例。实际上,我的研究的另一个中心意图是从中国这个角度切入对现代性的普世主义叙述的解构,这一叙述在以"理性"为根基的公众中间仍然十分流行,这一理性公众在社会理论和学术研究中经常占据主导地位,并且经常被认为是西方现代性的重要组成部分,而现在应当是重新思考这一"理性"公众的时候了。正如传统儒家思想家所作的关于社会政治和谐的思考,我们难道不应该对情感领域如何使现代的政治参与成为可能进行更多的批判性思考吗?施剑翘把自己塑造成一个现代的女侠,展示了独特的"中国特色"。然而,正如本书开篇所说,熟稔媒体的女人和由大众参与的女性激情案例的出现并不仅限于民国时期的中国。同样,施剑翘案中展现出来的令人吃惊的公众激情的批判能量也许给现代中国之外的历史进程以更多的启示意义。

参考文献

档案:

北京市档案馆
重庆市档案馆
台北"国史馆"

报刊:

中文

北平晚报(北平)

北洋画报(天津)

晨报(北平)

大公报(天津)

东海日报(济南)

福尔摩斯(上海)

晶报(上海)

良友(上海)

山东民国日报(济南)

申报(上海)

申报画刊(上海)

实报(北平)

时报(上海)

顺天时报(北平)

《天津律师公会旬刊》

戏世界报(上海)

小晨报(北平)

新天津报(天津)

新天津画报(天津)

新闻报(上海)

益世报(天津)

中央日报(南京,重庆)

英文

North China Herald (Shanghai).北华捷报

史料:

中文史料

《暗杀》,《读书生活》1935 年第 3 卷第 2 期,第 74 页。

冰听:《关于施从滨的死》,《实报》,1935 年 11 月 21 日第 3 版。

不平:《施剑翘罪行减免之法律管见》,《中央日报》,1935 年 12 月 31 日第 2 版。

陈独秀:《东西民族根本思想之差异》,《新青年》第 1 卷第 4 期(1915 年),第 283—286 页。

陈独秀:《论戏曲》,载于陈多、叶长海主编:《中国历代剧论选注》,长沙:湖南文艺出版社,1987 年,第 460—462 页。

《刺杀孙传芳》,北京:农村读书出版社,1987 年。

《春秋公羊传》,上海:中华书局,1936 年。

《刺杀张宗昌之法律的观察》,《山东民国日报》,1932 年 9 月 15 日第 3 版。

大白:《论行刺》,《北洋画报》,1935 年 11 月 16 日第 2 版。

达权:《述施剑翘特赦令后》,《法律评论》第 13 卷 52 期(1936 年),第 1—2 页。

冯友兰:《原忠孝》,《新动向》第 1 卷 11 期(1938 年),第 345—351 页。

冯玉祥:《冯玉祥日记》,第 3—5 卷,南京:江苏古籍出版社,1992 年。

冯玉祥:《响应合川献机》,1941 年 3 月 31 日,《抗战史料》,第 1685 号,台北"国史馆"。

古顿:《从特赦施剑翘说起》,清华周刊第 45 卷 2 期(1936 年),第 61 页。

《国家政府公报》,第 1079 期(1933 年 3 月),第 14 页。

《国家政府公报》,第 2177 期(1936 年 10 月),第 14 页。

韩愈：《论佛骨表》，《昌黎先生集》第 39 卷，第 3—6 页，上海：中华书局，1936 年。

韩非子：《韩非子》，上海：中华书局，1936 年。

胡宝蟾：《对于施剑翘刺杀孙传芳一案的总检讨》，《妇女月报》第 2 卷 10 期（1936 年），第 6—7 页。

胡长清：《郑继成杀张宗昌之法律问题》，《法律评论》第 9 期 50 期（1932 年），第 1—3 页。

胡适：《贞操问题》，《新青年》第 5 卷 1 期（1918），第 5—14 页。

剑：《法院拟限制旁听》，《福尔摩斯》，1936 年 7 月 12 日，第 3 页。

蒋介石：《从合川献机说起》，《中央日报》，1941 年 5 月 31 日，第 3 页。

蒋廷黻：《暗杀与政治》，《独立评论》第 57 号（1933 年），第 2 页。

居正：《司法党化问题》，《东方杂志》第 32 卷 10 期（1935 年 5 月），第 6—19 页。

君寄：《两幕恋爱惨剧分析》，《晨报》1935 年 3 月 23 日第 11 版。

李学蕴：《战时妇女应走的路线》，《战时妇女》第 3 卷 4 期（1938 年），第 4—5 页。

莉影：《评施剑翘女士为父报仇》，《妇女月报》第 1 卷 11 期（1935 年），第 2—4 页。

梁启超：《论小说与群治之关系》，载于陈多、叶长海主编：《中国历代剧论选注》，长沙：湖南文艺出版社，1987 年，第 385—390 页。

林墨农：《我怎样侧身大公报》，台湾：《传记文学》第 817 期（1980 年），第 116—122 页。

凌霄汉阁主：《悲剧武剧》，《实报》（北平），1935 年 11 月 17 日第 13 版。

凌霄汉阁主：《费宫人·施女士》，《实报》（北平），1935 年 11 月 25 日第 3 版。

刘清扬：《战时妇女应该怎么样》，《战时妇女》第 3 卷 4 期（1938），第 6 页。

柳湜：《施剑翘女士的愚孝》，《大众生活》第 1 卷 3 期（1935 年），第 69—70 页。

《陆海空军刑法》，1929 年，载于郭卫编：《六法理由判决》第 3 卷，上海，法学书局，1993 年。

梦薇：《谈滕爽事件》，《北洋画报》，1935 年 3 月 28 日第 3 版。

梦著：《从小贩割股疗亲说起》，《申报》，1936 年 1 月 14 日第 1 版。

平心：《孙传芳被刺感言》，《大众生活》第 1 卷 2 期（1935 年），第 52 页。

蒲松龄（1640—1715）：《聊斋志异会校会注会评本》，张友鹤辑校，上海：上海古籍出版社，1978 年，第 210—216 页。新华书店上海发行所发行，1986 年。

蒲松龄：《聊斋志异图咏》，济南：山东画报出版社，2002 年。

《杀张案之法律论与感情论》，《国闻周报》第 9 卷 37 期，1932 年，第 1—2 页。

山椒：《各国空军中的妇女》，《妇女共鸣》第 10 期（1941 年 6 月），第 24—26 页。

《上海市年鉴》，1935 年。

沈思：《施剑翘蓄意杀人》，《福尔摩斯》，1935 年 11 月 16 日，第 4 页。

施剑翘：《为报生父仇，手刃孙传芳》，《文史资料选编》第 6 卷，北京：北京出版社,1980 年,第 159—170 页。

施剑翘:《是我杀死了孙传芳》,《民国杀手春秋》,曹华编,北京:团结出版社,1994 年,第 66—76 页。

《施剑翘案与社会观点》,《国闻周报》第 2 卷 46 期(1935 年),第 3 页。

《施剑翘岂将为弃妇欤?》,《玲珑》第 260 号(1936 年),第 3325—3326 页。

《施剑翘是否孝女》,《玲珑》第 213 号(1935 年),第 3967—3968 页。

《施女刺孙传芳》,《妇女生活》第 1 卷第 6 期(1935 年),第 2—3 页。

士心:《悼滕爽》,《晨报》,1935 年 3 月 23 日第 11 版。

施则凡:《合川县被敌机轰炸情形及"合川号"飞机筹献发起经过》,《献机专刊》,1941 年 4 月 30 日,重庆市档案馆,13 目录 56 卷号。

《孙案教训》,《实报》(北平),1935 年 11 月 16 日第 1 版。

孙观圻:《法律上之自首意义》,《实报》,1935 年 11 月 21 日第 5 版。

《孙馨远如此下场》,《大公报》,1935 年 11 月 14 日第 4 版。

唐俟(鲁迅):《我之节烈观》,《新青年》第 5 卷 2 期(1918 年),第 92—101 页。

天行:《一件仇杀案引起的问题》,《大众生活》第 1 卷 4 期(1935 年),第 92—93 页。

顽生:《施剑翘有罪乎? 无罪乎?》,《民生》第 2 期(1935 年),第 5—6 页。

王安石(1021—1086 年):《王文公文集》,北京:中华书局,1974 年。

汪桂芳:《为施剑翘女士请求特赦》,《妇女月报》第 1 卷 12 期(1935 年 12 月),第 3—4 页。

汪漱碧:《复仇》,《新闻报》,1935 年 11 月 18 日 14 版。

《慰劳组工作概述》,《妇女新运》第 3 卷 1 期(1941 年),第 55—57 页。

吴其昌:《民国节操运动》,《大公报》,1935 年 12 月 22 日第 2 版。

吴虞:《家庭制度为专制主义之根据论》,《新青年》第 2 卷 6 期(1917 年 2 月),第 1—4 页。

笑予:《论施剑翘刺孙传芳》,《妇女共鸣》第 5 卷 2 期(1936 年),第 5 页。

《献机专刊》,1941 年 4 月 30 日,重庆市档案馆,13 目录 56 卷号。

欧阳修(1007—1072 年)编校:《新唐书》,北京:中华书局,1995 年。

新人:《刘景桂杀人的心理检讨》,《中央日报》,1935 年 5 月 7 日第 4 版。

《姓郑的刺客》,《申报》,1932 年 9 月 13 日第 10 版。

《修正中华民国国民政府组织法》(1933 年),《中华民国现行法规大全》,上海:商务印书馆,1934 年。

徐道邻:《徐树铮先生文集年谱合刊》,台北:台湾商务印书馆,1962 年。

《徐道邻先生纪念集》,台北,1975 年。

徐式圭:《中国大赦考》,上海:商务印书馆,1935 年。

薛允升:《读例存疑》,黄静嘉编校,台北:成文出版社,1970 年。

杨倞注:《荀子集解》,北京:中华书局,1988年。

杨幼炯:《民族主义与民族生存》,中山文化教育馆季刊,1936年,第381—398页。

衣芟:《关于施剑翘之种》,《福尔摩斯》,1935年11月20日第1版。

翼经:《献机运动中的专剧上演》,《献机专刊》,1941年4月30日,重庆市档案馆,13目录56卷号。

乙木:《刘逯案判决后》,《益世报》,1935年5月3日第10版。

俞大彩:《论刘景桂杀人案》,《独立评论》146期(1935年),第14—15页。

袁雪崖:《合川号机群》,1941年5月29日,《抗战史料》,第1689号,台北"国史馆"。

岳红:《我与"刺杀孙传芳"》,《大众电影》第418期(1988年4月),第13页。

云:《为献机运动勉全国妇女》,《妇女共鸣》第10期(1941年),第1页。

赵令仪(鲁迅):《论人言可畏》,《太白》第2卷第5期(1935年5月20日)。

召南:《从唐有壬被刺说起》,《东海日报》,1935年12月28日第2版。

正:《提议捐献妇女号飞机》,《中国女青年》第1卷4期(1940年),第1页。

郑继成:《自述刺张经过》,《申报》,1932年9月7日第10版。

郑继成:《杀死张宗昌凶手的自白》,载于曹华编:《民国杀手春秋》,第8卷,北京:团结出版社,1994年,第39—46页。

郑继成:《我杀死国贼张宗昌之经过详情》,《逸经》第7期(1936年6月),第42—46页。

《中国航空建设协会总会公函》,1941年7月,重庆市档案馆,13目录56—1卷号。

《中华民国现行法规大全》,上海:商务印书馆,1934年。

《中华民国刑法》,上海:商务印书馆,1935年。

《中华民国训政时期约法》,南京:中国国民中央执行委员会,1931年。

《中华民国训政时期约法详解》,上海:法政学出版社,1936年。

周至柔:《从纳粹的称霸一时说到空军的建立和运用》,《航空杂志》第10卷8期(1941年),第1—7页。

周至柔:《中国空军的国际性和民族性》,《航空杂志》第10卷11期(1941年),第1—5页。

周作人:《节操论》,《新青年》第4卷5期(1918年),第386—394页。

朱文长:《关于施剑翘女士的特赦》,《独立评论》第226期(1936年),第16—17页。

《最后挣扎中之司法独立》,《法律评论》第9卷42期(1932年7月24日),第1—6页。

英文史料

"Assassins' Calm Behavior," *North China Herald*, 14 September 1932, 409.
《刺客平静的表现》(译),《北华捷报》,1932 年 9 月 14 日,409 页。

Sowerby, A. de C. "Assassination of War-Lord, Shanghai Lady's Story of Tsinan Murder: Scene on Platform," *North China Herald*, 14 September 1932, 409.
苏柯仁:《刺杀军阀,上海太太口中的济南杀人案:站台上的一幕》,《北华捷报》,1932 年 9 月 14 日,第 409 页。

Boulais, Guy. Manuel de Code Chionois. *Varietes Sinologieques*, no. 55. Shanghai,1924.
鲍莱斯・盖、曼努尔・德・希奥诺斯:《多样的中国学》第 55 卷,上海:1924 年。

The Civil Code of the Republic of China, 1930. Shanghai: Kelly & Walsh. Reprint edition. Arlington, Va. : University Publications of America, 1976.
《中华民国民法》,1930 年,上海:Kelly & Walsh 出版社。弗吉尼亚州阿灵顿:美国大学出版公司,1976 年。

"Ex-Warlord Shot while Knelt in Prayer," *North China Herald*, 20 November 1935, 308.
《前军阀跪祷时被刺》,《北华捷报》,1935 年 11 月 20 日,第 308 页。

"Hochwan Gives Three Planes," *China at War* VII, no. 1 (July 1941): 66.
《合川捐献三架飞机》,《战时中国》第 7 卷 1 期(1941 年 7 月),第 66 页。

"The Press in Wartime China," *China at War* X, no. 5 (May 1943): 46‑51.
《战时中国的新闻业》,《战时中国》第 10 卷 5 期(1943 年 5 月),第 46—51 页。

"Women's Work in China," *China at War* II, no. 6 (June 1940): 68‑74.
《中国妇女的工作》,《战时中国》第 2 卷 6 期(1940 年 6 月),第 68—74 页。

其他研究著述:

中文与日文

曹华编:《民国杀手春秋》,北京:团结出版社,1994 年。
柴德赓主编:《中国近代史资料丛刊》,第 6 卷,上海:上海人民出版社,1957 年。

陈锦:《手刃反动军阀的奇女子——施剑翘传略》,载于金其恒、范泓主编:《统战群英》,中国文史出版社,1991年。

陈平原:《千古文人侠客梦》,台北:麦田出版有限公司,1995年。

陈尚凡、凌仁编:《施剑翘报仇》,载于史鹏主编:《民国四大奇案》,香港:中央出版社,1986年。

范忠信、郑定、詹学农:《情理法与中国人》,北京:中国人民大学出版社,1992年。

戈春源:《刺客史》,上海:上海文艺出版社,1999年。

顾沛君:《施剑翘刺孙传芳案辩护律师余戟门小传》,《传记文学》,第37卷4期,1980年,51页。

何易、潘荣:《孙传芳:五省联帅》,兰州:兰州大学出版社,1997年。

简又文:《冯玉祥传》,台北:专辑文学出版社,1982年。

经盛鸿:《民国暗杀要案》,南京:江苏古籍出版社,1996年。

经盛鸿:《民国大案纪实》,上海:上海人民出版社,1997年。

狷士:《施剑翘女士的孝与勇》,《畅流》,第13卷8期,1967年,第8页。

李光灿:《中国刑法通史》,沈阳:辽宁大学出版社,1987年。

李传根:《刘善本将军》,《人物》,第5期,1981年,第96—103页。

刘寿林编:《民国职官年表》,北京:中华书局,1995年。

吕伟俊:《韩复榘传》,济南:山东出版社,1997年。

马新华、后志刚编:《中国十刺客外传》,台北:大行出版社,1993年。

钱塘编:《革命的女性》,台北:黄文出版社,1950年。

史鹏主编:《近世中国十大社会新闻》,长沙:湖南人民出版社,1987年。

史鹏主编:《民国四大奇案》,香港:中央出版社,1986年。

施羽尧:《刺杀孙传芳的施剑翘》,《文物天地》,第2期,1982年,第9—11页。

施羽尧、沈渝丽:《女杰施剑翘》,哈尔滨:北方文艺出版社,1985年。

滋贺秀三:《清代中国の法と裁判》,东京:创文社,1984年。

唐唯目:《合川县一九四一年献机运动始末》,《合川文史资料选辑》,第1辑,1982年,第123—134页。

王桧林、朱汉国主编:《中国报刊辞典》,太原:书海出版社,1992年。

王慰农:《韩复榘的特谍队和张宗昌的被杀》,《全国文史资料选辑》,第5卷,1960年。

吴寿祺主编:《安徽历史人物》,安徽:黄山书社,1990年。

张庆军、孟国祥编著:《民国司法黑幕》,江苏:江苏古籍出版社,1997年。

赵润生、马亮宽:《辛亥滦州兵谏与滦州起义》,天津:天津人民出版社,2003年。

郑家槐:《施剑翘其人》,《合川文史资料选辑》,第5辑,1988年,第104—110页。

郑逸梅:《从马公愚说到施剑翘》,载于华道一主编:《海上春秋》,上海:上海市文史研究馆,1992年,73—76页。

周家颖:《弱女复仇记》,1986年,载于朱秋枫选编:《酒醉美人鱼》,浙江:浙江文艺出版社,171—197 页。

英文

Abu-Lughod，Lila．2000．*Veiled Sentiments：Honor and Poetry in a Bedouin Society*．Berkeley and Los Angeles：University of California Press．

丽拉·艾布-庐古德,2000 年,《被掩饰的情感:贝都因社会中的荣耀与诗歌》,伯克利和洛杉矶:加州大学出版社。

Alford，William．1984．Of Arsenic and Old Laws．*California Law Review* 72，no. 6：1180‐256．

威廉·阿尔福德,1984 年,《砒霜与法律》,《加州法律评论》,第 72 卷第 6 期,第 1180—1256 页。

Althusser，Louis．1971．*Lenin and Philosophy*．New York：Monthly Review．

路易·阿尔都塞,1971 年,《列宁与哲学》,纽约:每月评论出版社。

Anderson，Benedict．1991．*Imagined Communities：Reflections on the Origin and Spread of Nationalism*．Revised edition．London：Verso．

本尼迪克特·安德森，1991 年,《想象的共同体:民族主义的起源与散布》,修订版,伦敦:沃索出版公司。

Armstrong，Nancy．1995．*Desire and Domestic Fiction：A Political History of the Novel*．London：Oxford University Press．

南西·阿姆斯特朗,1995 年,《欲望和家庭小说:小说的政治史》,伦敦:牛津大学出版社。

Baker，Keith Michael．1987．Politics and Public Opinion．In Jack Censer and Jeremy Popkin，eds.，*Press and Politics in Pre-Revolutionary France*，204‐46．Berkeley and Los Angeles：University of California．

基思·迈克·贝克,1987 年,《政治和舆论》,载于杰克·森瑟、杰里米·鲍金编:《法国大革命前的出版业和政治》,第 204—246 页,伯克利和洛杉矶:加州大学出版社。

Benjamin，Walter．1983．*Charles Baudelaire：A Lyric Poet in the Era of High Capitalism*．London：Verso Books．

瓦尔特·本雅明,1983 年,《查尔斯·波德莱尔:资本主义时代的抒情诗人》,伦敦:沃索出版公司。

Benson，Carleton. 1995. The Manipulation of Tanci in Radio Shanghai During the 1930s. *Republican China* 20，no. 2：117–46.

——. 1996. *From Teahouse to Radio：Storytelling and the Commercialization of Culture in 1930s Shanghai*. Ph. D. dissertation. University of California，Berkeley.

卡尔顿·本森,1995 年,《30 年代上海广播剧中的弹词》,《中华民国》第 20 卷第 2 期,117—146 页。

卡尔顿·本森,1996 年,《从茶馆到广播:30 年代上海的说书和文化商业化》,博士论文,伯克利:加州大学出版社。

Berenson，Edward. 1992. *The Trial of Madame Caillaux*. Berkeley and Los Angeles：University of California.

爱德华·毕瑞森,1992 年,《审判卡约夫人》,伯克利和洛杉矶:加州大学出版社。

Bernhardt，Kathryn. 1994. Women and the Law：Divorce in the Republican Period. In Kathryn Bernhardt，and Philip Huang，eds.，*Civil Law in Qing and Republican China*，187–214. Stanford：Stanford University Press.

白凯,1994 年,《妇女和法律:民国时期的离婚》,载于白凯、黄宗智编:《清朝和民国的民法》,第 187—214 页,斯坦福:斯坦福大学出版社。

Birch，Cyril，ed. 1965. *Anthology of Chinese Literature From Early Times to the Fourteenth Century*. New York：Grove Press.

白芝编,1965 年,《上古到 14 世纪的中国文学》,纽约:格罗夫出版社。

Boorman，Howard L.，and Richard C. Howard，eds. 1967–1971. *Biographical Dictionary of Republican China*，Vol. 1–4. New York：Columbia University Press.

包华德、理查德·霍华德编,1967—1971 年,《中华民国人物传记辞典》,1—4 卷,纽约:哥伦比亚大学出版社。

Brooks，Peter. 1976. *The Melodramatic Imagination：Balzac，Henry James，Melodrama，and the Mode of Excess*. New Haven：Yale University Press.

彼德·布鲁克斯,1976 年,《戏剧性的想象:巴尔扎克、亨利·詹姆斯、情节剧和过剩的模式》,纽黑文:耶鲁大学出版社。

Buoye，Thomas. 1995. Suddenly Murderous Intent Arose：Bureaucratization and Benevolence in Eighteenth-Century Qing Homicide Reports. *Late Imperial China* 16，no. 2：62 - 97.

步德茂,1995 年,《突然而起的杀机:18 世纪清朝杀人案中的官僚化和慈悲》,《清史研究》第 16 卷 2 期,第 62—97 页。

Carlitz，Katherine. 1991. The Social Uses of Female Virtue in Late Ming Editions of Lienü Zhuan. *Late Imperial China* 12，no. 2：101 - 24.

——. 1994. Desire，Danger and the Body：Stories of Women's Virtue in Late Ming China. In Christina Gilmartin et al. ，eds. ，*Engendering China：Women，Culture，and the State*，101 - 24. Cambridge，MA：Harvard University Press.

柯丽德,1991 年,《晚明〈列女传〉中女性的社会作用》,《清史研究》第 12 卷 2 期,第 101—124 页。

柯丽德,1994 年,《欲望、危险和身体:晚明的女性美德故事》,载于柯临清主编:《性别化的中国:女性、文化和国家》,第 101—124 页,麻省剑桥:哈佛大学出版社。

Caufield，Sueann. 2000. *In Defense of Honor：Sexual Morality，Modernity，and Nation in Early-Twentieth-Century Brazil*. Durham：Duke University Press.

苏安娜·科菲尔德,2000 年,《捍卫荣耀:巴西 20 世纪早期的性道德、现代性和国家》,达勒姆:杜克大学出版社。

Ch'ü，T'ung-tsu. 1961. *Law and Society in Traditional China*. Paris：Mouton.

瞿同祖,1961 年,《中国法律与中国社会》,巴黎:穆顿出版社。

Chang，Maria Hsia. 1979. 'Fascism' and Modern China. *The China Quarterly* 79（September）：553 - 67.

张霞,1979 年,《法西斯和现代中国》,《中国季刊》第 79 期（9 月）,第 553—567 页。

Chang，Michael G. 1999. The Good，the Bad and the Beautiful：Movie Actresses and Public Discourse in Shanghai，1920s-1930s. In Yinjing Zhang，ed. ，*Cinema and Urban Culture in Shanghai，1922 -1943* ，128 - 59. Stanford：Stanford University Press.

张勉治,1999 年,《好、坏和美丽:电影女演员和二三十年代上海的公共话语》,载于张英进编:《电影与上海的城市文化,1922—1943》,斯坦福:斯坦福大学出版社,第

128—159 页。

Chatterjee，Partha．1993．*The Nation and Its Fragments：Colonial and Post-Colonial Histories*．Princeton：Princeton University Press.
巴沙·查特吉,1993 年,《民族及其碎片:殖民与后殖民的历史》,普林斯顿:普林斯顿大学出版社。

Cheng，Anne．2004．Filial Piety with a Vengeance：The Tension between Rites and Law in the Han．In Alan K. L. Chan and Sor-hoon Tan，eds.，*Filial Piety in Chinese Thought and History*，29‐43．New York：Routledge Curzon.
程艾蓝,2004 年,《复仇的孝:汉代礼和法的冲突》,载于陈阿蓝、谭苏宏编:《中国思想和历史中的孝》,第 29—43 页,纽约:劳特里奇/柯曾出版社。

Chow，Tse-tsung．1960．*The May Fourth Movement：Intellectual Revolution in Modern China*．Cambridge，MA：Harvard University Press.
周策纵,1960 年,《五四运动:现代中国的思想革命》,麻省剑桥:哈佛大学出版社。

Coble，Parks．1985．Chiang Kai-Shek and the Anti-Japanese Movement in China：Zou Tao-Fen and the National Salvation Association，1931‐1937．*Journal of Asian Studies* 44，no. 2：293‐310.
——．1991．*Facing Japan：Chinese Politics and Japanese Imperialism*，*1931-1937*．Cambridge，MA：Harvard University Press.
柯博文,1985 年,《蒋介石和中国的抗日运动:邹韬奋和抗日救国会,1931—1937》,《亚洲研究》第 44 卷,第 2 期,第 293—310 页。
柯博文,1991 年,《直面日本:1931—1937 年的中国政治和日本帝国主义》,麻省剑桥:哈佛大学出版社。

Conner，Alison．1994．Lawyers and the Legal Profession During the Republican Period．In Kathryn Bernhardt and Philip Huang，eds.，*Civil Law in Qing and Republican China*，215‐48．Stanford：Stanford University Press.
——．1993．Soochow Law School and the Shanghai Bar．*Hong Kong Law Journal* 23，no. 3：395‐411.
康雅信,1994 年,《民国时期的律师和法律行业》,载于白凯、黄宗智编:《清朝和民国的民法》,第 215—248 页,斯坦福:斯坦福大学出版社。
康雅信,1993 年,《东吴法学院和上海酒吧》,载于《香港法律杂志》,第 23 卷 3

期,第 395—411 页。

Crespi, John A. 2001. A Vocal Minority: New Poetry and Poetry Declamation in China, 1915 - 1975. Ph. D. dissertation. University of Chicago.

江克平,2001 年,《少数的声音:中国新诗和诗歌宣言,1915—1975》,博士论文,芝加哥大学。

Dalby, Michael. 1981. Revenge and the Law in Traditional China. *The American Journal of Legal History* 25: 267 - 307.

迈克尔·达尔比,1981 年,《中国传统中的复仇和法律》,《美国法律史杂志》第 25 期,第 267—307 页。

Denby, David. 1994. *Sentimental Narrative and the Social Order in France, 1760 - 1820*. Cambridge: Cambridge University Press.

大卫·邓比,1994 年,《情感叙述和法国社会秩序,1760—1820》,剑桥:剑桥大学出版社。

Diamond, Norma. 1975. Women Under Kuomintang Rule: Variations on the Feminine Mystique. *Modern China* 1, no. 1: 3 - 45.

戴瑞玛,1975 年,《国民党统治下的妇女:女性的奥秘》,《近代中国》季刊第 1 卷 1 期,第 3—45 页。

Dirlik, Arif. 1975. The Ideological Foundations of the New Life Movement: a Study in Counterrevolution. *Journal of Asian Studies* 34, no. 4: 945 - 80.

——. 1978. *Revolution and History: Origins of Marxist Historiography in China, 1919 - 1937*. Berkeley and Los Angeles: University of California Press.

阿里夫·德里克,1975 年,《新生活运动的意识形态基础:对反革命的研究》,《亚洲研究》第 34 卷 4 期,第 945—980 页。

阿里夫·德里克,1978 年,《革命与历史:中国马克思主义历史学的起源 1919—1937》,伯克利和洛杉矶:加州大学出版社。

Dong, Madeleine Yue. 1995. Communities and Communication: A Study of the Case of Yang Naiwu. *Late Imperial China* 16, no. 1: 79 - 119.

董玥,1995 年,《社区和沟通:杨乃武案研究》,《清史研究》第 16 卷 1 期,第 79—119 页。

Duara, Prasenjit. 1998. The Regime of Authenticity: Timelessness, Gender and National History in Modern China. *History and Theory* 37, no. 3: 287 - 308.

杜赞奇,1998 年,《真实的政权:近代中国之时空、性别及国家历史》,《历史和理论》第 37 卷 3 期,第 287—308 页。

Dudbridge, Glen. 1978. *The Legend of Miao-Shan*. London: Ithaca Press.

杜德桥,1978 年,《妙善传说》,伦敦:伊萨卡出版社。

Eastman, Lloyd. 1974. *The Abortive Revolution: China Under Nationalist Rule, 1927 -1937*. Cambridge, MA: Harvard University Press.

——. 1979. Fascism and Modern China: a Rejoinder. *The China Quarterly* 80: 838—42.

——. 1991. Nationalist China During the Nanking Decade 1927 - 1937. In Eastman et al., eds. *The Nationalist Era in China, 1927 -1949*, 1 - 52. Cambridge: Cambridge University Press.

——. 1986. Nationalist China During the Sino-Japanese War 1937 - 1945. In Denis Twitchett and John K. Fairbank, eds., *The Cambridge History of China, Vol. 13: Republican China 1912 -1949*, Part 2, 547 - 608. Cambridge: Cambridge University Press.

易劳逸,1974 年,《流产的革命:国民党统治下的中国,1927—1937》,麻省剑桥:哈佛大学出版社。

易劳逸,1979 年,《法西斯和现代中国:一种回答》,《中国季刊》第 80 期,第 838—842 页。

易劳逸,1991 年,《南京十年的国民党,1927—1937》,载于易劳逸编:《国民党统治时期的中国,1927—1949》,第 1—52 页,剑桥:剑桥大学出版社。

易劳逸,1986 年,《战争与革命中的国民党中国,1937—1945》,载于杜希德、费正清编:《剑桥中国史》第 13 卷,"民国 1912—1949",第二部分,第 547—608 页,剑桥:剑桥大学出版社。

Edwards, Louise. 1994. *Men and Women in Qing China: Gender in the Red Chamber Novel*. Leiden: E. J. Brill.

——. 2000. Policing the Modern Woman in Republican China. *Modern China* 26, no. 3: 115 - 47.

李木兰,1994 年,《清代中国的男女:〈红楼梦〉中的社会性别》,莱顿:E·J·布里尔出版社。

李木兰,2000 年,《民国现代妇女的政治化》,《当代亚洲研究》第 26 卷 3 期,第

115—147 页。

Elman, Benjamin. 2005. *On Their Own Terms : Science in China , 1550 -1900* . Cambridge, MA: Harvard University Press.

艾尔曼，2005 年，《以他们自己的方式：科学在中国，1550—1900》，麻省剑桥：哈佛大学出版社。

Elvin, Mark. 1984. Female Virtue and the State in China. *Past and Present* 104: 111‑52.

伊懋可，1984 年，《中国的妇女美德和国家》，《过去和现在》第 104 期，第 111—152 页。

Epstein, Maram. 2001. *Competing Discourses : Orthodoxy, Authenticity, and Engendered Meanings in Late-Imperial Chinese Fiction.* Cambridge, MA: Harvard University Press.

艾梅兰，2001 年，《竞争的话语：明清小说中的正统性、本真性及所生成之意义》，麻省剑桥：哈佛大学出版社。

Escarra, Jean. 1936. *Le Droit Chinois : Conception et Évolution, Institutions Législatives et Judiciares, Science et Enseignement.* Peking and Paris.
——. 1936/1961. *Chinese Law.* Peking. Tr. From the French by Gertrude R. Browne. Seattle: U. of Washington.

让·艾斯嘉拉，1936 年，《中国法律：概念和演化、立法和司法机构、科学和教学》，北京和巴黎。

让·艾斯嘉拉，1936 年，《中国法律》，北京：葛簇德·R·布朗译，西雅图：华盛顿大学出版社。

Esherick, Joseph. 1987. *The Origins of the Boxer Uprising.* Berkeley and Los Angeles: University of California Press.

周锡瑞，1987 年，《义和团运动的起源》，伯克利和洛杉矶：加州大学出版社。

Field, Andrew. 1999. Selling Souls in Sin City: Shanghai Singing and Dancing Hostesses in Print, Film, and Politics, 1920‑49. In Zhang Yingjin, ed. ,*Cinema and Urban Culture in Shanghai, 1922 -1943 ,* 99‑127. Stanford: Stanford University Press.

安德鲁·菲尔德，1999 年，《在罪恶之城出卖灵魂：印刷物、电影及政治中的上海歌女和舞女,1920—1949》,载于张英进编:《电影与上海的城市文化,1922—1943》。

Fewsmith, Joseph. 1985. *Party, State, and Local Elites in Republican China : Merchant Organizations and Politics in Shanghai , 1890 - 1930* . Honolulu: University of Hawaii Press.

傅士卓,1985 年,《民国时期的政党、国家和地方精英:1890—1930 年上海的商会和政治》,火奴鲁鲁:夏威夷大学出版社。

Fitzgerald, John. 1996. *Awakening China : Politics, Culture and Class in the Nationalist Revolution*. Stanford: Stanford University Press.

费约翰,1996 年,《唤醒中国:国民革命中的政治、文化与阶级》,斯坦福:斯坦福大学出版社。

Fogel, Joshua and Peter Zarrow, eds. 1997. *Imagining the People : Chinese Intellectuals and the Concept of Citizenship , 1890 -1920* . Armonk, NY: M. E. Sharpe.

傅佛果、沙培德编,1997 年,《想象人民:中国知识分子和市民的概念,1890—1920》,纽约阿蒙克:夏普出版社。

Foucault, Michel. 1977/1995. *Discipline and Punish : the Birth of the Prison*. New York : Vintage Books.

——. 1978/1990. *The History of Sexuality*. New York: Vintage Books.

米歇尔 · 福柯,1977/1995 年,《规训与惩罚:监狱的诞生》,纽约:古典书局。
米歇尔 · 福柯,1978/1990 年,《性史》,纽约:古典书局。

Fu, Poshek. 2003. *Between Shanghai and Hong Kong : the Politics of Chinese Cinemas*. Stanford: Stanford University Press.

傅葆石,2003 年,《上海和香港:中国电影中的政治》,斯坦福:斯坦福大学出版社。

Gilmartin, Christina Kelley. 1995. *Engendering the Chinese Revolution*. Berkeley and Los Angeles: University of California Press.

克里丝蒂娜·凯利·吉尔马丁,1995 年,《将中国革命性别化》,伯克利和洛杉矶:加州大学出版社。

Glosser, Susan. 2003. *Chinese Visions of Family and State , 1915 -1953* .

Berkeley and Los Angeles：University of California Press.

葛思珊,2003 年,《中国人的家国观,1915—1953》,伯克利和洛杉矶：加州大学出版社。

Goodman, Bryna. 1995. *Native Place, City, and Nation: Regional Networks and Identities in Shanghai, 1853 -1937*. Berkeley and Los Angeles：University of California Press.

——. 2005a. The New Woman Commits Suicide：the Press, Cultural Memory, and the New Republic. *Journal of Asian Studies* 64, no. 1 (February)：67 - 102.

——. 2005b. *Appealing to the Public: Newspaper Presentation and Adjudication of Emotion*. Unpublished paper presented at Emotion and Public Life in Modern China and Japan Workshop. Fairbank Center and Reischauer Institute, Harvard University, 6 - 7 May.

顾德曼,1995 年,《家乡、城市和国家：上海的地缘网络与认同,1853—1937》,伯克利和洛杉矶:加州大学出版社。

顾德曼,2005 年,《新女性的自杀：出版业、文化记忆和新共和国》,《亚洲研究》,第 64 期(2 月),第 67—102 页。

顾德曼,2005 年,《寻求公众支持：新闻报道和情感的审判》。此论文在"现代中国和日本的情感和公共生活"工作坊上宣读但尚未发表,在哈佛大学费正清中国研究中心和赖世和日本研究所主办,5 月 6—7 日。

Goodman, Dena. 1992. Public Sphere and Private Life：Toward a Synthesis of Current Historiographical Approaches to the Old Regime. *History and Theory* 31 (February)：1 - 20.

丹娜·古德曼,1992 年,《公共领域和私人生活：当代历史学方法与古老政权的结合》,《历史与理论》第 31 期(2 月),第 1—20 页。

Gorman, Paul. 1996. *Left Intellectuals and Popular Culture in Twentieth-Century America*. Chapel Hill：University of North Carolina Press.

保罗·戈曼,1996 年,《20 世纪美国的左翼知识分子和大众文化》,教堂山:北卡罗莱纳大学出版社。

Gunn, Edward. 1980. *Rewriting Chinese: Style and Innovation in Twentieth-century Chinese Prose*. New York：Columbia University Press.

耿德华,1980 年,《重写中国：20 世纪中国散文的风格与创新》,纽约:哥伦比亚大学出版社。

Habermas, Jurgen. 1989. *The Structural Transformation of the Public Sphere: An Inquiry into a Category of Bourgeois Society*. Cambridge: The MIT Press.
于尔根 · 哈贝马斯,1989 年,《公共领域的结构性转变:论资产阶级社会的类型》,剑桥:麻省理工大学出版社。

Hanan, Patrick, ed. 1995. *The Sea of Regret: Two Turn-of-the-century Chinese Romantic Novels*. Honolulu: University of Hawaii Press.
韩南编,1995 年,《恨海:世纪之交的两部中国言情小说》,火奴鲁鲁:夏威夷大学出版社。

Hansen, Miriam. 2000. Fallen Women, Rising Stars, New Horizons: Shanghai Silent Film as Vernacular Modernism. *Film Quarterly* 54, no. 1: 10 - 22.
米莲姆 · 汉森,2000 年,《沉沦的女性、上升的明星、崭新的空间:作为白话现代主义的上海默片》,《电影季刊》第 54 卷 1 期,第 10—22 页。

Harrison, Henrietta. 1998. Martyrs and Militarism in Early Republican China. *Twentieth-Century China* 23, no. 2: 41 - 70.
——. 2000. Newspapers and Nationalism in Rural China 1890 - 1929. *Past and Present* 166: 181 - 204.
沈艾娣,1998 年,《民国初期的烈士和军国主义》,《20 世纪中国》第 23 卷 2 期,第 41—70 页。
沈艾娣,2000 年,《1890—1929 年中国农村的报纸和民族主义》,《过去与现在》第 166 期,第 181—204 页。

Hershatter, Gail. 1997. *Dangerous Pleasures: Prostitution and Modernity in Twentieth-Century Shanghai*. Berkeley and Los Angeles: University of California Press.
贺萧,1997 年,《20 世纪上海的娼妓问题与现代性》,伯克利和洛杉矶:加州大学出版社。

Hockx, Michel. 1998. In Defence of the Censor: Literary Autonomy and State Authority in Shanghai, 1930 - 1936. *Journal of Modern Literature in Chinese* 2, no. 1: 1 - 30.
贺麦晓,1998 年,《捍卫审查制度:1930—1936 年上海的文学自主性和国家权威》,《当代华语文学期刊》,第 2 卷 1 期,第 1—30 页。

Horkheimer，Max and Theodor W. Adorno. 1944/1987. *Dialectic of Enlight-enment*. New York：Continuum.

马克斯·霍克海默、西奥多·阿多诺,1944/1987 年,《启蒙的辩证法》,纽约:连续出版公司。

Hsiung，James C. , and Steven I. Levine，eds. 1992. *China's Bitter Victory：The War With Japan 1937-1945* . Armonk，New York：M. E. Sharpe，Inc.

熊玠、斯蒂芬·列文编,1992 年,《苦涩的胜利:抗日战争 1937—1945》,阿蒙克,纽约:夏普出版社。

Huang，Martin. 2001. *Desire and Fictional Narrative In Late Imperial China*. Cambridge，MA：Harvard University Press.

黄卫总,2001 年,《晚清的情与小说叙事》,麻省剑桥:哈佛大学出版社。

Huang，Phillip. 1993. 'Public Sphere'/'Civil Society' in China?：The Third Realm between State and Society. *Modern China* 19，no. 2（April）：216-40.

——. 2001. *Code，Custom，and Legal Practice in China：The Qing and the Republic Compared*. Stanford：Stanford University Press.

黄宗智,1993 年,《中国的公共领域与市民社会? ——国家与社会间的第三领域》,《近代中国》季刊第 19 卷 2 期(4 月),第 216—240 页。

黄宗智,2001 年,《法典、习俗与司法实践:清代与民国的比较》,斯坦福:斯坦福大学出版社。

Hung，Chang-tai. 1994. *War and Popular Culture：Resistance in Modern China*，*1937-1945* . Berkeley and Los Angeles：University of California Press.

洪长泰,1994 年,《战争与大众文化:近代中国的抵抗,1937—1945》,伯克利和洛杉矶:加州大学出版社。

Huyssen，Andreas. 1986. *After the Great Divide：Modernism，Mass Culture，Postmodernism*. Bloomington：Indiana University Press.

安德里斯·胡伊森,1986 年,《大分裂之后:现代主义、大众文化与后现代主义》,布鲁明顿:印地安那大学出版社。

Judge，Joan. 1996. *Print and Politics：'Shibao' and the Culture of Reform in Late Qing China*. Stanford：Stanford University Press.

——. 1997. Publicists and Populists: Including the Common People in the Late Qing New Citizen Ideal. In Joshua A. Fogel and Peter G. Zarrow, eds., *Imagining the People: Chinese Intellectuals and the Concept of Citizenship, 1890-1920*, 165-82. Armonk, NY: M. E. Sharpe.

——. 2002. Reforming the Feminine: Female Literacy and the Legacy of 1898. In Rebecca E. Karl and Peter Zarrow, eds., *Rethinking the 1898 Reform Period: Political and Cultural Change in Late Qing China*, 158-79. Cambridge, MA: Harvard University.

季家珍,1996 年,《出版与政治:〈时报〉和中国晚清的改革文化》,斯坦福:斯坦福大学出版社。

季家珍,1997 年,《公关与民粹:把民众纳入晚清的新市民理想》,载于傅佛果、沙培德编:《想象人民:中国知识分子和市民的概念,1890—1920》,纽约阿蒙克:夏普出版社,第 165—182 页。

季家珍,2002 年,《改革女性:女性文学性和 1898 年的遗产》,载于柯瑞佳、沙培德编:《重视戊戌变法:晚清之政治文化变迁》,麻省剑桥:哈佛大学出版社,第 158—179 页。

Kao, Karl S. Y. 1989. *Bao* and *Baoying*: Narrative Causality and External Motivations in Chinese Fiction. *Chinese Literature, Essays, Articles and Reviews* 11: 115-38.

高辛勇,1989 年,《"报"和"报应":中国小说中的因果叙事和外部动因》,载于《中国文学》第 11 期,第 115—138 页。

Karl, Rebecca. 2002. 'Slavery,' Citizenship, and Gender in Late Qing China's Global Context. In Rebecca E. Karl and Peter Zarrow, eds., *Rethinking the 1898 Reform Period: Political and Cultural Change in Late Qing China*, 212-44. Cambridge, MA: Harvard University.

柯瑞佳,2002 年,《全球语境下晚清的"奴隶"、公民和性别》,载于柯瑞佳、沙培德编:《重视戊戌变法:晚清之政治文化变迁》,麻省剑桥:哈佛大学出版社,第 212—244 页。

Karl, Rebecca E. and Peter Zarrow, eds. 2002. *Rethinking the 1898 Reform Period: Political and Cultural Change in Late Qing China*. Cambridge, MA: Harvard University.

柯瑞佳、沙培德编,2002 年,《重视戊戌变法:晚清之政治文化变迁》,麻省剑桥:哈佛大学出版社。

Kinkley, Jeffrey. 2000. *Chinese Justice, the Fiction: Law and Literature in Modern China*. Stanford: Stanford University Press.

金介甫,2000 年,《中国的正义与小说:当代中国的法制与文学》,斯坦福:斯坦福大学出版社。

Knoblock, John. 1994. *Xunzi: A Translation and Study of the Complete Works*, Vol. 3. Stanford: Stanford University Press.

王志民,1994 年,《〈荀子〉的翻译与研究》,第 3 卷,斯坦福:斯坦福大学出版社。

Ko, Dorothy. 1994. *Teachers of the Inner Chambers: Women and Culture in Seventeenth-Century China*. Stanford: Stanford University Press.

高彦颐,1994 年,《闺塾师:16 世纪中国的妇女与文化》,斯坦福:斯坦福大学出版社。

Krebs, Edward. 1981. Assassination in the Republican Revolutionary Movement. *Ch'ing-shih wen-ti* 4, no. 6: 45-80.

高谔,1981 年,《民国革命运动中的暗杀》(译),《清史问题》第 4 卷 6 期,45—80 页。

Kutcher, Norman. 1999. *Mourning in Late Imperial China: Filial Piety and the State*. New York: Cambridge University Press.

柯启玄,1999 年,《晚清的哀悼:孝道与国家》,纽约:剑桥大学出版社。

Landes, Joan. 1988. *Women and the Public Sphere in the Age of the French Revolution*. Ithaca: Cornell University Press.

琼·兰德斯,1988 年,《法国大革命中的妇女和公共领域》,伊萨卡:康奈尔大学出版社。

Larson, Wendy. 1998. *Women and Writing in Modern China*. Stanford: Stanford University Press.

文棣,1998 年,《现代中国的女性与写作》,斯坦福:斯坦福大学出版社。

Laughlin, Charles A. 2002. *Chinese Reportage: the Aesthetics of Historical Experience*. Durham: Duke University Press.

罗福林,2002 年,《中国报告文学:历史经验的美学》,达勒姆:杜克大学出版社。

Lean, Eugenia. 2004. The Making of a Public: Emotions and Media Sensation in 1930s China. *Twentieth Century China* 29, no. 2 (April): 39 - 61.

林郁沁,2004 年,《公众的形成:30 年代中国的情感和媒体炒作》,《20 世纪中国》第 29 卷第 2 期(4 月),第 39—61 页。

Lee, Haiyan. 2001. All Feelings That Are Fit to Print: The Community of Sentiment and the Literary Public Sphere in China, 1900 - 1918. *Modern China* 27, no. 3: 291 - 327.

——. 2002. In the Name of Love: Virtue, Identity, and the Structure of Feeling in Modern China. Ph. D. dissertation. Cornell University.

李海燕,2001 年,《适合印刷的情感:情感的社区和中国的文学公共领域,1900—1918》(译),《近代中国》季刊第 27 卷 3 期,第 291—327 页。

李海燕,2002 年,《以爱的名义:美德、身份和现代中国的情感结构》(译),博士论文,康奈尔大学。

Lee, Leo Ou-fan 1973. *The Romantic Generation of Modern Chinese Writers*. Cambridge, MA: Harvard University Press.

——. 1999. *Shanghai Modern : The Flowering of a New Urban Culture in China 1930 -1945* . Cambridge, MA: Harvard University Press.

李欧梵,1973 年,《现代中国作家的浪漫一代》,麻省剑桥:哈佛大学出版社。

李欧梵,1999 年,《上海摩登:一种新都市文化在中国,1930—1945》,麻省剑桥:哈佛大学出版社。

Lee, Leo Ou-fan, and Andrew J. Nathan. 1985. The Beginnings of Mass Culture: Journalism and Fiction in in the Late Ch'ing and Beyond. In Andrew J. Nathan and Evelyn S. Rawski, David Johnson, eds. , *Popular Culture in Late Imperial China* , 360 - 98. Berkeley and Los Angeles: University of California Press.

李欧梵、黎安友合著,1985 年,《大众文化的滥觞:晚清以降的报业和小说》,载于黎安友、伊芙林·罗斯基主编:《晚清帝国的大众文化》,伯克利和洛杉矶:加州大学出版社,第 360—398 页。

Lewis, Mark Edward. 1990. *Sanctioned Violence in Early China*. Albany, NY: State University of New York Press.

陆威仪,1990 年,《早期中国的合法暴力》,纽约奥尔巴尼:纽约州立大学出版社。

Li，Wai-yee. 1993. *Enchantment and Disenchantment：Love and Illusion in Chinese Literature*. Princeton，N. J.：Princeton University Press.

李惠仪,1993 年,《入迷与祛魅:中国文学中的爱与幻想》,新泽西州普林斯顿:普林斯顿大学出版社。

Lin，Yutang. 1968. *A History of the Press and Public Opinion in China*. New York：Greenwood Press.

林语堂,1968 年,《中国新闻舆论史》,纽约:格林伍德出版社。

Link，Perry. 1981. *Mandarin Ducks and Butterflies：Popular Fiction in Early Twentieth-Century Chinese Cities*. Berkeley and Los Angeles：University of California Press.

林培瑞,1981 年,《鸳鸯蝴蝶派:20 世纪初中国通俗小说》,伯克利和洛杉矶:加州大学出版社。

Liu，James J. Y. 1967. *The Chinese Knight-Errant*. London：Routledge and Kegal Paul.

刘若愚,1967 年,《中国的侠》,伦敦:劳特里奇和开根•保罗出版社。

Liu，Lydia. 1995. *Translingual Practice*. Stanford：Stanford University Press.

刘禾,1995 年,《跨语际实践》,斯坦福:斯坦福大学出版社。

Lu Hanchao. 1999. *Beyond the Neon Lights：Everyday Shanghai in the Early Twentieth Century*. Berkeley and Los Angeles，University of California Press.

卢汉超,1999 年,《霓虹灯外:20 世纪初日常生活中的上海》,伯克利和洛杉矶:加州大学出版社。

Mackerras，Colin. 1975. *The Chinese Theater in Modern Times：From 1840 to the Present Day*. London：Thames and Hudson.

———. 1990. *Chinese Drama：A Historical Survey*. Beijing，China：New World Press ：*Distributed by China International Book Trading Corporation*.

马克林,1975 年,《中国现代戏剧:从 1840 年到今天》,伦敦:泰晤士和戴德生出版社。

马克林,1990 年,《中国戏剧简史》,北京:新世界出版社,中国国际图书贸易总公司发行。

MacKinnon, Stephen. 1995. Press Freedom and the Chinese Revolution in the 1930s. In Jeremy D. Popkin ed. , *Media and Revolution*, 174 - 88. Lexington, KY: The University Press of Kentucky.

斯蒂芬·麦金农,1995 年,《30 年代的新闻自由和中国革命》,载于杰里米·波普金主编:《媒体与革命》,第 174—188 页,肯塔基州来克星顿:肯塔基大学出版社。

Mann, Susan. 1997. *Precious Records: Women in China's Long Eighteenth Century*. Stanford: Stanford University Press.

曼素恩,1997 年,《珍贵的记录:中国漫长的 18 世纪中的妇女》,斯坦福:斯坦福大学出版社。

Maza, Sarah. 1993. *Private Lives and Public Affairs: the Causes Célèbres of Pre-Revolutionary France*. Berkeley and Los Angeles: University of California Press.

莎拉·马沙,1993 年,《私人生活和公共事务:法国大革命前的原因》,伯克利和洛杉矶:加州大学出版社。

McCord, Edward. 1996. Warlords Against Warlordism: The Politics of Anti-Militarism in Early Twentieth-Century China. *Modern Asian Studies* 30, 4: 795 - 827.

爱德华·麦考德,1996 年,《军阀和军阀主义:中国 20 世纪早期的反军国主义》,《当代亚洲研究》第 30 卷 4 期,第 795—827 页。

McCormack, Gavan. 1977. *Chang Tso-Lin in Northeast China 1911 -1928: China, Japan and the Manchurian Idea*. Stanford University Press: Stanford.

加万·麦科马克,1977 年,《1911—1928 年中国东北的张作霖》,斯坦福:斯坦福大学出版社。

McKnight, Brian. 1981. *The Quality of Mercy: Amnesties and Traditional Chinese Justice*. Honolulu: University Press of Hawaii.

马伯良,1981 年,《仁慈的品质:特赦与中国传统正义》,火奴鲁鲁:夏威夷大学出版社。

Meehan, Johanna. 1995. *Feminists Read Habermas: Gendering the Subject of Discourse*. New York: Routledge.

乔纳森·米汉,1995 年,《女性主义者读哈贝马斯:将主体话语性别化》,纽约:劳特里奇出版社。

Meijer, Marinus. 1967. *The Introduction of Modern Criminal Law in China*. Hong Kong: Lung Men Bookstore.

——. 1991. *Murder and Adultery in Late Imperial China : A Study of Law and Morality*. Leiden: E. J. Brill.

玛丽纳斯·梅耶尔,1967 年,《中国现代刑法导论》,香港:龙门书店。

玛丽纳斯·梅耶尔,1991 年,《晚清的谋杀与偷情:一项法律与道德的研究》,莱顿:布雷尔出版社。

Meng Yue. 2000. The Invention of Shanghai: Cultural Passages and Their Transformation, 1860 – 1920. Ph. D. dissertation. University of California, Los Angeles.

孟悦,2000 年,《发现上海:文化过程及其转折,1860—1920》,博士论文,加州大学洛杉矶分校。

Mittler, Barbara. 2004. *A Newspaper for China? Power, Identity and Change in Shanghai's News Media (1872 -1912)*. Cambridge, MA: Harvard University Press.

梅嘉乐,2004 年,《一份中国的报纸? 上海新闻媒体的力量、认同和变化(1872—1912)》,麻省剑桥:哈佛大学出版社。

Mosse, George. 1975. *The Nationalization of the Masses : Political Symbolism and Mass Movements in Germany from the Napoleonic Wars through the Third Reich*. New York, H. Fertig.

乔治·摩西,1975 年,《大众的国民化:从拿破仑战争到第三帝国时期的政治符号和群众运动》,纽约:法蒂出版社。

Nedostup, Rebecca and Hong-ming Liang. 2001. 'Begging the Sages of the Party-State': Citizenship and Government in Transition in Nationalist China, 1927 – 37. *International Review of Social History* Supplement: 185 – 207.

张倩雯、梁弘明,2001 年,《祈求党国的圣人:国民党治下公民和政府的转变1927—1937》,《国际社会史评论》增刊,第 185—207 页。

Ng, Mau-Sang. 1994. Popular Fiction and the Culture of Everyday Life: A Cultural Analysis of Qiu Shou'ou's Qiuhaitang. *Modern China* 20, no. 2: 131 – 56.

吴茂生,1994 年,《通俗小说与日常生活文化:对秦瘦鸥〈秋海棠〉的文化分析》,《近代中国》第 20 卷 2 期,第 131—156 页。

Nivard, Jacqueline. 1984. Women and the Women's Press: The Case of the Ladies' Journal (*Funü zazhi*) 1915—1931. *Republican China* X, no. 1: 37 - 56.
杰奎琳·尼瓦德,1984 年,《妇女和妇女出版业:以妇女杂志为个案 1915—1931》,《中华民国》第 10 卷 1 号,第 37—56 页。

Pickowicz, Paul. 1991. The Theme of Spiritual Pollution in Chinese Films of the 1930s. *Modern China* 17, no. 1: 38 - 75.
毕克伟,1991 年,《30 年代中国电影中的精神污染主题》,《近代中国》第 17 卷 1 期,第 38—75 页。

Rickett, W. Allyn. 1971. Voluntary Surrender and Confession in Chinese Law: The Problem of Continuity. *Journal of Asian Studies* 30: 797 - 814.
李克,1971 年,《中国法律中的自首:连续性的问题》,《亚洲研究》第 39 期,第 797—814 页。

Schneider, Helen. 2004. 'The Mother of China': Song Meiling and Patriotic Women in Wartime Service. Association for Asian Studies Paper: San Diego, 7 March.
海伦·施奈德,2004 年,《中国国母:宋美龄和战时的爱国女性》,2004 年 3 月 7 日发表于美国亚洲研究协会,圣地亚哥。

Schneider, Laurence. 1971. *Ku Chieh-Kang and China's New History: Nationalism and the Quest for Alternative Traditions*. Berkeley and Los Angeles: University of California Press.
劳伦斯·施奈德,1971 年,《顾颉刚和中国新史学:民族主义与取代中国传统方案的探索》,伯克利和洛杉矶:加州大学出版社。

Schoppa, R. Keith. 1995. *Blood Road: The Mystery of Shen Dingyi in Revolutionary China*. Berkeley and Los Angeles: University of California Press.
萧邦奇,1995 年,《血路:革命中国中的沈定一》,伯克利和洛杉矶:加州大学出版社。

Schwartz, Vanessa. 1999. *Spectacular Realities: Early Mass Culture in Fin-*

de-Siècle Paris. Berkeley and Los Angeles: University of California Press.

瓦妮莎·史沃兹,1999年,《奇观的现实:世纪末巴黎的早期大众文化》,伯克利和洛杉矶:加州大学出版社。

Scott, Joan. 1988. *Gender and the Politics of History*. New York: Columbia University Press.

琼·斯科特,1988年,《性别和历史政治学》,纽约:哥伦比亚大学出版社。

Shaya, Gregory. 2004. The Flâneur, the Badaud, and the Making of a Mass Public in France, circa 1860–1910. *The American Historical Review* 109, no. 1 (February): 41–76.

格里高里·夏亚,2004年,《法国的漫游者、闲逛者和庶民大众,1860—1910》,《美国历史评论》第109卷第1期(2月),第41—76页。

Sheridan, James. 1966. *The Chinese Warlord : the Career of Feng Yü-Hsiang*. Stanford: Stanford University Press.

谢里登,1966年,《中国军阀:冯玉祥的一生》,斯坦福:斯坦福大学出版社。

Sommer, Matthew. 2000. *Sex, Law and Society in Late Imperial China*. Stanford: Stanford University Press.

苏成捷,2000年,《晚清帝国的性、法律和社会》,斯坦福:斯坦福大学出版社。

Spence, Jonathan. 1978. *The Death of Woman Wang*. Middlesex and New York: Penguin Books.

史景迁,1978年,《王氏之死》,密德萨斯和纽约:企鹅出版公司。

St. Andre, James. 1998. *History, Mystery and Myth : A Comparative Study of Narrative Strategies in the Baijia Gong'an* and *The Complete Sherlock Homes*. University of Chicago.

沈安德,1998年,《历史、谜语和神话:百家公案和福尔摩斯全集叙事策略的比较研究》,芝加哥大学出版社。

Staunton, Sir Geroge. 1810. *Ta Tsing Leu Lee ; Being the Fundamental Laws...of the Penal Code of China*. London. Reprint edition, Taipei: Ch'eng-wen, 1966.

斯当东爵士译,1810年,《大清律例》,伦敦重印本,台北:成文出版社,1966年。

Stoler，Laura Ann. 2002. *Carnal Knowledge and Imperial Power*. Berkeley and Los Angeles：University of California Press.

劳拉·安·斯特勒,2002 年,《性关系与帝国势力》,伯克利和洛杉矶:加州大学出版社。

Strand，David. 1989. *Rickshaw Beijing：City，People and Politics in the 1920s*. Berkeley and Los Angeles：University of California Press.

全大伟,1989 年,《北京的人力车夫:1920 年代的城市、居民与政治》,伯克利和洛杉矶:加州大学出版社。

Theiss，Janet. 2001. Managing Martyrdom：Female Suicide and Statecraft in Mid-Qing China. *Nan nü* 3，no. 1：47－76.

——. 2004. *Disgraceful Matters：The Politics of Chastity in Eighteenth-Century China*. Berkeley and Los Angeles：University of California Press.

戴真兰,2001 年,《管理殉难:清代中期的女性自杀与治国术》,《男女》,第 3 卷 1 期,第 47—76 页。

戴真兰,2004 年,《丑行:18 世纪中国的贞洁政治》,伯克利和洛杉矶:加州大学出版社。

Ting，Lee-hsia Hsu. 1974. *Government Control of the Press in Modern China，1900—1949*. Cambridge，MA：Harvard University Press.

徐丁丽霞,1974 年,《现代中国政府对新闻的管理,1900—1949》,麻省剑桥:哈佛大学出版社。

Tsin，Michael. 1997. Imagining' Society' in Early Twentieth-Century China. In Joshua Fogel and Peter Zarrow，eds.，*Imagining the People：Chinese Intellectuals and the Concept of Citizenship，1890 -1920*，212－31. Armonk，NY：M. E. Sharpe.

——. 1999. *Nation，Governance，and Modernity in China*. Stanford：Stanford University Press.

钱曾瑗,1997 年,《20 世纪初中国对"社会"的想象》,载于傅佛果、沙培德编:《想象的民众:中国知识分子和公民概念,1890—1920》,第 212—231 页,阿蒙克,纽约:夏普出版社。

钱曾瑗,1999 年,《国家、政府和中国现代性》,斯坦福:斯坦福大学出版社。

Van de Ven, Hans. 1997. The Military in the Republic. *China Quarterly*: 352 – 74.

方德万,1997 年,《民国的军事》,《中国季刊》,352—374 页。

Wakeman, Frederic Jr. 1995. *Policing Shanghai*. Berkeley: University of California Press.

1997. A Revisionist View of the Nanjing Decade: Confucian Fascism. *The China Quarterly* 150: 395 – 432.

2003. *Spymaster: Dai Li and the Chinese Secret Service*. Berkeley: University of California Press.

魏斐德,1995 年,《上海的政治化》,伯克利:加州大学出版社。

魏斐德,1997 年,《重访南京十年:儒家法西斯主义》,《中国季刊》第 150 期,395—432 页。

魏斐德,2003 年,《间谍王:戴笠与中国特工》,伯克利:加州大学出版社。

Waldron, Arthur. 1991. The Warlord: Twentieth-Century Chinese Understandings of Violence, Militarism, and Imperialism. *American Historical Review* 96, no. 4: 1073 – 100.

林蔚,1991 年,《军阀:20 世纪中国对暴力、军事主义和帝国主义的理解》(译),《美国历史评论》第 96 卷,4 期,1073—1100 页。

Wang, Ban. 1997. *The Sublime Figure of History: Aesthetics and Politics in Twentieth-Century China*. Stanford: Stanford University Press.

王斑,1997 年,《历史的崇高形象:20 世纪中国的美学与政治》,斯坦福:斯坦福大学出版社。

Wang, David Der-wei. 1997. *Fin-de-Siècle Splendor: Repressed Modernities of Late Qing Fiction, 1849 -1911* . Stanford: Stanford University Press.

王德威,1997 年,《被压抑的现代性:晚清小说新论,1849—1911》,斯坦福:斯坦福大学出版社。

Wong, R. Bin. 1993. Great Expectations: the 'Public Sphere' and the Search for Modern Times in Chinese History. *Chûgokushi gaku*. Tokyo 3: 7 – 50.

王国斌,1993 年,《大期望:中国历史中的"公共领域"和对现代的追寻》(译),载于《中国史学》,东京,第 3 卷,7—50 页。

Xiao，Zhiwei. 1994. Film Censorship in China，1927—1937. Ph. D. dissertation. University of California，San Diego.

萧知纬,1994 年,《中国的电影审查制度,1927—1937》,博士论文,加州大学圣地亚哥分校。

Xu，Xiaoqun. 1997. "The Fate of Judicial Independence in Republican China，1912—37." *China Quarterly* 149：1‐28.

——. 1998. Between State and Society，Between Professionalism and Politics：The Shanghai Bar Association in Republican China，1912—1937. *Twentieth-Century China* XXIV，no. 1：1—29.

Xu，Xiaoqun. 1997. "The Fate of Judicial Independence in Republican China，1912—37." *China Quarterly* 149：1‐28.

——. 1998. Between State and Society，Between Professionalism and Politics：The Shanghai Bar Association in Republican China，1912‐1937. *Twentieth-Century China* XXIV，no. 1：1‐29.

——. 2001. *Chinese Professionals and the Republican State：the Rise of Professional Associations in Shanghai，1912‐1937* . Cambridge：Cambridge University Press.

徐小群,1997 年,《民国时期司法独立的命运,1912—1937》(译),《中国季刊》第149 期,1—28 页。

徐小群,1998 年,《在国家与社会、职业与政治之间:民国时期的上海律师公会1912—1937》(译),《20 世纪中国》第 24 卷 1 期,1—29 页。

徐小群,2001 年,《民国时期的国家与社会:自由职业团体在上海的兴起,1912—1937》,剑桥:剑桥大学出版社。

Yeh，Catherine. 2002. *Wan Qing Min chu de yule xiaobao yu xinwenhua changyu de jianli* (Entertainment Press and the Formation of a New Kind of "Cultural Field"：1896‐1920s). Paper presented at conference，"Cultural Field and Educational Vista：From the Late Ch'ing Era to the 1940's. " National Taiwan University，Taipei，7‐8 November.

叶凯蒂,2002 年,《晚清民初的娱乐小报与新文化场域的建立》,发表于"文化场域和教育风景:从晚清到 40 年代"会议,台湾大学,台北,11 月 7—8 日。

Yeh，Wen-hsin. 1989. Dai Li and the Liu Geqing Affair：Heroism in the Chinese Secret Service during the War of Resistance. *Journal of Asian Studies* 48. no. 3 (August)：545‐62.

1992. Progressive Journalism and Shanghai's Petty Urbanites: Zou Taofen and the Shenghuo Enterprise, 1926 - 1945. In Frederic Wakeman Jr. and Wen-hsin Yeh, eds. , *Shanghai Sojourners*, 186 - 238. Berkeley: Institute of East Asian Studies, University of California.

叶文心,1989 年,《戴笠与刘戈青事件:论抗战期间中国地下工作中的英雄主义》,《亚洲研究》第 48 卷 3 期(8 月),第 545—562 页。

叶文心,1992 年,《进步杂志与上海小市民:邹韬奋和生活周刊,1926—1945》,载于魏斐德和叶文心编:《上海寄居者》,第 186—238 页,伯克利:加州大学东亚研究所。

Yeung, Sau-chu Alison. 1997. Female Criminality in Qing China: Adulteress-Murderesses in Legal and Popular Culture, 1644 - 1912. Ph. D. dissertation. University of California Los Angeles.

——. 2003. Fornication In the Late Qing Legal Reforms. *Modern China* 29, no. 3: 297 - 328.

杨秀珠,1997 年,《清代的妇女犯罪:法律和大众文化中的情杀,1644—1912》(译),博士论文,加州大学洛杉矶分校。

杨秀珠,2003 年,《晚清法律改革中的通奸》(译),《近代中国》第 29 卷 3 期,297—328 页。

Yu, Anthony. 1997. *Rereading the Stone: Desire and the Making of Fiction in Dream of the Red Chamber*. Princeton, N. J. : Princeton University Press.

余国藩,1997 年,《重读石头记:红楼梦里的情欲与虚构》,普林斯顿:普林斯顿大学出版社。

Zarrow, Peter. 1990. *Anarchism and Chinese Political Culture*. New York: Columbia University Press.

沙培德,1990 年,《无政府主义与中国的政治文化》,纽约:哥伦比亚大学出版社。

Zeitlin, Judith. 1993. *Historian of the Strange: Pu Songling and the Chinese Classical Tale*. Stanford: Stanford University Press.

蔡九迪,1993 年,《志怪史家:蒲松龄和中国古代传奇》,斯坦福:斯坦福大学出版社。

Zhang, Yingjin. 1996. *The City in Modern Chinese Literature and Film: Configuration of Space, Time and Gender*. Stanford: Stanford University Press.

张英进,1996 年,《中国现代文学与电影中的城市:空间、时间与性别构形》,斯坦福:斯坦福大学出版社。

Zhang，Zhen. 2005. *An Amorous History of the Silver Screen : Shanghai Cinema , 1896 –1937* . Chicago：University of Chicago.

张真,2005 年,《银幕艳史:上海电影,1896—1937》,芝加哥:芝加哥大学出版社。

译后记

    林郁沁,现任哥伦比亚大学东亚系现代中国历史方向的副教授。1990 年于斯坦福大学获得学士学位,并分别于 1996 年和 2001 年从加州大学洛杉矶分校取得硕士和博士学位。她的研究兴趣集中于中国晚清和现代历史,特别是与"情感"、性别、法律、媒体、消费文化、都市社会及科学技术有关的历史。她还对东亚研究中的史学和批判理论感兴趣。《施剑翘复仇案:民国时期公众同情的兴起与影响》一书研究了庶民公众围绕一场轰动性的审判而进行的情感化的政治参与,此书被美国历史研究学会授予 2007 年度费正清奖,被评为东亚现代历史研究中的最佳著作。她的第二本专著《中国本土工业主义:化妆品帝国形成中的本土创新及外来科技,1900—1940》(纽约:哥伦比亚大学出版社,2020 年)考察了工业化过程中的文化和精神维度,聚焦于博学多才的专业作家暨编辑、科学爱好者、制药业实业家陈蝶仙的实践与写作。这一研究探讨了中国 20 世纪早期的文人如何参与到"民间实业"(vernacular industrialism)中,在常规渠道之外追求工业和科学并从事本土制造和全球制造的实验。

    在本书中,林郁沁围绕着 1935 年施剑翘在佛堂射杀军阀孙传芳这一扣人心弦的历史事件，通过对媒体、政治和法律档案的详尽调查，展示了施剑翘设法为父复仇、吸引媒体注意并争取公众同情的策略。她追溯了"公众同情"这一新型情感于 20 世纪前期在中国兴起的脉络，这一情感最终导致了对凶手的赦免。她认为这一事件之所以能引起轰动并激发同情，是因为它与性别规范之论争、法制改革与法外正义孰轻孰重以及国民党政府扩张威权统治等更大的社会性问题联系了起来。在这次审判事件中人们关注的不仅仅是一个年轻妇女的命运，更是"情"能否超越"法治"、挑战民国之政治权威这一更大问题。这一"情感公众"不仅能够臧否政治人物、质疑官方叙述、引发对社会和性别问题的严肃讨论，还展示了政治批判理论通常赋予"理性"的公共领域的种种品质。除了记录公众同情的兴起之外，本书还揭示了情感的政治意义，媒体炒作和现代法律在中国的强大影响，以及现代性的性别内涵。

"海外中国研究丛书"书目

1. 中国的现代化 [美]吉尔伯特·罗兹曼 主编 国家社会科学基金"比较现代化"课题组 译 沈宗美 校

2. 寻求富强:严复与西方 [美]本杰明·史华兹 著 叶凤美 译

3. 中国现代思想中的唯科学主义(1900—1950) [美]郭颖颐 著 雷颐 译

4. 台湾:走向工业化社会 [美]吴元黎 著

5. 中国思想传统的现代诠释 余英时 著

6. 胡适与中国的文艺复兴:中国革命中的自由主义,1917—1937 [美]格里德 著 鲁奇 译

7. 德国思想家论中国 [德]夏瑞春 编 陈爱政 等译

8. 摆脱困境:新儒学与中国政治文化的演进 [美]墨子刻 著 颜世安 高华 黄东兰 译

9. 儒家思想新论:创造性转换的自我 [美]杜维明 著 曹幼华 单丁 译 周文彰 等校

10. 洪业:清朝开国史 [美]魏斐德 著 陈苏镇 薄小莹 包伟民 陈晓燕 牛朴 谭天星 译 阎步克 等校

11. 走向21世纪:中国经济的现状、问题和前景 [美]D. H. 帕金斯 著 陈志标 编译

12. 中国:传统与变革 [美]费正清 赖肖尔 主编 陈仲丹 潘兴明 庞朝阳 译 吴世民 张子清 洪邮生 校

13. 中华帝国的法律 [美]D. 布朗 C. 莫里斯 著 朱勇 译 梁治平 校

14. 梁启超与中国思想的过渡(1890—1907) [美]张灏 著 崔志海 葛夫平 译

15. 儒教与道教 [德]马克斯·韦伯 著 洪天富 译

16. 中国政治 [美]詹姆斯·R. 汤森 布兰特利·沃马克 著 顾速 董方 译

17. 文化、权力与国家:1900—1942年的华北农村 [美]杜赞奇 著 王福明 译

18. 义和团运动的起源 [美]周锡瑞 著 张俊义 王栋 译

19. 在传统与现代性之间:王韬与晚清革命 [美]柯文 著 雷颐 罗检秋 译

20. 最后的儒家:梁漱溟与中国现代化的两难 [美]艾恺 著 王宗昱 冀建中 译

21. 蒙元入侵前夜的中国日常生活 [法]谢和耐 著 刘东 译

22. 东亚之锋 [美]小R. 霍夫亨兹 K. E. 柯德尔 著 黎鸣 译

23. 中国社会史 [法]谢和耐 著 黄建华 黄迅余 译

24. 从理学到朴学:中华帝国晚期思想与社会变化面面观 [美]艾尔曼 著 赵刚 译

25. 孔子哲学思微 [美]郝大维 安乐哲 著 蒋弋为 李志林 译

26. 北美中国古典文学研究名家十年文选 乐黛云 陈珏 编选

27. 东亚文明:五个阶段的对话 [美]狄百瑞 著 何兆武 何冰 译

28. 五四运动:现代中国的思想革命 [美]周策纵 著 周子平 等译

29. 近代中国与新世界:康有为变法与大同思想研究 [美]萧公权 著 汪荣祖 译

30. 功利主义儒家:陈亮对朱熹的挑战 [美]田浩 著 姜长苏 译

31. 莱布尼兹和儒学 [美]孟德卫 著 张学智 译

32. 佛教征服中国:佛教在中国中古早期的传播与适应 [荷兰]许理和 著 李四龙 裴勇 等译

33. 新政革命与日本:中国,1898—1912 [美]任达 著 李仲贤 译

34. 经学、政治和宗族:中华帝国晚期常州今文学派研究 [美]艾尔曼 著 赵刚 译

35. 中国制度史研究 [美]杨联陞 著 彭刚 程钢 译

36. 汉代农业:早期中国农业经济的形成　[美]许倬云 著　程农 张鸣 译　邓正来 校
37. 转变的中国:历史变迁与欧洲经验的局限　[美]王国斌 著　李伯重 连玲玲 译
38. 欧洲中国古典文学研究名家十年文选　乐黛云 陈珏 龚刚 编选
39. 中国农民经济:河北和山东的农民发展,1890—1949　[美]马若孟 著　史建云 译
40. 汉哲学思维的文化探源　[美]郝大维 安乐哲 著　施忠连 译
41. 近代中国之种族观念　[英]冯客 著　杨立华 译
42. 血路:革命中国中的沈定一(玄庐)传奇　[美]萧邦奇 著　周武彪 译
43. 历史三调:作为事件、经历和神话的义和团　[美]柯文 著　杜继东 译
44. 斯文:唐宋思想的转型　[美]包弼德 著　刘宁 译
45. 宋代江南经济史研究　[日]斯波义信 著　方健 何忠礼 译
46. 一个中国村庄:山东台头　杨懋春 著　张雄 沈炜 秦美珠 译
47. 现实主义的限制:革命时代的中国小说　[美]安敏成 著　姜涛 译
48. 上海罢工:中国工人政治研究　[美]裴宜理 著　刘平 译
49. 中国转向内在:两宋之际的文化转向　[美]刘子健 著　赵冬梅 译
50. 孔子:即凡而圣　[美]赫伯特·芬格莱特 著　彭国翔 张华 译
51. 18世纪中国的官僚制度与荒政　[法]魏丕信 著　徐建青 译
52. 他山的石头记:宇文所安自选集　[美]宇文所安 著　田晓菲 编选
53. 危险的愉悦:20世纪上海的娼妓问题与现代性　[美]贺萧 著　韩敏中 盛宁 译
54. 中国食物　[美]尤金·N. 安德森 著　马孆 刘东 译　刘东 审校
55. 大分流:欧洲、中国及现代世界经济的发展　[美]彭慕兰 著　史建云 译
56. 古代中国的思想世界　[美]本杰明·史华兹 著　程钢 译　刘东 校
57. 内闱:宋代的婚姻和妇女生活　[美]伊沛霞 著　胡志宏 译
58. 中国北方村落的社会性别与权力　[加]朱爱岚 著　胡玉坤 译
59. 先贤的民主:杜威、孔子与中国民主之希望　[美]郝大维 安乐哲 著　何刚强 译
60. 向往心灵转化的庄子:内篇分析　[美]爱莲心 著　周炽成 译
61. 中国人的幸福观　[德]鲍吾刚 著　严蓓雯 韩雪临 吴德祖 译
62. 闺塾师:明末清初江南的才女文化　[美]高彦颐 著　李志生 译
63. 缀珍录:十八世纪及其前后的中国妇女　[美]曼素恩 著　定宜庄 颜宜葳 译
64. 革命与历史:中国马克思主义历史学的起源,1919—1937　[美]德里克 著　翁贺凯 译
65. 竞争的话语:明清小说中的正统性、本真性及所生成之意义　[美]艾梅兰 著　罗琳 译
66. 中国妇女与农村发展:云南禄村六十年的变迁　[加]宝森 著　胡玉坤 译
67. 中国近代思维的挫折　[日]岛田虔次 著　甘万萍 译
68. 中国的亚洲内陆边疆　[美]拉铁摩尔 著　唐晓峰 译
69. 为权力祈祷:佛教与晚明中国士绅社会的形成　[加]卜正民 著　张华 译
70. 天潢贵胄:宋代宗室史　[美]贾志扬 著　赵冬梅 译
71. 儒家之道:中国哲学之探讨　[美]倪德卫 著　[美]万白安 编　周炽成 译
72. 都市里的农家女:性别、流动与社会变迁　[澳]杰华 著　吴小英 译
73. 另类的现代性:改革开放时代中国性别化的渴望　[美]罗丽莎 著　黄新 译
74. 近代中国的知识分子与文明　[日]佐藤慎一 著　刘岳兵 译
75. 繁盛之阴:中国医学史中的性(960—1665)　[美]费侠莉 著　甄橙 主译　吴朝霞 主校
76. 中国大众宗教　[美]韦思谛 编　陈仲丹 译
77. 中国诗画语言研究　[法]程抱一 著　涂卫群 译
78. 中国的思维世界　[日]沟口雄三 小岛毅 著　孙歌 等译

79. 德国与中华民国 [美]柯伟林 著 陈谦平 陈红民 武菁 申晓云 译 钱乘旦 校
80. 中国近代经济史研究:清末海关财政与通商口岸市场圈 [日]滨下武志 著 高淑娟 孙彬 译
81. 回应革命与改革:皖北李村的社会变迁与延续 韩敏 著 陆益龙 徐新玉 译
82. 中国现代文学与电影中的城市:空间、时间与性别构形 [美]张英进 著 秦立彦 译
83. 现代的诱惑:书写半殖民地中国的现代主义(1917—1937) [美]史书美 著 何恬 译
84. 开放的帝国:1600 年前的中国历史 [美]芮乐伟·韩森 著 梁侃 邹劲风 译
85. 改良与革命:辛亥革命在两湖 [美]周锡瑞 著 杨慎之 译
86. 章学诚的生平与思想 [美]倪德卫 著 杨立华 译
87. 卫生的现代性:中国通商口岸健康与疾病的意义 [美]罗芙芸 著 向磊 译
88. 道与庶道:宋代以来的道教、民间信仰和神灵模式 [美]韩明士 著 皮庆生 译
89. 间谍王:戴笠与中国特工 [美]魏斐德 著 梁禾 译
90. 中国的女性与性相:1949 年以来的性别话语 [英]艾华 著 施施 译
91. 近代中国的犯罪、惩罚与监狱 [荷]冯客 著 徐有威 等译 潘兴明 校
92. 帝国的隐喻:中国民间宗教 [英]王斯福 著 赵旭东 译
93. 王弼《老子注》研究 [德]瓦格纳 著 杨立华 译
94. 寻求正义:1905—1906 年的抵制美货运动 [美]王冠华 著 刘甜甜 译
95. 传统中国日常生活中的协商:中古契约研究 [美]韩森 著 鲁西奇 译
96. 从民族国家拯救历史:民族主义话语与中国现代史研究 [美]杜赞奇 著 王宪明 高继美 李海燕 李点 译
97. 欧几里得在中国:汉译《几何原本》的源流与影响 [荷]安国风 著 纪志刚 郑诚 郑方磊 译
98. 十八世纪中国社会 [美]韩书瑞 罗友枝 著 陈仲丹 译
99. 中国与达尔文 [美]浦嘉珉 著 钟永强 译
100. 私人领域的变形:唐宋诗词中的园林与玩好 [美]杨晓山 著 文韬 译
101. 理解农民中国:社会科学哲学的案例研究 [美]李丹 著 张天虹 张洪云 张胜波 译
102. 山东叛乱:1774 年的王伦起义 [美]韩书瑞 著 刘平 唐雁超 译
103. 毁灭的种子:战争与革命中的国民党中国(1937—1949) [美]易劳逸 著 王建朗 王贤知 贾维 译
104. 缠足:"金莲崇拜"盛极而衰的演变 [美]高彦颐 著 苗延威 译
105. 饕餮之欲:当代中国的食与色 [美]冯珠娣 著 郭乙瑶 马磊 江素侠 译
106. 翻译的传说:中国新女性的形成(1898—1918) 胡缨 著 龙瑜宬 彭珊珊 译
107. 中国的经济革命:20 世纪的乡村工业 [日]顾琳 著 王玉茹 张玮 李进霞 译
108. 礼物、关系学与国家:中国人际关系与主体性建构 杨美惠 著 赵旭东 孙珉 译 张跃宏 译校
109. 朱熹的思维世界 [美]田浩 著
110. 皇帝和祖宗:华南的国家与宗族 [英]科大卫 著 卜永坚 译
111. 明清时代东亚海域的文化交流 [日]松浦章 著 郑洁西 等译
112. 中国美学问题 [美]苏源熙 著 卞东波 译 张强强 朱霞欢 校
113. 清代内河水运史研究 [日]松浦章 著 董科 译
114. 大萧条时期的中国:市场、国家与世界经济 [日]城山智子 著 孟凡礼 尚国敏 译 唐磊 校
115. 美国的中国形象(1931—1949) [美]T. 克里斯托弗·杰斯普森 著 姜智芹 译
116. 技术与性别:晚期帝制中国的权力经纬 [英]白馥兰 著 江湄 邓京力 译

117. 中国善书研究 [日]酒井忠夫 著 刘岳兵 何英莺 孙雪梅 译

118. 千年末世之乱:1813年八卦教起义 [美]韩书瑞 著 陈仲丹 译

119. 西学东渐与中国事情 [日]增田涉 著 由其民 周启乾 译

120. 六朝精神史研究 [日]吉川忠夫 著 王启发 译

121. 矢志不渝:明清时期的贞女现象 [美]卢苇菁 著 秦立彦 译

122. 明代乡村纠纷与秩序:以徽州文书为中心 [日]中岛乐章 著 郭万平 高飞 译

123. 中华帝国晚期的欲望与小说叙述 [美]黄卫总 著 张蕴爽 译

124. 虎、米、丝、泥:帝制晚期华南的环境与经济 [美]马立博 著 王玉茹 关永强 译

125. 一江黑水:中国未来的环境挑战 [美]易明 著 姜智芹 译

126. 《诗经》原意研究 [日]家井真 著 陆越 译

127. 施剑翘复仇案:民国时期公众同情的兴起与影响 [美]林郁沁 著 陈湘静 译

128. 华北的暴力和恐慌:义和团运动前夕基督教传播和社会冲突 [德]狄德满 著 崔华杰 译

129. 铁泪图:19世纪中国对于饥馑的文化反应 [美]艾志端 著 曹曦 译

130. 饶家驹安全区:战时上海的难民 [美]阮玛霞 著 白华山 译

131. 危险的边疆:游牧帝国与中国 [美]巴菲尔德 著 袁剑 译

132. 工程国家:民国时期(1927—1937)的淮河治理及国家建设 [美]戴维·艾伦·佩兹 著 姜智芹 译

133. 历史宝筏:过去、西方与中国妇女问题 [美]季家珍 著 杨可 译

134. 姐妹们与陌生人:上海棉纱厂女工,1919—1949 [美]韩起澜 著 韩慈 译

135. 银线:19世纪的世界与中国 林满红 著 詹庆华 林满红 译

136. 寻求中国民主 [澳]冯兆基 著 刘悦斌 徐硙 译

137. 墨梅 [美]毕嘉珍 著 陆敏珍 译

138. 清代上海沙船航运业史研究 [日]松浦章 著 杨蕾 王亦铮 董科 译

139. 男性特质论:中国的社会与性别 [澳]雷金庆 著 [澳]刘婷 译

140. 重读中国女性生命故事 游鉴明 胡缨 季家珍 主编

141. 跨太平洋位移:20世纪美国文学中的民族志、翻译和文本间旅行 黄运特 著 陈倩 译

142. 认知诸形式:反思人类精神的统一性与多样性 [英]G.E.R.劳埃德 著 池志培 译

143. 中国乡村的基督教:1860—1900江西省的冲突与适应 [美]史维东 著 吴薇 译

144. 假想的"满大人":同情、现代性与中国疼痛 [美]韩瑞 著 袁剑 译

145. 中国的捐纳制度与社会 伍跃 著

146. 文书行政的汉帝国 [日]富谷至 著 刘恒武 孔李波 译

147. 城市里的陌生人:中国流动人口的空间、权力与社会网络的重构 [美]张骊 著 袁长庚 译

148. 性别、政治与民主:近代中国的妇女参政 [澳]李木兰 著 方小平 译

149. 近代日本的中国认识 [日]野村浩一 著 张学锋 译

150. 狮龙共舞:一个英国人笔下的威海卫与中国传统文化 [英]庄士敦 著 刘本森 译 威海市博物馆 郭大松 校

151. 人物、角色与心灵:《牡丹亭》与《桃花扇》中的身份认同 [美]吕立亭 著 白华山 译

152. 中国社会中的宗教与仪式 [美]武雅士 著 彭泽安 邵铁峰 译 郭潇威 校

153. 自贡商人:近代早期中国的企业家 [美]曾小萍 著 董建中 译

154. 大象的退却:一部中国环境史 [英]伊懋可 著 梅雪芹 毛利霞 王玉山 译

155. 明代江南土地制度研究 [日]森正夫 著 伍跃 张学锋 等译 范金民 夏维中 审校

156. 儒学与女性 [美]罗莎莉 著 丁佳伟 曹秀娟 译

157. 行善的艺术:晚明中国的慈善事业(新译本) 〔美〕韩德玲 著 曹晔 译
158. 近代中国的渔业战争和环境变化 〔美〕穆盛博 著 胡文亮 译
159. 权力关系:宋代中国的家族、地位与国家 〔美〕柏文莉 著 刘云军 译
160. 权力源自地位:北京大学、知识分子与中国政治文化,1898—1929 〔美〕魏定熙 著 张蒙 译
161. 工开万物:17世纪中国的知识与技术 〔德〕薛凤著 吴秀杰 白岚玲 译
162. 忠贞不贰:辽代的越境之举 〔英〕史怀梅 著 曹流 译
163. 内藤湖南:政治与汉学(1866—1934) 〔美〕傅佛果 著 陶德民 何英莺 译
164. 他者中的华人:中国近现代移民史 〔美〕孔飞力 著 李明欢 译 黄鸣奋 校
165. 古代中国的动物与灵异 〔英〕胡司德 著 蓝旭 译
166. 两访中国茶乡 〔英〕罗伯特·福琼 著 敖雪岗 译
167. 缔造选本:《花间集》的文化语境与诗学实践 〔美〕田安 著 马强才 译
168. 扬州评话探讨 〔丹麦〕易德波 著 米锋 易德波 译 李今芸 校译
169. 《左传》的书写与解读 李惠仪 著 文韬 许明德 译
170. 以竹为生:一个四川手工造纸村的20世纪社会史 〔德〕艾约博 著 韩巍 译 吴秀杰 校
171. 东方之旅:1579—1724耶稣会传教团在中国 〔美〕柏理安 著 毛瑞方 译
172. "地域社会"视野下的明清史研究:以江南和福建为中心 〔日〕森正夫 著 于志嘉 马一虹 黄东兰 阿风 等译
173. 技术、性别、历史:重新审视帝制中国的大转型 〔英〕白馥兰 著 吴秀杰 白岚玲 译
174. 中国小说戏曲史 〔日〕狩野直喜 张真 译
175. 历史上的黑暗一页:英国外交文件与英美海军档案中的南京大屠杀 〔美〕陆束屏 编著/翻译
176. 罗马与中国:比较视野下的古代世界帝国 〔奥〕沃尔特·施德尔 主编 李平 译
177. 矛与盾的共存:明清时期江西社会研究 〔韩〕吴金成 著 崔荣根 译 薛戈 校译
178. 唯一的希望:在中国独生子女政策下成年 〔美〕冯文 著 常姝 译
179. 国之枭雄:曹操传 〔澳〕张磊夫 著 方笑天 译
180. 汉帝国的日常生活 〔英〕鲁惟一 著 刘洁 余霄 译
181. 大分流之外:中国和欧洲经济变迁的政治 〔美〕王国斌 罗森塔尔 著 周琳 译 王国斌 张萌 审校
182. 中正之笔:颜真卿书法与宋代文人政治 〔美〕倪雅梅 著 杨简茹 译 祝帅 校译
183. 江南三角洲市镇研究 〔日〕森正夫 编 丁韵 胡婧 等译 范金民 审校
184. 忍辱负重的使命:美国外交官记载的南京大屠杀与劫后的社会状况 〔美〕陆束屏 编著/翻译
185. 修仙:古代中国的修行与社会记忆 〔美〕康儒博 著 顾漩 译
186. 烧钱:中国人生活世界中的物质精神 〔美〕柏桦 著 袁剑 刘玺鸿 译
187. 话语的长城:文化中国历险记 〔美〕苏源熙 著 盛珂 译
188. 诸葛武侯 〔日〕内藤湖南 著 张真 译
189. 盟友背信:一战中的中国 〔英〕吴芳思 克里斯托弗·阿南德尔 著 张宇扬 译
190. 亚里士多德在中国:语言、范畴和翻译 〔英〕罗伯特·沃迪 著 韩小强 译
191. 马背上的朝廷:巡幸与清朝统治的建构,1680—1785 〔美〕张勉治 著 董建中 译
192. 申不害:公元前四世纪中国的政治哲学家 〔美〕顾立雅 著 马腾 译
193. 晋武帝司马炎 〔日〕福原启郎 著 陆帅 译
194. 唐人如何吟诗:带你走进汉语音韵学 〔日〕大岛正二 著 柳悦 译

195. 古代中国的宇宙论 [日]浅野裕一 著 吴昊阳 译

196. 中国思想的道家之论:一种哲学解释 [美]陈汉生 著 周景松 谢尔逊 等译 张丰乾 校译

197. 诗歌之力:袁枚女弟子屈秉筠(1767—1810) [加]孟留喜 著 吴夏平 译

198. 中国逻辑的发现 [德]顾有信 著 陈志伟 译

199. 高丽时代宋商往来研究 [韩]李镇汉 著 李廷青 戴琳剑译 楼正豪 校

200. 中国近世财政史研究 [日]岩井茂树 著 付勇 译 范金民 审校

201. 魏晋政治社会史研究 [日]福原启郎 著 陆帅 刘萃峰 张紫毫 译

202. 宋帝国的危机与维系:信息、领土与人际网络 [比利时]魏希德 著 刘云军 译

203. 中国精英与政治变迁:20世纪初的浙江 [美]萧邦奇 著 徐立望 杨涛羽 译 李齐 校

204. 北京的人力车夫:1920年代的市民与政治 [美]史谦德 著 周书垚 袁剑 译 周育民 校

205. 1901—1909年的门户开放政策:西奥多·罗斯福与中国 [美]格雷戈里·摩尔 著 赵嘉玉 译

206. 清帝国之乱:义和团运动与八国联军之役 [美]明恩溥 著 郭大松 刘本森 译

207. 宋代文人的精神生活(960—1279) [美]何复平 著 叶树勋 单虹泽 译

208. 梅兰芳与20世纪国际舞台:中国戏剧的定位与置换 [美]田民 著 何恬 译

209. 郭店楚简《老子》新研究 [日]池田知久 著 曹峰 孙佩霞 译

210. 德与礼——亚洲人对领导能力与公众利益的理想 [美]狄培理 著 闵锐武 闵月 译

211. 棘闱:宋代科举与社会 [美]贾志扬 著

212. 通过儒家现代性而思 [法]毕游塞 著 白欲晓 译

213. 阳明学的位相 [日]荒木见悟 著 焦堃 陈晓杰 廖明飞 申绪璐 译

214. 明清的戏曲——江南宗族社会的表象 [日]田仲一成 著 云贵彬 王文勋 译

215. 日本近代中国学的形成:汉学革新与文化交涉 陶德民 著 辜承尧 译

216. 声色:永明时代的宫廷文学与文化 [新加坡]吴妙慧 著 朱梦雯 译

217. 神秘体验与唐代世俗社会:戴孚《广异记》解读 [英]杜德桥 著 杨为刚 查屏球 译 吴晨 审校

218. 清代中国的法与审判 [日]滋贺秀三 著 熊远报 译

219. 铁路与中国转型 [德]柯丽莎 著 金毅 译

220. 生命之道:中医的物、思维与行动 [美]冯珠娣 著 刘小朦 申琛 译

221. 中国古代北疆史的考古学研究 [日]宫本一夫 著 黄建秋 译

222. 异史氏:蒲松龄与中国文言小说 [美]蔡九迪 著 任增强 译 陈嘉艺 审校

223. 中国江南六朝考古学研究 [日]藤井康隆 著 张学锋 刘可维 译

224. 商会与近代中国的社团网络革命 [加]陈忠平 著

225. 帝国之后:近代中国国家观念的转型(1885—1924) [美]沙培德 著 刘芳 译